現代ビジネス概論
―企業と商活動―

鷲尾紀吉［著］

創 成 社

はしがき

　本書は，現代ビジネスにおいて，それに係る基本的領域を取り上げてまとめたものである。ビジネスとは，商売，営業，取引，商業，実務，職業，仕事，問題などに訳されることが多く，実際にはそれぞれの状況に応じて，その言葉は使い分けて用いられている。

　商学という学問が市場や取引に重点をおいた研究分野であると理解するならば，ビジネスとは，この意味で使われる商学と重なる部分がある。しかし，本書では，このような考え方に立脚しつつも，ビジネスという領域を企業と商活動というより広い概念でとらえることとしている。すなわち，ビジネスを取引，営業，商業，実務等を含むものとして商活動とし，かつこのような商活動を行う経済主体としての企業を包含した概念としてとらえている。多くの文献では，ビジネスというと商活動に重点をおいて述べられている傾向が強いが，本書ではビジネスにおいては，商活動を行う経済主体である企業の本質や会社の仕組みをも理解することが不可欠であるとの認識の下で，これを含めているものである。

　ビジネスを論じるに当たっては，多くの場合，経営的側面からアプローチされることが多く，それはもちろん重要なことであるが，ビジネスは実社会において，一定のルールの下で遂行され，そこでは，ビジネスを遂行する範囲内での法的，制度的側面の基礎知識が求められる。法的，制度的側面の基礎的理解は商活動を円滑に進めるために役立つばかりでなく，取引関係をマネジメントする上でも必要となる。そこで，本書においては，商活動において取引を遂行するに当たっての基本的ルール，商活動を行う経済主体である会社の運営ルール等法的，制度的側面からのアプローチも取り入れている。現代ビジネスの領域は，法的，制度的側面からのアプローチがビルトインされたビジネス論が求められていると考えるからである。

　また，ビジネスが市場とか取引とか企業外部との関係とかかわり合いをもつことが多いため，流通やマーケティングの理解が必要であり，さらに今日，多くの企業が国際的企業活動を行っていることから，国際取引，通商政策からの

アプローチもビジネスにおいては求められる。

　このようにみてくると，本書は，ビジネスを企業と商活動というとらえ方のもとで，企業や会社の仕組み，取引のルールとマネジメント，流通・マーケティング，さらには国際的企業活動というように，さまざまな領域が混在しており，それら各領域を取り上げてまとめただけで，学問的体系になっていないという批判を受けるかも知れない。その点は，甘んじて受けざるを得ないが，一方でそれはビジネス論という領域そのものが内包する実学的性質によるものであるとも考えられる。

　このように，ビジネスという学問的には厳格な体系化がなされていない領域について，企業と商活動という概念の下で，これに属する基本的領域を取り上げ，これをまとめるに当たり，経営的アプローチ，法的，制度的アプローチ，さらには国際的アプローチという多面的，多元的側面から1人でカバーすることは，筆者にとってはそう容易なことではない。

　しかしながら本書をこのように上梓することができたのは，先行する優れた文献，研究から学び，かつ教えていただいたからである。心から感謝する次第である。これらの文献，先行研究については文中において引用箇所を明示するとともに，各章末に参考文献として掲載している。また，本書を読みやすくするため，本章の前に，「本書の構成と概要」を設けた。

　本書は，創成社から出版させていただいた。創成社からは，今回の『現代ビジネス概論』を含め，『現代マーケティング論』(2010年)，『国際流通論』(2006年)，『マーケティング戦略の論理』(2004年) を出版していただき，合計4冊となった。今回の出版に際しても，同社社長 塚田尚寛氏，同編集担当 廣田喜昭氏には大変お世話になり，本書の完成が遅れがちなところ，温かく見守っていただいた。記して深謝の意を表したいと思う。

　最後に私事で恐縮であるが，本書についても，すでに他界した両親と2人の兄，そして毎日元気で活動している姉にささげることをお許しいただきたい。

2012年4月

鷲尾紀吉

本書の構成と概要

1. 本書の構成

　本書は,「はしがき」において述べているように,現代ビジネスを企業と商活動ととらえており,6つの章からなる構成となっている。

　第1章は,商活動の主体面からのアプローチで,企業および会社に焦点を当てて,その仕組みを制度面から説明する。ビジネスに関する既存文献ではビジネスの活動内容についての説明は行われているが,活動主体あるいは組織については多く取り上げられていない。しかし,ビジネスの活動において,その主体あるいは組織についての基礎的理解は必要不可欠である。主体あるいは組織の理解には企業論的アプローチだけでなく,会社の仕組みについては,法的および制度的側面からのアプローチを行う。

　第1章の商活動の主体・組織面からのアプローチを受けて,第2章以下において商活動の具体的展開を行っている。商活動は多種多様で広範囲にわたるが,商活動に共通するものとして,第2章で企業取引形態と取引のルールを取り上げる。企業取引においては,企業間取引だけでなく,企業と消費者の取引である消費者取引についても説明する。また取引に当たっては一定のルールに従って行動することが,取引の安全性,迅速性,確実性に資することから,取引ルールについて法的側面からのアプローチを行う。

　第3章では不公正な取引方法の規制を取り上げる。この領域は企業の商活動とは直結しないとして,法律書は別にして,ビジネス関係の文献において独立した章を設けて説明されていることは筆者の知るかぎり,ほとんどみられないが,企業取引行為が不公正な取引方法に該当し,国から排除措置命令が下された場合は,商活動の遂行に多大な支障を及ぼすことになる。したがって,不公正な取引方法の規制は,商活動にとどまらず企業経営そのものにおける取引関係のマネジメントとして極めて重要な領域であるので,章立てして取り上げて説明する。

　第2章,第3章は企業の商活動あるいは商活動に伴う取引上のルール(取引

の規制等を含めて）における法的側面あるいは制度的側面からのアプローチとなっている。

　第4章はマーケティング，第5章は流通の仕組みと流通活動を取り上げる。企業の商活動による取引の連鎖によって，商品の流通システムが形成されることから，商活動においてマーケティングおよび流通の仕組みと流通活動は重要な領域を占める。第4章，第5章は企業の商活動についての経営的側面からのアプローチである。

　最後の第6章では，国際的企業活動と国際取引を取り上げる。今日において，企業の国際的活動は規模の大小を問わず，活発に行われている状況であることから，国際貿易，国際輸送，国際投資について国際ビジネスおよび通商面からアプローチしている。

　なお，本書においては企業の商活動においては，法的な側面からの基礎的理解が必要不可欠であるという認識のもとで，文中において最小限の法律の条文を表記しているが，法律書ではないので，細かい適用条文については省略している。また，法律の条文そのものを表記しているのではなく，略説している場合もある。法律書の文献引用の方法は，原則として法律編集者懇話会「法律文献等の出典の表示方法」によることが慣例となっているが，本書においては，法律書でないこともあって，適宜の方法で引用の表示を行っている。

2．本書の概要
第1章　企業と会社の仕組み

　本章では，まず経済循環フローにおける企業と家計の関係，企業の機能および本質について述べる。市場経済においては，企業と家計は相互に依存し合って発展し，財・サービス市場と生産要素市場という2種類の市場において相互にかかわり合う。企業は経済循環フローにおいて，販売を目的として財・サービスを生産し，家計の構成員を雇用する等の組織として位置づけられる。このような機能をもつ企業の本質については，いくつかの観点からみることができるが，企業の本質を①技術的変換体としての企業，②資金結合体としての企業，③情報蓄積体としての企業，④統治体としての企業，⑤分配機構としての企業

という5つの考えを紹介する。

　次に，企業の形態と会社の種類を取り上げる。企業の形態は大きく私企業と公企業に分けることができるが，現代社会においては私企業が経済主体として重要なセクターとなっている。私企業は，さらに個人企業と法人企業に分けることができるが，法人企業は一般には会社と呼ばれる。会社には会社法によれば，株式会社と合名会社，合資会社，合同会社で構成される持分会社の2つの類型があるが，今日においては，株式会社が現代経済社会において大きな役割を果たしている。

　株式会社の仕組みについては，管理運営面における法的，制度的側面から，会社の機関を取り上げ，機関設計と機関構成の選択，機関の分化および所有と経営（支配）の分離，株主総会，取締役（会），代表取締役，監査役（会）等の個別機関，委員会設置会社，さらには各機関の相互関係を説明する。

　株式会社の管理運営で重要な業務の1つに，資金調達がある。資金調達の方法には大きく，外部からの資金調達と内部での資金調達がある。外部からの資金調達はさらに，自己資本と他人資本に分かれる。自己資本は会社が返済義務を負わない資金で，募集株式の発行等のほか，新株予約権も含まれる。他人資本は返済義務を負う資金で，社債，金融機関からの借入れ，支払手形・買掛金などの企業間信用がある。会社がこれら資金調達の方法のうちどれを選択するかは自由であるが，本章では会社法に定めのある募集株式の発行等，新株予約権および社債について取り上げ，説明する。

　また，株式会社において，会社債権者からは債権の保全の担保として，株主からは剰余金の配当という点から，会社財産を確保することは極めて重要である。そこで，株式会社における資本金，準備金，剰余金の概念および株主にとって関心の高い剰余金の配当の算定を明らかにするとともに，計算書類の作成と承認手続についても言及する。

第2章　企業取引形態と取引のルール

　本章では，まず企業間取引を取り上げ，商活動におけるさまざまな取引形態，内容および取引のルール等を述べる。企業取引の範囲については必ずしも定ま

ったものはないが，商法で定めている商行為を説明することによって，企業取引のアウトラインを把握する。

　企業取引における最も典型的な取引形態は，売買取引である。売買取引は法的には売買契約という概念であらわされるが，売買契約にはさまざまな取引のルールがあり，取引当事者間が取引のルールを遵守することによって，取引の安全性，迅速性，確実性が確保される。企業間取引で適用される適用される取引のルールは，商法では商人間（企業間）における売買取引の特徴に基づいて，一般に適用される売買契約と異なったルールを設けていることから，売買契約の成立，商品の引渡と受領，代金の支払い等について，商人間（企業間）で適用される売買契約上の特則を述べる。

　企業はその規模が拡大し，より広い地域にわたって取引活動を展開するようになると，外部組織である企業取引補助者の営業補助業務を活用して，より広範囲な活動を行うようになる。このような企業取引補助者は企業取引の円滑化に貢献しており，代理商，特約店，問屋，仲立人といった企業取引補助者の営業取引活動の内容を説明する。

　次に，企業と消費者との間の取引である消費者取引については，消費者が被害に遭わないよう，消費者保護基本法，消費者契約法をはじめとする各種行政法規が制定されている。消費者取引は，大きく販売信用取引と特定商取引に分けることができるが，近年消費者保護の対象として重要視されているのが，特定商取引である。特定商取引は，現行法では訪問販売，通信販売，電話勧誘販売，連鎖販売取引，特定継続的役務提供，業務提供誘引販売取引の６類型が規定されていることから，それぞれの類型取引の内容を行政規制，民事ルール，行政処分という３つの側面から概説する。

第３章　不公正な取引方法の規制

　企業取引には私法上の取引ルールが定められており，企業取引当事者はその取引ルールに従って行動することが求められるが，一定のルールに従えば，どのような契約を締結するかは自由であるという契約自由の原則が働く。

　しかし一方で，公正かつ自由な競争を促進するために，当該企業取引行為が

公正な競争を阻害するおそれがあり，このことにより，消費者の利益の確保や国民経済の健全な発達の促進に支障が生じるような場合には，国家が法に基づき，当事者間で行われた企業取引に直接介入して，そのような取引行為を規制，禁止する措置をとっている。

　すなわち，企業取引のうち，独占禁止法に定める行為類型で公正競争を阻害するおそれがあるものを「不公正な取引方法」とし，これに該当する取引行為については公正取引委員会が排除措置命令等を出すなどの規制，禁止措置を行っている。

　不公正な取引方法の類型には，大きく法定の不公正な取引方法と一般指定（公正取引委員会告示）に分けられる。これら不公正な取引方法は，いくつかの共通するグループに分けられるが，本章では不当な差別的取扱い，不当対価，不当な顧客誘引・取引の強制，事業活動の不当拘束，取引上の地位の不当利用，競争者の事業活動の不当妨害という6つのグループに分けている。

　不当な差別的取り扱いは，共同の取引拒絶（いわゆる共同ボイコット）に典型的にみられるが，その他の取引拒絶，差別対価が含まれる。不当対価には，不当廉売と不当高価購入があり，いずれも不公正な取引方法である。不当な顧客誘引・取引の強制には，ぎまん的顧客誘引，不当な利益による顧客誘引および抱き合わせ販売等があり，抱き合わせ販売は実際に企業取引においてよくみられる例であるが，不公正な取引方法として違法になることが多い。事業活動の不当拘束には，排他条件付取引，再販売価格の拘束，拘束条件付取引がある。再販売価格の拘束はメーカーのマーケティングの一環としてよくみられる例であり，平成21年の独占禁止法の改正により，法定の不公正な取引方法として課徴金の対象となった。

　取引上の地位の不当利用には，優越的地位の濫用と取引の相手方の役員選任への不当干渉があるが，その中心は優越的地位の濫用である。優越的地位の濫用は大規模小売業者による納入業者に対する不公正な取引事例として，多くみられるのが特徴である。競争者の事業活動の不当妨害には，競争者に対する取引妨害と競争会社に対する内部干渉があるが，いずれも不公正な取引方法となる。

これら不公正な取引方法の説明に当たっては，審決例，相談事例を紹介しながら，その概要を述べる。

第4章　マーケティング

マーケティングは広範囲で，さまざまな領域を含むが，本章では，マーケティングの概念を述べたうえで，市場機会の分析と発見による戦略策定，市場細分化・ターゲティング・ポジショニング，製品ライフサイクルとマーケティング戦略という3つの領域について説明を行っている。

まず，市場機会の分析と発見による戦略策定では，市場機会の分析を行ううえで極めて有益な示唆を与えてくれるアーカーの考え方（戦略市場経営）をもとに，外部分析と内部分析による市場の機会と脅威，戦略的強み，弱みの把握と認識，それを踏まえての戦略の識別と選択という全体的な枠組みを紹介する。また，SWOT分析は外部分析による市場の機会と脅威の識別，および内部分析による自社の強みと弱みの見極めを行ったうえで，これら4つを組み合わせて適合化するものであるが，このSWOT分析による市場機会の発見，戦略課題の設定について説明する。

次に，マーケティング・マネジメント論では，市場を細分化し，それによって区分された市場セグメントに対し適切なターゲットを設定し，そのターゲットにおいて競合製品との比較で顧客の心の中で望ましいポジショニングを設計し，それに適応した製品，価格，流通チャネル，プロモーション活動についてのマーケティング・ミックス活動計画を策定するというアプローチをとっており，この一連の流れにおける細分化（Segmentation），ターゲット設定（Targeting），ポジショニング（Positioning）は，その頭文字をとってSTPアプローチと呼ばれる。このSTPアプローチとその相互関係について具体的に述べる。

市場細分化についてはその概念と細分化基準を説明し，またターゲット設定は標的市場の設定と市場セグメントの選択の5つのパターンとその組み合わせ，さらにポジショニングは差別化がキーポイントになることから，製品による差別化と製品以外の差別化に分けた差別化戦略等について説明する。

また，製品ライフサイクルとマーケティング戦略では，製品ライフサイクルとは製品にも寿命があり，その寿命には一定のサイクルがあるという考え方であり，それは一般に，製品ライフサイクルは時間の経過とともに，導入期，成長期，成熟期，衰退期という4つの段階に分けられることから，4つの段階にみられる特徴とそこでのマーケティング戦略を説明する。

　導入期は製品に対する消費者の認知が進んでおらず，消極的な購買行動をとることから，市場拡大がマーケティング戦略の基本である。成長期は消費者の購買が進み，売上が急速に上昇する段階であるとともに，競争業者との競争が激化することから，市場シェア拡大のためのブランド選好の確立を念頭においたマーケティング・ミックスがマーケティング戦略となる。成熟期は売上の増加率が低下し，横ばいになる段階であり，差別化がマーケティング戦略の基本となる。衰退期は需要が減退し，売上が低下する段階であるので，再度の需要拡大をねらうイノベーション，製品ポジショニングの変更，メンテナンスや修理部品の供給のほか，撤退という選択もある。製品ライフサイクルの考え方は有益な示唆を与えてくれるが，その問題点もあることを最後に指摘する。

　なお，本章は拙書『現代マーケティング論―戦略的アプローチ―』から一部分を抜粋してまとめている。

第5章　流通の仕組みと流通活動

　流通とは，生産と消費の間に介在して，生産と消費の懸隔を架橋し，その橋渡しをするものであり，それは経済活動の中で流通に課せられた社会的役割である。本章では，まずこのような流通の概念の定立のもとで，流通フローと商流，物流，情報流，流通機能と機関代替性について説明する。

　次に，商流と取引を取り上げ，商流における売買取引関係，取引関係の選択（市場取引と組織取引），中間組織の形態と長所・限界について述べる。

　物流とロジスティクスの説明においては，まず物流の概念と物流活動，物流チャネルの内容を述べる。また，ロジスティクスについては，ロジスティクスの概念と3PLを説明し，国際ロジスティクス分野においても3PLが展開されており，この分野におけるフレイト・フォワーダーの役割が近年重要視されて

いることを述べる。さらに，ロジスティクスはサプライチェーン・マネジメントとして展開されてきていることから，サプライチェーン・マネジメントの意義，概念，フレームワークを説明する。

商流と物流を動かす中枢神経の役割を果たしているのが，情報流である。情報流については，流通情報システムを中心に説明し，メーカー，商業者（卸売業者・小売業者），消費者の3者間の情報交換システム，小売店頭情報とPOSシステム，流通業界におけるEDIの展開を取り上げて，その内容を概説する。

流通部門において，大きな役割を果たしているのが商業である。商業が何故，生産部門と消費部門に介在するのか，その介在原理について，主として取引数単純化の原理と情報縮約・整合の経済の原理によって説明し，商業の介在が流通の有効性を高め，取引費用の節減をもたらす原理を明らかにする。

商業は，大きく卸売業と小売業からなる。卸売業は消費者以外に商品を販売することを業とするものであり，商業者や産業用使用者と取引する。卸売業の形態と分類等の説明を通じて，卸売業の多様性を明らかにする。

小売業は，消費者に消費財を販売することを業とするものであるが，小売業の発展をみる場合，小売業態の動態が重要である。近代小売業の発展の歴史は，小売業態の多様化が最大の特徴であるからである。そこで，小売業態の差別化として，小売ミックスによる差別化，立地指向と品揃え指向による差別化について述べる。

第6章　国際的企業活動と国際取引

企業の国際的活動はさまざまであり，またそこで行われる国際取引も多様であるが，本章では，貿易と国際売買，国際輸送および国際投資の3つの領域を取り上げる。

貿易と国際売買の説明においては，まず貿易形態別による国際売買の内容を述べ，次に販売店・代理店契約による国際売買，さらには国際物品売買契約の統一法であるウィーン売買法条約，インコタームズの概要について説明する。

国際輸送については，国際海上輸送，国際航空輸送および国際複合輸送について説明する。国際海上輸送は今日の国際輸送で大きな割合を占めているが，

コンテナ輸送,船荷証券,海上運送状について,それぞれの内容を述べる。国際航空輸送は近年増加傾向にあり,そこで扱われている航空貨物の種類,混載業者の役割と利用運送,航空運送状について説明する。

　国際輸送は国境を越え,その輸送は広範囲に及び,またドア・トゥ・ドアの一貫輸送の要請から,国際複合輸送が発展し,今日では,国際複合輸送は国際輸送の中で重要な役割を果たしている。そこで,国際複合輸送の概念,国際複合輸送の統一規則,国際複合輸送の形態と主要ルート,複合運送人の責任と複合運送証券,さらには国際輸送で大きな役割を果たしているフレイト・フォワーダーとNVOCCについて説明する。

　国際投資をみる場合,国際間の長期資本移動というマクロ的な観点と企業レベルのミクロ的観点があるが,本章では企業レベルで行われる海外投資先の事業に対する経営支配,または経営参加という観点から国際投資をとらえる。そこで,このような意味での企業の国際投資の形態,日本本社企業と現地法人の関係を説明し,さらに国際投資における国際的取組みとして,WTOにおける取組み,二国間投資協定による取組み等通商面からの取組み状況を述べる。

　なお,本章の一部分については,拙書『国際流通論―理論と政策―』から抜粋してまとめている。

目　次

はしがき

本書の構成と概要

第1章　企業と会社の仕組み ─────────── 1

第1節　企業の機能と本質 ……………………………… 1
1. 経済循環フローにおける企業と家計　1
2. 企業の本質　3

第2節　会社の基礎概念 ………………………………… 7
1. 企業の形態と会社の種類　7
2. 会社の経済的機能　10
3. 会社の特性　10

第3節　株式会社の機関 ………………………………… 12
1. 機関の意義　12
2. 機関設計と機関構成の選択　13
3. 機関の分化および所有と経営（支配）の分離　16
4. 株式会社の個別機関　19
5. 委員会設置会社　24
6. 各機関の相互関係　27

第4節　資金調達の形態と方法 ………………………… 27
1. 株式会社の資金調達方法　27
2. 募集株式の発行等　28
3. 新株予約権　32
4. 社　債　34

第5節　資本金・準備金・剰余金と計算書類等 ……… 36
1. 資本金　36
2. 準備金　37

3. 剰余金の配当　39

4. 計算書類の作成と承認手続　40

第2章　企業取引形態と取引のルール ───── 44

第1節　企業取引総説 …………………………………………… 44

1. 企業取引の特徴　44
2. 企業取引の分類　45
3. 企業取引と商行為　47
4. 企業取引と契約の成立　53

第2節　売買取引 ………………………………………………… 55

1. 企業間売買取引の意義と特徴　55
2. 売買取引における基本契約と個別的売買契約　56
3. 売買契約の主なルール　58

第3節　企業取引補助者の営業取引活動 ……………………… 63

1. 代理商と特約店　63
2. 仲立人　69
3. 問　屋　72

第4節　消費者取引─特定商取引を中心に …………………… 75

1. 消費者取引の類型と特定商取引　75
2. 訪問販売　76
3. 通信販売　80
4. 電話勧誘販売　83
5. 連鎖販売取引　85
6. 特定継続的役務提供　86
7. 業務提供誘引販売取引　89

第3章　不公正な取引方法の規制 ─────── 93

第1節　企業取引関係のマネジメントと不公正な取引方法 … 93

  1.　企業取引関係のマネジメント　93
  2.　不公正な取引方法の規制・禁止措置　94
 第2節　不公正な取引方法の規制類型と規制の意義 ………… 95
  1.　不公正な取引方法の定義　95
  2.　不公正な取引方法の規制の社会的機能　97
  3.　公正競争阻害性の内容　98
 第3節　不公正な取引方法の類型別概要 …………………… 99
  1.　不当な差別的取扱い　100
  2.　不当対価　105
  3.　不当な顧客誘引・取引の強制　109
  4.　事業活動の不当拘束　114
  5.　取引上の地位の不当利用　124
  6.　競争者の事業活動の不当妨害　128

第4章　マーケティング ─────────── 131

 第1節　マーケティングの概念 ……………………………… 131
  1.　マーケティングの定義とコンセプト　131
  2.　顧客価値と顧客満足　132
  3.　マーケティング・ミックス　134
 第2節　市場機会の分析と発見による戦略策定 ……………… 138
  1.　外部分析　138
  2.　内部分析　145
  3.　SWOT分析と戦略課題の設定　147
 第3節　市場細分化，ターゲティング，ポジショニング … 149
  1.　市場細分化　149
  2.　ターゲティング　156
  3.　ポジショニング　160
 第4節　製品ライフサイクルとマーケティング戦略 ………… 167
  1.　製品ライフサイクルの概念　167

2. 導入期の特徴とマーケティング戦略　170
　　3. 成長期の特徴とマーケティング戦略　172
　　4. 成熟期の特徴とマーケティング戦略　174
　　5. 衰退期の特徴とマーケティング戦略　176
　　6. 製品ライフサイクルに対する批判　178

第5章　流通の仕組みと流通活動 ───── 181

第1節　流通の概念　……………………………………… 181
　　1. 流通の社会的役割　181
　　2. 流通部門における流通活動の担い手　183
　　3. 生産と消費の懸隔の架橋と流通フロー　184

第2節　流通機能と機関代替性　…………………………… 186
　　1. 流通機能　186
　　2. 流通機能の機関代替性　187

第3節　商流と取引　……………………………………… 189
　　1. 商流と売買取引　189
　　2. 売買取引における取引関係の選択　192
　　3. 中間組織　194

第4節　物流とロジスティクス　…………………………… 197
　　1. 物流の概念と物流活動　197
　　2. 物流チャネル　200
　　3. ロジスティクスの概念と3PL　204
　　4. サプライチェーン・マネジメント（SCM）　209
　　5. サプライチェーン・マネジメントのフレームワーク　213

第5節　情報流と流通情報システム　……………………… 216
　　1. 情報流の役割と流通情報システム　216
　　2. 小売店頭情報とPOSシステム　219
　　3. 流通業界におけるEDIの展開　222

第 6 節　流通部門における商業 …………………………………… 225
　1. 商業と商業の介在原理　225
　2. 卸売業　229
　3. 小売業　232

第 6 章　国際的企業活動と国際取引 ─────── 237

第 1 節　貿易と国際売買 ……………………………………… 237
　1. 貿易形態別による国際売買　237
　2. 販売店・代理店契約による国際売買　244
　3. 国際物品売買契約に関する統一法　246
　4. 国際物品売買契約における定型取引条件　255

第 2 節　国際輸送 ……………………………………………… 259
　1. 国際海上輸送　259
　2. 国際航空輸送　269
　3. 国際複合輸送　274
　4. フレイト・フォワーダーとNVOCC　278

第 3 節　国際投資 ……………………………………………… 281
　1. 企業の国際投資活動　281
　2. 日本本社企業と現地法人の関係─中国における合弁事業の場合　283
　3. 国際投資に係る国際的取組み　285

参考文献　289
索　　引　293

第1章
企業と会社の仕組み

第1節　企業の機能と本質

1. 経済循環フローにおける企業と家計

　市場経済は，企業と家計（個人，あるいは所得を分け合う個人のグループ（通常は家族））が相互に依存し合って発展するが，図1－1は企業と家計の間で貨幣

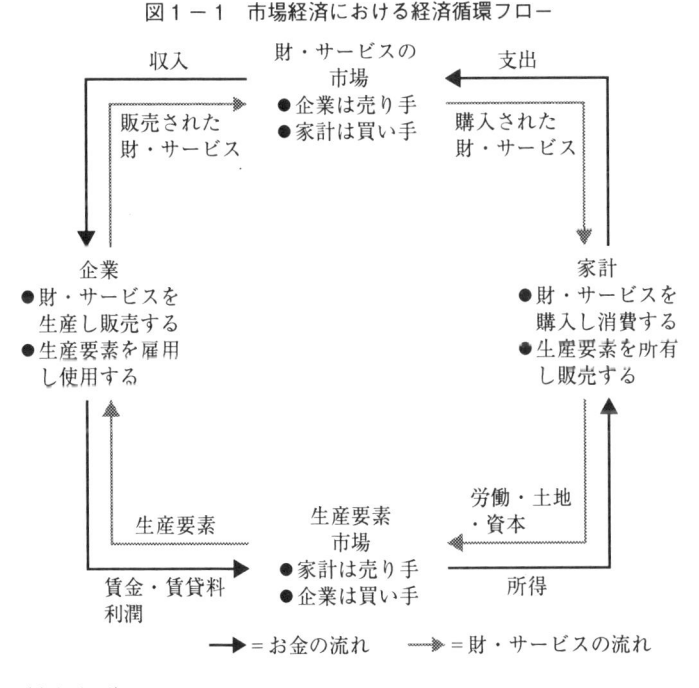

図1－1　市場経済における経済循環フロー

```
                収入          財・サービスの          支出
          ┌─────→         市場          ←─────┐
          │      ╱  ●企業は売り手  ╲      │
          │ 販売された ●家計は買い手 購入された │
          │ 財・サービス           財・サービス │
          ↓                              ↓
         企業                            家計
    ●財・サービスを                ●財・サービスを
     生産し販売する                  購入し消費する
    ●生産要素を雇用                ●生産要素を所有
     し使用する                      し販売する
          │                              │
          │                   労働・土地  │
          │   生産要素      ・資本         │
          │               生産要素          │
          └─────         市場         ─────┘
              賃金・賃貸料 ●家計は売り手      所得
               利潤      ●企業は買い手
```

　　　　　→＝お金の流れ　　⇢＝財・サービスの流れ

（資料出所）マンキュー，2005，p.35

（お金）と財・サービスが市場を通じどのように流れ、循環するかを単純化して示したモデルである。

　企業は、労働（雇用）、土地（一切の自然を含む）、資本（生産手段としての機械や建物等）といったさまざまな投入物を用いて、財・サービスを生産する。これらの投入物は生産要素と呼ばれる。家計は生産要素を所有し、企業の生産する財・サービスを消費する。

　企業と家計は、財・サービス市場と生産要素市場という2種類の市場において相互にかかわり合う。即ち、財・サービス市場では企業が財・サービスを生産し、それを販売する売り手であり、家計は企業が生産した財・サービスを購入する。生産要素市場では家計は財・サービスの生産に使用する生産要素を企業に提供する売り手であり、企業はその買い手となる。

　図1－1の内側の矢印は、家計と企業との間の投入と産出のフローを表している。家計はその所有する労働、土地、資本の使用権を生産要素市場で企業に販売（提供）する。企業はそれらの生産要素を用いて（労働者を雇用し、機械設備等の生産手段等を使用して）、財・サービスを生産し、財・サービス市場で販売する。つまり、生産要素は家計から企業に、財・サービスは企業から家計に、それぞれ流れる。

　外側の矢印は、貨幣（お金）の流れを示している。家計は、企業から財・サービスを購入（消費）するために、お金を支払う。企業は家計による財・サービスの購入、即ち企業側からみれば、財・サービスの販売によって得た収入の一部を労働者の賃金、地代等の生産要素の使用に対する支払いにあてる。家計から提供を受けた生産要素の使用に対する支払いの後で残ったものが、企業所有者の利潤となる。企業所有者も家計の中に含まれる。企業所有者も個人として、あるいは家族の一員として企業が生産した財・サービスを購入するからである。

　以上のように、財・サービスへの支出は家計から企業へと流れ、賃金、賃貸料、利潤といった所得は企業から家計へと流れるというような経済循環フローが形成される。この経済循環フローでは、企業は販売を目的として財・サービスを生産し、家計の構成員を雇用する等の組織として位置づけられている。

2．企業の本質

　経済循環フローからみた企業の果たしている機能は既述のとおりであるが，企業それ自体の存在という経営学的視点からみた企業というのはどのような存在意義をもっているのだろうか。この点について，伊丹（2001, pp.7-16）は，企業の本質を以下のように5つの観点からとらえている。

①技術的変換体としての企業

　市場経済における経済活動体としての企業の最も基本的な存在意義は，インプットからアウトプットへの技術的変換である。

　先に，企業は家計から労働，土地，資本といった生産要素を用いて，財・サービスを生産すると述べたが，それはとりもなおさず，生産要素を投入し，技術的変換を行って，財・サービスを生産するということである。経営学では，生産要素のことを経営資源と呼び，それはヒト，モノ，カネ，さらには情報・知識，技術などから構成される。企業はこの経営資源を適切に組み合わせて，原材料・部品を最終製品の製作に向けて技術的変換活動に従事する。この技術的変換活動に機械設備や技術等が用いられ，その変換活動の結果として産出されるのが，財・サービス，つまり最終製品である。

```
                    経営資源の投入
                         ↓
    原材料・部品 ─────────────── →財・サービスの産出（最終製品）
                       技術的変換
```

　企業は，このような技術的変換活動によって産出した製品を市場において交換することによって，「付加価値」を生み出す。付加価値とは，企業が外部の市場から入手したものにどのくらいの価値を付け加えて市場で販売することに成功したかを示す指標で，企業の存在意義の基本的指標である。企業はその生み出した付加価値から雇用した労働者に対し賃金を，また借入金をした場合の金利を支払うなどをして，その後残ったものが「利益」として企業に留保される。その利益から税金が支払われ，また利益の分配として株主に配当されることとなる。これは，先に述べた経済循環フローと同じ原理である。

　企業の技術的変換は市場で販売し，売上げを達成するために行われるもので

あるが，その売上げは需要によって決まる。他方，企業がその製品を作れるかどうかは，企業にとって利用可能な技術によって決まる。

　つまり，企業は技術のポテンシャルを考えて自らの技術能力を決め，需要のポテンシャルを考えて自らの生産を決め，技術と需要をつなぐ技術的変換を行う。その意味では，企業は需要と技術をつなぐ存在であるといえる。そのつなぎの効率，つまりは変換の経済効率が企業の存在の最も基本的意義である。したがって，経済効率（つまりは付加価値の創出効率）が悪い企業は，市場において存立し続けることが難しいといえる。

②資金結合体としての企業

　企業は技術的変換のためにカネ（資金）を必要とすることから，資金結合体でもある。その意味は2つある。

　第1の意味は，企業が必要なカネをさまざまな形でさまざまな人々が出しているという，資金拠出のさまざまなあり方の結合体であるということである。例えば，株式会社の場合，株主の資金出資による結合体である。株主出資以外にも金融機関から企業への貸付という資金拠出，あるいは社債発行による社債権者の資金拠出というのもあるだろう。企業はさまざまな資金拠出の結合体として存在している。

　第2の意味は，企業による技術的変換に伴って，市場と企業との間にさまざまなカネの流れが発生し，カネの流入と流出の結節点としての企業が存在しているということである。カネの流れはまず，インプット市場からの購入への支払い，あるいは設備投資に伴う資金の流出という形で発生する。そして，カネの流入はアウトプット市場での販売代金の回収という形で発生する。それらの流出入は，企業の中に滞留する時間も大きさもさまざまである。

③情報蓄積体としての企業

　企業はヒトの結合体という側面をもっているが，そのヒトが組織としてチームとして情報を学習し，蓄積する。この意味で，企業は情報蓄積体といえる。その情報蓄積体としての本質が，技術的変換体としての企業が機能できる最も基礎的な条件である。

　企業は，新規需要の創造のためにさまざまな働きかけを行い，実際に多くの

新製品が開発されている。そのような開発のためにも，企業は技術のポテンシャルを発見し，自ら蓄積しようとする。こうした知識や情報の蓄積が特に蓄積自体を目的として資源投入することによって実現されるばかりでなく，事業活動を普通に行っている中でも起きる。つまり，市場や技術に関する知識の蓄積が仕事をするプロセスを通じて増えていくのである。それが可能になっているのは，人々が学習する存在で，その学習が仕事の場で行われるからである。

こうして企業は，需要についての知識・情報，技術ポテンシャルについての知識・情報の巨大な集積をもつことになる。企業は利益という形で上がってくるカネの蓄積も確かにするが，それだけではなく，事業活動の中では，カネとともに情報もまた流れ，蓄積されていく。まさに，企業は情報蓄積体なのである。

④統治体としての企業

企業は統治体である。統治は，企業の内部でも外部からでも起きるが，企業内部では，組織管理のための統治行為が行われる。企業のマネジメントといわれる行為の大半は，この内部組織の統治行為である。その統治のために，経営者が選任されて内部統治を委任され，経営者は統治のために戦略を決定し，内部の意思決定構造と責任体制を決め，人事配置を行う。すべての階層組織において経営管理は必要となる。これは，企業が主体的に自分の組織体内部で行う統治行為ととらえることができる。

企業についての統治行為には，今1つの側面がある。それは，企業という組織体自体を誰かが統治する，という意味での統治行為である。企業への統治行為とは，その企業体自身の存続や拡大の基本方針の決定及びその企業体の内部管理の責任者としての経営者の任免を行う行為のことである。それが，最近コーポレート・ガバナンスと呼ばれる行為の本質である。

統治体としての企業という本質から，以下の2つの側面がそのサブ概念として浮かび上がる。1つは，資源配分の機構としての企業という側面である。企業の内部統治のプロセスで実際に行われるのは，企業内部での資源配分である。今1つは権力機構としての企業という側面である。この2つの側面は統治体としての企業を考えるうえで，重要な点である。

⑤分配機構としての企業

　企業は，それに関係する人々（資金を提供した人々と労働・管理サービスを提供して働く人々）に，少なくとも富，権力，名誉，時間の分配を行っている。

　企業は第1に，富の分配機構として機能している。資金提供者と労働・管理サービスとの間で企業が生み出した付加価値という富の源泉を分配している。株主は配当という形で，従業員は賃金という形で，分配を受けている。

　第2に，企業は権力の分配機構としても機能している。株主と労働者の間の権力分配，働く人々の内部での権力の大小関係の決定など，企業の統治行為からいくつもの権力分配が現実に起きている。

　第3に，企業は名誉の分配機構としても機能している。名誉は，多くの場合，企業内の地位や仕事の種類に付属して決まってくる。企業あるいは経営者は人々の企業組織内の地位や仕事の種類を決めているがゆえに，企業が名誉の分配機構として機能してしまうのである。

　第4に，企業は時間の分配機構としても機能している。企業での労働時間として企業が人々から時間をとり，残りが余暇の時間となる。その実質労働時間の設定は企業が仕事のあり方を決めることによって，なかば自動的に行われている。この「時間の分配」は，社会生活の場としての企業が個人の人生全体に占める時間的比重の大きさを考えると，極めて重要な分配である。

　このような企業についての5つの本質の中で，最も基礎的なものは，技術的変換体としての企業という本質である。それがすべての基礎である。その技術的変換体を編成するために，資金結合体としての企業，情報結合体としての企業という概念が生まれてくる。こうした3つの本質をもった企業を適切に運営し，永続させていくために，統治体という概念が必要になってくると述べる。この点で，分配機構としての企業という機能は，技術的変換体としての企業という本質とは必ずしも直接的な関係はなく，その企業が運営されていくプロセスでほぼ必然的に出てきてしまう副次的機能，副次的効果である。しかし，たとえそれが副次的なものであっても，そうした機能を企業がもってしまっているのであるから，そこまで考えに至ることが大切なのであるという。そして，最後に企業経営に当たっては，上記5つの本質すべてに思いをめぐらせたうえ

で，しかるべき決定を1つに絞って選択するという総合判断が必要となると力説する。

以上のように，伊丹は企業の本質を5つの観点から述べているが，要は企業の本質を1つずつ深く考察し，かつこれらを複合的，多面的にとらえるべきであるとするものである。そして，複合的，多面的であるが故に，経営は「アート」とも呼ぶべき総合判断を必要とするものであると主張する。まさに，洞察力のある論理的思考といえよう。

第2節　会社の基礎概念

1．企業の形態と会社の種類

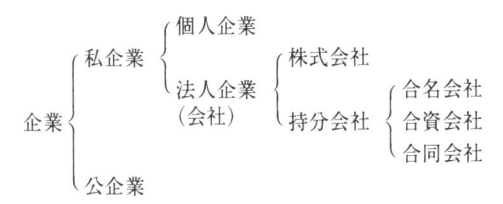

$$
\text{企業}\begin{cases}\text{私企業}\begin{cases}\text{個人企業}\\ \text{法人企業}\\ \text{（会社）}\end{cases}\begin{cases}\text{株式会社}\\ \text{持分会社}\begin{cases}\text{合名会社}\\ \text{合資会社}\\ \text{合同会社}\end{cases}\end{cases}\\ \text{公企業}\end{cases}
$$

企業の形態は，企業運営のために誰が出資しているかということを基準にすれば，大きく私企業と公企業に分かれる。私企業とは，出資者が民間人である企業のことで，こうした私的資本によって運営される。民間企業とも呼ばれる。現在では，実に多くの私企業が経済主体として活動を行っており，市場経済における重要なセクターとなっている。

一方，公企業というのは，一般に出資者が国や地方公共団体であり，公的資金によって運営される企業である。私企業が私的所有になる資本による営利経済事業組織として運営されるのに対し，公企業は資本を公的所有することによって，私企業では実現が期待できない，あるいは実現が難しい社会性のある事業を行うところに，その存在意義があるといわれている。例えば，JRの前身である国鉄，NTTの前身である電電公社，日本たばこ産業の前身である専売公社等は公企業の典型である。現在では，これら公企業（公社と呼ばれていた）を含め，多くの公企業が民営化されたことから，純粋な意味での公企業は非常

に少なくなっている。

　私企業は，大きく個人企業と法人企業に分かれる[1]。個人企業とは，出資者が一個人の企業をいう。個人企業は出資者本人一人によって行われることから，経営能力，運営体制の面で限界があり，利益機会の拡大を図るのが難しい。また，個人企業は出資者が一個人であることから，出資の規模に限界があり，資本調達の面での制約が大きい。さらに，借入れに伴う返済不能に陥った場合は，出資者個人が債務履行につき無限責任を負わなければならない等リスクも多い。このような限界を克服するための1つの方法は，出資者の複数化（出資の分散）を図ることであるが，出資者を複数化した時点で，個人企業は個人企業ではなくなる。

　法人企業，一般には会社と呼ぶが，会社とは，端的いえば営利を目的として継続的，計画的に事業活動を行う法人のことである。会社には，会社法によれば，株式会社と持分会社という2つの類型に分かれる。持分会社には，合名会社，合資会社，合同会社の3種類の会社がある。したがって，会社には4種類あり，それ以外の会社は認められていない。

(1) 株式会社

　株式会社とは，株主という間接有限責任社員のみをもって組織される会社である。株式会社は社会に散在する多数の資本を集中して大規模な企業を営むための共同企業形態の典型である。したがって，多数の者が容易に会社に参加し，社員（出資者たる株主のこと。いわゆる会社員とは違う）となり得るものであることが必要であることから，社員の地位を，一方において，均一的な細分化された割合的単位（これを株式という）とし，他方において，社員は会社に対して有限の出資義務を負うだけで，会社債権者に対しなんらの責任を負わない（これを間接有限責任という）ものとした。さらに，株式会社においては，社員は間接有限責任を負うにとどまることから，会社債権者が頼りになるのは，会社財産だけである。そこで，会社財産確保のために，資本金という制度を設けた。

　このように，株式会社では，株式，社員の間接有限責任，そして間接有限責任制度を採用した結果要請される資本金制度が株式会社の大きな特徴であるといえる。現在，会社といえば株式会社が想定されるように，株式会社は今日に

おける経済社会において大きな役割を果たしている。

(2) 合名会社

　合名会社とは，無限責任社員のみをもって組織される会社である。合名会社では，社員全員が会社債権者に対して，直接に連帯して無限の責任を負う。

　このように，社員は会社債権者に対し直接かつ無限責任という重い責任を負う反面，原則として会社の業務を執行し，会社を代表する権利義務を有することから，社員の会社に対する関係が深く，社員の個性が重視される。したがって，人的信頼関係のある少人数の者による共同企業に適する。

(3) 合資会社

　合資会社とは，無限責任社員と有限責任社員とをもって組織される会社である。無限責任社員は合名会社の社員と同様の責任を負う社員であり，他方有限責任社員は各自の出資額を限度として，会社債権者に対し直接かつ連帯して弁済の責任を負う社員である。合資会社の有限責任社員は，その責任が直接責任であるという点において，株主その他の有限責任社員とは異なる。

　合資会社は，合名会社と同様に，少人数の共同企業に適するが，社員の一部に有限責任社員が存在するという点で，合名会社と異なる。

(4) 合同会社

　合同会社は，2005年の会社法制定に伴って新たに創設された会社形態である。合同会社では，会社の内部関係あるいは構成員関係では自由な合意に基づく内部自治が認められるとともに，外部関係においては社員全員が出資を限度とする間接有限責任だけを負うものである。

　ベンチャー企業やIT，ソフトウェア，デザイン，コンサルティング分野等の企業の場合は，個人の専門的能力が重視されることから，出資比率だけでなく個人の貢献度によって利益の分配が行われ，内部の規律についても個別事情に合わせて自由に設定できる一方，外部関係においては社員の間接有限責任が確保されるような会社組織に対する要請が強まっていたことから，米国で導入されているLLC（Limited Liability Company）をモデルに，会社法制定時に採用されたものである。

2. 会社の経済的機能

　企業経営の観点からみた会社の経済的機能については，企業の本質のところで説明してあるので，ここでは制度的側面から会社，特に株式会社の経済的機能を述べることとする。会社の経済的機能は，企業者個人の立場からみた経済的機能と社会的視点からみた経済的機能に分けてとらえることができる。

①企業者個人の立場からみた経済的機能

　企業者は利益の獲得を目的として資本と労力を投ずる。そして，より大きな利益を得るには，多数の者の資本と労力を結合して共同企業を形成し，企業規模を拡大することが必要となる。会社は，このような多くの資本と労力の結合を実現するのに適した組織体である。

　他方，企業経営にはリスクが伴う。企業は万一損失が生じても，その負担をできるだけ小さいことを望む。たとえ損失が生じても，企業規模が大きければ多数の者が損失を分担するので，一人当たりの損失は少なくてすむ。企業規模の大きい会社はリスクを軽減するのに適している。また，企業者は企業に投下した資本の額を超えてリスクを負担しないという制度（有限責任制度）を設ければ，リスク軽減作用はさらに大きくなる。

②社会的視点からみた経済的機能

　今日，規模の大きい企業は，そのほとんどが会社形態の組織を選択し，事業を営んでいる。現在社会における経済活動は多くの場合，会社によって営まれており，会社は経済活動の中心的役割を果たしている。国内はもとより国際社会の繁栄は，会社のあり方に大きく依存しているといえる。

　会社は，内部での関係では多数の人々（働き手）に対して労働の場を提供し，外部に対する関係では市場に商品やサービスを供給し，さらには国との関係では，法人税・住民税その他の租税を納税し，国家経済の根幹を支えている。

　このように，会社は企業者個人の意図を離れ，その目的を超えた社会的機能，さらには公共的性格を有しているといえる。

3. 会社の特性

　会社とは会社法に基づいて設立された法人であるが，一般に，会社は①営利

性，②社団性，③法人性の3つの特性があるといわれている。
① 営利性
　会社の構成員（出資者たる社員。以下，同じ）は，会社が利益を上げることを手段として，自己が利益にあずかることを目的として会社に参加している。したがって，会社の営利性とは，会社が対外的な営利活動により利益を得て，そこから得た利益を構成員に分配することを意味する。利益分配の方法は利益剰余金分配の方法でも，残余財産分配の方法でも差支えない。個人企業の場合は，会社と異なり，対外的活動によって自らが利益を得ることを目的とするので，構成員への利益分配は必要ない。

　この意味からすれば，公法人が附随的事業により利益を得た場合でも，その利益を構成員に対して分配するものではないので，会社の概念における営利性をもたないといえる。同様に，協同組合のように，対外的活動ではなく，団体の内部的活動を通じて構成員に経済的利益を与える場合でも，会社概念での営利性とはいえない。

② 社団性
　社団とは，一般に構成員が団体との間の社員関係（社員契約）により，団体を通じて間接に結合する団体であるといわれており，この点で，会社は社団性を有している。社団は元来，複数人が結合する団体であるという意味があることから，社員が1人である会社（「一人会社」（いちにんがいしゃ））については，会社の社団性との関連で問題となる。つまり，社員が1人である一人会社を設立すること，または社員が1人となっても会社を存続させることは，会社の社団性に反しないかという問題である。例えば，株式会社が100％出資の完全子会社を設立する場合や個人企業が法人成りをする場合には，一人会社の問題が生じる。

　この点については，会社法では株式会社，合名会社，合同会社は一人会社の設立，または存続が認められている。その理由として，株式・持分の譲渡によって，株主・社員が複数となる可能性があり，潜在的社団性が認められること，社員が1人となることが解散原因とされていないこと，および株式会社の設立に必要な発起人の数の制限が撤廃されていることがあげられている。

他方，合資会社の場合においては，無限責任社員と有限責任社員がそれぞれ1人以上存在しなければならないので，一人会社は認められない。しかし，無限責任社員が1人となってしまった場合には合名会社に，また有限責任社員が1人となってしまった場合には合同会社に転換することによって，会社の存続を図る途が開かれている。

③法人性

　会社はすべて法人であり，会社とその構成員とは別々の存在で，別個の人格を有する。法人であることによって，(a) 法人自体の名において権利を有し，義務を負う，(b) 法人自体の名において訴訟当事者になるという効果が認められる。

　法人は個人の財産とは別個独立の責任財産を形成する。責任財産とは，法人の借金の引当になる法人自身の財産である。財産は法人のものであるから，例えばその会社の構成員個人の債権者からは，会社財産が強制執行を受けることはない。また，法人が債務を負担する場合においても，その債務は法人のみが負担し，法人の構成員は負担しない。さらに，その債務に対する責任についても，法人の財産のみがこれを負担し，構成員個人の財産が負うことはない（ただし，例外あり）。

　このように，会社は構成員とは別個の人格を有するものとして法人格が付与されているのであるが，法人格がまったくの形骸にすぎない場合，またはそれが法の適用を回避するために濫用される場合においては，法人格は認められない。これを法人格否認の法理といっている。

第3節　株式会社の機関

1．機関の意義

　会社は法人格を取得することによって，権利義務の帰属主体となり，自然人（生きている一個の人間）のように行動することができる。しかし，会社が法人格を有するといっても，会社それ自体は目には見えない，いわば形のない存在である（本社ビルや工場は外形的に目に見える存在であるが，それは会社を動かす1つ

の施設であって、これをもって会社それ自体の法人格をあらわすものではない)。

　したがって、会社の意思決定や業務執行は会社組織の中で、一定の権限を有する自然人または自然人により構成される会議体によって行われることになる。また、このような一定の権限を有する自然人または自然人で構成される会議体がその権限内で行った意思決定または業務執行が会社の意思または行為と認められることが必要である（意思決定や業務執行の効果がすべて会社に帰属する）。このように、会社の意思決定または業務執行を有する者として法により定められている自然人（例えば、取締役）または会議体（例えば、取締役会）を会社の機関といっている。

2. 機関設計と機関構成の選択

　会社法では、株式会社の機関設計は大きく閉鎖性基準と規模基準で整理することができる。そして、この2つに基準を組み合わせて、機関構成を選択することとなる（表1-1）。

(1) 閉鎖性基準

　株式会社を公開会社と非公開会社に区分するもので、いずれかを選択するかによって異なるルールが適用される。

①公開会社

　公開会社とは、その発行する全部または一部の株式の内容として、譲渡による当該株式の取得について株式会社の承認を要する旨の定款の定めを設けていない株式会社をいう（会社法2条5号）。公開会社は、その会社の株式が証券取引所へ上場されているかどうかとは関係なく、また譲渡制限のついた種類の株式も発行できる。したがって、譲渡制限株式とそうでない株式の両方を発行する会社は公開会社となる。つまり、その発行する株式のうち、会社の承認を受けずに自由に譲渡できる株式が1つでもあれば、当該株式会社は公開会社となる。

②非公開会社

　非公開会社とは、その発行する全部の株式の内容として、譲渡による当該株式の取得について株式会社の承認を要する旨の定款の定めを設けている株式会社をいう。ただし、会社法は「非公開会社」という用語を用いておらず、「公

表1－1　機関設計と機関構成の選択肢

閉鎖性基準＼規模基準		非大会社[1]	大会社
非公開会社[2]	取締役会非設置会社[3]	①取締役 ②取締役＋監査役[4] ③取締役＋監査役＋会計監査人	⑩取締役＋監査役＋会計監査人
	取締役会設置会社	④取締役＋会計参与[5] ⑤取締役＋監査役[4] ⑥取締役＋監査役会 ⑦取締役＋監査役＋会計監査人 ⑧取締役＋監査役会＋会計監査人 ⑨取締役会＋三委員会＋会計監査人	⑪取締役＋監査役＋会計監査人 ⑫取締役会＋監査役会＋会計監査人 ⑬取締役会＋三委員会＋会計監査人
公開会社		⑭取締役＋監査役 ⑮取締役＋監査役会 ⑯取締役＋監査役＋会計監査人 ⑰取締役＋監査役会＋会計監査人 ⑱取締役会＋三委員会＋会計監査人	⑲取締役＋監査役会＋会計監査人 ⑳取締役会＋三委員会＋会計監査人

(備考)
1　「大会社」（会社法2条6号）以外の会社をさす。
2　「公開会社」（会社法2条5号）以外の会社をさす。全株式に譲渡期限が付いた会社である。
3　「取締役会設置会社」（会社法2条7号）以外の会社をさす。おおむね，従来の有限会社に対応している。
4　定款で，監査役の監査の範囲を会計監査に限定できるが（会社法389条1項），「監査役設置会社」（会社法2条9号）にはならない。
5　会計参与は，これ以外にもすべての機関構成の会社に設置できる。

(資料出所)　宍戸，2011，p.58

開会社でない株式会社」という表現を用いている。一般に，上場会社以外の会社，同族会社等はこれに該当するが，本書では「非公開会社」という用語を用いることとする。

　公開会社と非公開会社を区分するのは，規制の仕方が異なるからである。公開会社では，さまざまな人々が株式を取得する可能性があるため，取締役会を必ず設置しなければならず，また取締役会を置く会社は委員会設置会社となるか，監査役を置く会社のどちらかでなければならない。

　一方，非公開会社では，一般的に規模が小さいか，あるいは同族経営が多くみられることから，機関設計においてもその規制は比較的緩やかである。例え

ば，取締役は必須機関であり，取締役の任期は原則2年以下であるが，定款によってその任期は最長10年まで伸長することも可能である。

(2) 規模基準

株式会社を貸借対照表に計上されている資本金の額または負債の額の多寡によって区分するものである。

①大会社

大会社とは，最終事業年度に係る貸借対照表に資本金として計上された額が5億円以上である会社または最終事業年度に係る貸借対照表の負債の部に計上した額の合計額が200億円以上である会社をいう（会社法2条6号）。

②非大会社（中小会社）

大会社ではない株式会社である。すなわち，最終事業年度の貸借対照表の資本金が5億円未満であり，かつ貸借対照表の負債の合計額が200億円未満の株式会社である。本書では，便宜上，中小会社と呼ぶこととする[2]。

(3) 公開会社で大会社（公開大会社）の場合

公開会社であって，かつ大会社であれば，委員会設置会社を選択しない場合は，監査役会を設置し，会計監査人も置かなければならない。委員会設置会社を選択した場合には，会計監査人を置かなければならないが，監査役を置くことはできない。

(4) 公開会社で非大会社（公開中小会社）の場合

公開会社であって，中小会社である場合には，取締役会を置かなければならないが，監査役会を設置する必要はない。また公開中小会社は監査役を置く会社になってもよいし，委員会設置会社になってもよい。委員会設置会社を選択する場合には会計監査人の設置が義務づけられる。しかし，委員会設置会社にならない場合には，必ず監査役を置かなければならない。この場合，監査役会を設置することも可能である。

(5) 非公開会社で大会社（非公開大会社）の場合

非公開大会社は，取締役会の設置は義務づけられていないが，会計監査人の設置は義務づけられる。会計監査人を置く会社となるため，監査役設置会社になるか，委員会設置会社になるかしなければならない。ただし，監査役会設置

会社であっても，監査役会の設置は義務づけられておらず，監査役は1名でもよい。しかし，委員会設置会社を選択すれば，取締役会を設置しなければならない。逆にいえば，委員会設置会社にならなければ，取締役会の設置は義務づけられない。

(6) 非公開会社で非大会社（非公開中小会社）の場合

　非公開中小会社は取締役会の設置をするか，しないかは自由である。取締役会の設置を選択すれば，委員会設置会社を選ぶことも可能である。この場合，会計監査人を設置しなければならない。また，取締役会を設置し，委員会設置会社とならない場合には，監査役を置くか，または会計参与を置くか，どちらかを選択して設置しなければならない。会計参与とは，株主総会によって公認会計士または税理士から選任され，取締役・執行役と共同して計算書類を作成し，会計監査人に代わり会社の計算の適正を図る会社の役員である。会計参与は，会社の機関であるから，取締役と同様に，会社や第三者に対し責任を負うとともに，株主代表訴訟の対象にもなる。これに対して，監査役を置いた会社は，監査役会と会計監査人の一方または双方を設置することが可能である。

　一方，取締役会を設置しないことを選択した場合は，監査役の設置は自由である。ただし，会計監査人を設置する場合には，監査役会を設置しなければならない。

3．機関の分化および所有と経営（支配）の分離

(1) 機関の分化

　株式会社は社員（株主）という地位が細分化された割合的単位（株式）の形式をとり，会社債権者に対して，社員は何らの責任を要求されない（間接有限責任）ことを特徴としている。株式会社としては，一人ひとりの個性を問題としない多数の出資者を集めることが可能となり，他方では出資者にとっては，出資した後にさらに追加的に何らかの責任を負うことなく，出資に伴うリスクの限度が予測可能となるため，出資者は安心して出資することができる。会社も大規模な団体を形成することにより，より大きな利潤を追求することが可能となる。

このように，多数の出資者を集め，多くの株主で構成される大規模な会社では，会社の中で，具体的に誰が何をするのかということを明確に決めておかなくては会社の合理的な運営を行うことができない。そこで，会社の機関をその役割に応じて分けるということが必要となる。これを機関の分化といっている。

　会社法では，株式会社については株主総会と取締役の2つの機関だけが必須機関とされる。旧商法は，出資者が1人である一人会社や個人が法人成りした小規模な株式会社においても，取締役会・監査役を必要としていたが，会社法の制定に当たっては，現実に存在する小規模な株式会社の実態を考慮し，株主総会と取締役だけの会社を認めることにした。もちろん，このような会社であっても，取締役会や監査役を置くことは可能である。

(2) 所有と経営の分離から所有と支配の分離へ

　大規模な株式会社が多数の人から出資金を集めたとしても，資金を拠出した株主全員が常に対外的な取引契約の締結，事業の展開，さらには資金調達等会社業務について機動的に意思決定を行うことは非効率であり，また現実的ではない。また必ずしも一人ひとりが会社経営について能力をもっているとは限らないし，実際に現実の会社経営に積極的に参加しようとする意思をもっている訳ではないだろう。

　そこで，大規模な株式会社では，会社業務の意思決定と実行を取締役に委ね，取締役が経営の専門家として会社を経営し，利潤をあげていくことになる。これを所有と経営の分離という。

　所有と経営の分離により，取締役は経営者として会社経営の権限をもつこととなるが，経営者の権限濫用が生じないように，会社法では取締役を複数選任し，あるいは業務執行の意思決定権限を取締役会に付与し，その意思決定に基づく執行を代表取締役が行うという機能分化が図れる仕組みもつくっている。さらに，経営者の業務執行を監視，監督する専門機関として監査役，監査役会，会計監査人を置くことも可能である。

　もちろん，株主は資金を拠出するだけで経営に全く関与しないという訳ではない。株主が株主総会に参加し（議決権のない株主は除く），株主総会では取締

役会設置会社を除き，会社法で規定する事項および株式会社の組織，運営，管理その他株式会社に関する一切の事項を決議する権限を有する（会社法295条1項）。さらに，株主は自分たちが経営を委ねる取締役，会計参与，監査役といった役員や会計監査人を株主総会という場を通じて選任し，解任することができる（会社法329条1項，339条1項）。つまり，株主としては株主総会を通じて自分たちが拠出した資金をしっかりと運用してくれる経営者を決めることができるのである。

このように，株主総会は株式会社の最高意思決定機関として，法律上重要な地位が与えられているにもかかわらず，形骸化しているといわれている。株式会社の規模拡大，発行済株式数の増大に伴い，各株主（特に，個人株主）の有する議決権の力が低下し，そのためわざわざ株主総会に出席して決議に参加することは少なく，議決権行使書面（書面投票用紙）も返送されない。また，書面決議が認められている会社においては，株主総会が開催される前にあらかじめ大株主から賛成投票が書面でなされていることが多く，そのため株主総会を開催する意義が低下し，株主総会はセレモニー化していることなどが，その理由とされている。

株主総会が形骸化する一方で，取締役の地位は実際上極めて安定している。特に，取締役会設置会社においては，取締役といっても，取締役の大部分が会社業務の担当者であるため，その代表者（代表取締役等）の勢力が圧倒的に強い。また，監査役設置会社においても，監査役は株主総会で選出されるが，会社の内部者から選任してもよいため（実際にも会社の内部者が選任されることが極めて多い），その監査も結局は有名無実となるおそれがある[3]。さらに，株主には監督是正権が認められているが，簡単な決議さえもなかなか行使しない株主がこのような面倒な権利を行使することはほとんどない。

以上述べたように，会社の実権は株主総会から取締役（会）に，取締役（会）からさらに代表取締役に移っているのが実情である。特に日本企業が圧倒的多く採用している取締役会設置会社においては，会社のトップの座を占めている代表取締役の支配力が極めて強く，代表取締役が取締役を任命し（法的には，代表取締役が推薦するなどして株主総会で承認を得る），代表取締役が行った業務執

行に関する意思決定は取締役会または株主総会で事実上追認される（取締役会は代表取締役の業務執行を監督する権限が認められているが，代表取締役から任命された取締役のほとんどで構成される取締役会がその機能を発揮することは実際上期待することは難しいだろう）という代表取締役を頂点とするピラミッド型の構造となっている。会社法が制度的に想定している企業（会社）の所有と経営の分離という状況から，現実は企業（会社）の所有と支配の分離ともいうべき状況が進んでいるといえる。

4. 株式会社の個別機関

(1) 株主総会

　株主総会は株主によって構成され，株主の議決によって，基本的事項について会社の意思決定を行う必要的機関である。取締役会非設置会社では，株主総会は前述のとおり，会社法に規定する事項および株主総会の組織，運営，管理その他株式会社に関する一切の事項について決議することができるとする（会社法295条1項）。これに対し，取締役会設置会社においては，株主総会の権限は会社法に規定する事項および定款で定めた事項に限られる（会社法295条2項）。

　このように，取締役会の設置の有無によって，株主総会の権限に差異が設けられたのは，取締役会設置会社の場合には，取締役会は効率的な経営を行うために設けられたものであるから，株主総会を通じて業務執行の意思決定を行う体制を採用しないのが，株主の合理的意思に合致すると考えられているからである。

　株主総会の権限は会社の意思決定に限られ，業務執行および代表取締役あるいは監査役等の職務に関する行為をすることができない。しかし，これは株主総会の権限を縮小し，株主の企業所有権を制約したものではなく，株主が欲すれば，株主総会の権限を拡張することができる。すなわち，定款にあらかじめ規定すれば，株式会社の本質または強行規定に反しない限り，法定事項以外の事項をも株主総会の権限に属させることができるのである。

(2) 取締役

　取締役は株主総会によって選出される株式会社の必要的機関である。取締役非設置会社における取締役は，定款に別段の定めがある場合を除き，原則として会社の業務を執行し，会社を代表する独任制の機関である（会社法348条1項，349条1項）。一方，取締役会設置会社における取締役は取締役会を構成するとともに，取締役会を通じて，会社の業務執行の意思決定および取締役相互の業務の監督に関与する（会社法348条1項，362条1項，2項）。

　つまり，取締役会設置会社の場合，取締役会が機関であって，取締役は会社の機関ではなく，取締役会の構成員たる地位および代表取締役の前提としての地位を有するにすぎない。

　なお，取締役は取締役会の構成員であるが，代表取締役の指揮命令下にある従業員と取締役を兼任すること自体は禁じられていない。しかし，委員会設置会社では，取締役と使用人との兼任が禁止されており，取締役会と執行役を分離している。

(3) 取締役会

　取締役会は取締役全員によって構成され，業務執行の意思決定，取締役（委員会設置会社にあっては執行役および取締役）の職務執行の監督，および代表取締役の選定・解職などの権限を有する機関である（会社法362条1項，2項）。取締役会を置く株式会社を取締役会設置会社という（会社法2条7号）。公開会社，監査役会設置会社，委員会設置会社は取締役会の設置が義務付けられる（会社法327条1項）。取締役会設置会社は，委員会設置会社を除いて，監査役を設置しなければならない。

　取締役会の職務は会社法362条4項に定められているが，この中に内部統制システムの構築がある。これは，大会社である取締役会設置会社では，取締役会は取締役の職務の執行が法令および定款に適合することを確保するための体制その他株式会社の業務の適正を確保するために必要なものとして法務省令で定める体制を整備するというものである（会社法362条4項6号）。

　会社法はすべての大会社において，取締役の職務の執行が法令や定款に適合すること等，内部統制システムの構築の基本方針を決定することを義務づけて

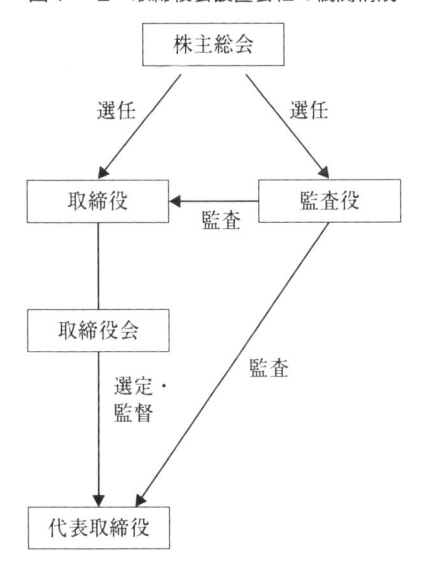

図1－2　取締役会設置会社の機関構成

```
         株主総会
       選任／＼選任
         ↓   ↓
      取締役 ← 監査役
           監査
      取締役会
           ＼監査
      選定・
      監督
         ↓
      代表取締役
```

いる。決定の内容は，事業報告に記載されることにより，開示され，内容の相当性が監査役による監査の対象となる[4]。今日，会社の法令遵守（コンプライアンス）の必要性が一層強く求められていることから，取締役会の重要な職務の1つといえる。

(4) 代表取締役

　取締役会非設置会社を除き，取締役は取締役会の構成員に過ぎず，会社を代表する，あるいは業務執行を行う権限を有していない。そこで，取締役会は会社を代表し，会社の業務を執行する者として取締役の中から最低1名を選定しなければならない。このような取締役が代表取締役である。

　代表取締役は対内的には業務を執行し，対外的には会社を代表する会社の常設の機関である（会社法363条1項1号）。代表取締役は1人でも数人でもよいが，定款により員数が定められ，通常，社長という肩書で呼ばれるが，副社長という名称であっても代表取締役である場合がある。ただし，委員会設置会社においては，代表取締役は置かれず，代表執行役が会社代表権を有することになる。

　会社の業務執行の対内的側面を担当する者として定めているのは，取締役会

設置会社では，①代表取締役，②代表取締役以外の取締役で，取締役会の決議により会社の業務を執行する取締役に指名され，その指名を受諾した者（業務担当取締役）である。業務担当取締役とは，法律上の必須機関ではないが，取締役会から一定の業務執行事項についての決定または行為を委任されたものをいう（会社法363条1項2号）。これら取締役は通常，専務取締役や常務取締役等の肩書を有する場合が多い。代表取締役と業務担当取締役は，3か月に1回以上，自己の職務遂行状況を取締役会に報告する義務を負う。なお，取締役会非設置会社では，原則として各取締役が業務執行を行う。

また，対外的側面では，取締役会設置会社において会社を代表するのは，代表取締役である。取締役会非設置会社においては，原則として各取締役が会社を代表する。しかし，定款，取締役の互選，あるいは株主総会決議によって代表取締役を定めた場合には，代表取締役以外の取締役は代表権をもたない。代表取締役がその職務を行うにつき他人に加えた損害については，会社も不法行為責任を負う。

(5) 監査役

監査役は，取締役会の職務執行の監査をする株式会社の機関である。しかし，会社法は，既述したように監査役を株式会社の必須機関としていない。公開会社または会計監査人設置会社であって，委員会設置会社でない株式会社において監査役はその設置が義務づけられる（会社法327条1項9号）。監査役を置く株式会社または会社法の規定により監査役を置かなければならない株式会社を監査役設置会社という（会社法2条9号）。

株主総会の権限が会社法および定款に定められた範囲内に限定される場合，取締役会の権限が相対的に拡大することとなり，株主の利益が侵害される危険性が生じる。そこで，監査役を設置することにより，取締役の職務執行の健全性を制度的に保障する役割を監査役に期待するものである。

監査役は株主総会の普通決議により選任されるが，監査役の員数は監査役設置会社においては法定されていないので，1人以上の監査役がいればよいということになる。ただし，定款で最低数を引き上げることは可能である。ただし，監査役は株式会社もしくはその子会社の取締役もしくは支配人その他の使用人

または当該子会社の会計参与もしくは執行役を兼ねることができない（会社法335条2項）。監査の独立性と公正を期すためである。

　監査役は原則として会計監査に限られず，業務監査を行う権限を有する。ただし，非公開会社で，かつ監査役会および会計監査人も置かない会社は，定款で監査の権限を会計監査権限に限定することができる。これは，既存企業の実態として会計監査権限のみを有する監査役制度を廃止してしまうことは妥当でないこと，および監査役として適切な人材が得られない恐れがあることなどが，その理由であるとされる。

　なお，監査役は数人存在する場合でも，それぞれが独立して権限を行使する独任制の機関であるから，違法・適法に関する判断については各自が行い，多数決で決めるものではない。

(6) 監査役会

　監査役会は，監査役で構成される合議型の機関である（会社法390条1項）。大会社（非公開大会社および委員会設置会社を除く）は，監査役会を設置しなければならない。監査役を置く株式会社または会社法の規定により監査役を置かなければならない株式会社を監査役会設置会社という（会社法2条10号）。監査役は会社内部の役員ポストの1つとなっている場合が多く，監査役が代表取締役や他の取締役と対等に意見をいえるケースは少ない。そのため，「取締役の職務執行の監査」という監査役制度の本来の趣旨が十分に機能していないのが実情である。そこで，監査役会を設けることにより，集合体として組織的に対応し，経営陣に対する発言力の強化を図るものである。

　監査役会設置会社は，監査役は3人以上で，その半数は社外監査役でなければならず，1人以上の常勤監査役を選定しなければならない。監査役会は監査役全員で組織されるが，監査役会決議については，監査役の過半数の賛成によって行われる。

(7) 会計監査人

　会計監査人は，計算書類等の監査（会計監査）をする者である。会計監査人は株主総会で選任されるが，公認会計士または監査法人でなければならない。また，会社の機関の1つとし取り扱われるが，役員の中には含まれない。会計

監査人を置く株式会社または会社法の規定により会計監査人を置かなければならない株式会社を会計監査人設置会社という（会社法 2 条 11 号）。大会社および委員会設置会社では会計監査人を置かなければならないが、それ以外の会社ではその設置は任意である。

　計算書類等の会計に関する監査については、第一次的には会計監査人が行う。監査役（会）はその監査の結果を前提として、その監査の方法または結果を相当でないと認めた場合に、その旨および理由を監査報告に記載することとしている。監査役は職務を行うために必要があるときは、会計監査人に対して、その監査に関する報告を求めることができる。

5. 委員会設置会社
(1) 意　義

　委員会設置会社とは、指名委員会、監査委員会および報酬委員会を置く株式会社をいう（会社法 2 条 12 号）。委員会設置会社は、アメリカの会社の経営機構をモデルとして、コーポレート・ガバナンス強化のため、平成 14 年の商法改正により創設されたものである。この委員会設置会社においては、株式会社における監査機関と執行機関を明確に分離し、取締役会による職務執行に対する監督機能を強化するため、取締役 3 人以上で構成される指名委員会、監査委員会および報酬委員会という 3 つの委員会を設けた。この 3 つの委員会は取締役会の内部組織である。また、取締役会により選定された執行役および代表執行役が置かれ、取締役会から委任を受けた事項の決定および業務執行を行う。

　このように、委員会設置会社は、①取締役会における業務執行に対する監督機能を強化する（監査役は置かない）、②執行役に業務執行権限を大幅に委譲して経営の合理化・迅速化を図る、③取締役会の中に、社外取締役が過半数を占める委員会を設ける、という点に大きな特徴があるといえる[5]。

(2) 取締役会および取締役

　取締役会には、業務執行決定権限と監督権限がある。取締役会は、その職務執行を取締役に委任することができず、例えば、経営の基本方針、重要な業務執行組織等に係る事項、内部統制システムに係る事項等については、自ら決定

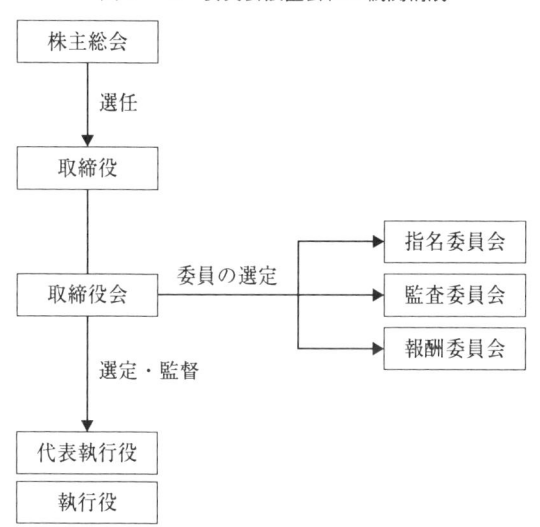

図1-3 委員会設置会社の機関構成

```
┌─────────┐
│ 株主総会 │
└────┬────┘
     │ 選任
     ▼
┌─────────┐
│ 取締役  │
└─────────┘

┌─────────┐                    ┌───────────┐
│取締役会 │──委員の選定──┬──▶│ 指名委員会│
└────┬────┘              ├──▶│ 監査委員会│
     │ 選定・監督        └──▶│ 報酬委員会│
     ▼
┌─────────┐
│代表執行役│
├─────────┤
│ 執行役  │
└─────────┘
```

し，その業務執行を行わなければならない。それ以外の事項については（会社法416条第4項列挙事項を除いて），執行役に委任することができる。また，取締役会は執行役等の職務の執行を監督する。

　取締役は，法令に別段の定めがある場合を除き，会社の業務を執行することができない。業務執行は，原則として執行役に担当させている。従って，取締役は取締役会の構成員として会社の意思決定に参加し，委員会の委員として活動することになる。なお，取締役は支配人その他の使用人を兼務することはできない。業務執行の監督と執行を明確に分離する委員会設置会社制度の趣旨を徹底させるためである。

(3) 委員会

　委員会の委員は取締役の中から取締役会の決議に基づいて選定され，各委員会は3名以上の取締役によって構成される。取締役会には，取締役の過半数を社外取締役にすることは要求されていないが，委員会においては委員の過半数が社外取締役（執行役との兼務は不可）で構成されることが義務づけられており[6]，これは委員会の独立性を確保するためである。

①指名委員会

株主総会に提出する取締役および会計参与の選任および解任に関する議案の内容を決定する機関である。

②監査委員会

取締役および執行役ならびに会計参与の職務執行の監督および監査報告書を作成し，会計監査人の選任，解任または不再任議案の内容を決定する機関である。

③報酬委員会

取締役および執行役（支配人その他の使用人を兼務している執行役を含む）ならびに会計参与が受ける個人別の報酬の内容を決定する機関である。

(4) 執行役・代表執行役

執行役は，取締役会により委任された会社の業務執行を決定し，会社の業務を執行する者であり（会社法418条），委員会設置会社は必ず執行役を設置しなければならない[7]。

執行役を置く趣旨は，取締役会には会社の業務執行の基本的な経営戦略の決定権限のみを残し，その他の事項については執行役に委任し，また執行役に業務執行権限を与えることにより，取締役会の監督機能の強化と執行役による業務執行の効率性の向上を図ろうとするものである。

執行役は取締役を兼ねることができるが，取締役のうち監査委員は執行役を兼ねることができない。また，親会社の監査役・監査委員も執行役を兼ねることができない。

代表執行役は，執行役の中から取締役会の決議によって選定され，委員会設置会社を代表する機関である。執行役は1人でも数人でも差支えないが，1人の場合は，当然にその執行役が代表執行役になる。執行役は会社の業務執行権を有するが，当然に会社の代表権を有するものではない。取締役会の決議をもって選定された代表執行役のみが，代表権を有する。代表執行役の選定・解職は，取締役会の専決事項とされる。

6. 各機関の相互関係

(1) 株主総会と取締役会の関係

　株式会社は，個性を喪失した多数の株主が参加して大規模団体を形成して経営を行うが，個々の株主が会社経営に関し積極的に参加しようとする意思をもっているとは限らないことから，会社の所有と経営を分離し，株主によって構成される株主総会では会社の基本的事項を決めるにとどめ，業務執行については経営の専門家である取締役で構成される取締役会に委ねることとしている。

　しかし，取締役会の権限が強大化し濫用のおそれがあるため，これを防止するため，取締役の選任・解任は株主総会の権限としている。さらに，会社経営の根幹にかかわる事項（事業譲渡，合併，定款変更等）については，株主総会の決議事項として，その権限を株主総会に留保させている。

(2) 株主総会と代表取締役の関係

　代表取締役の業務については，監査役や取締役会に監査・監督する地位を与え，代表取締役の権限濫用のおそれがないよう，その防止を図ることとしているが，監査役や取締役は受任者にすぎず，これらによる監査・監督にも限界がある。そこで，これを補完するため，株主総会においても監査機能を補充的に認めている（会社法360条，845条1項など）。

(3) 取締役会と代表取締役の関係

　取締役会の決定を実行するため，会社業務を執行し，会社を代表する機関として代表取締役が設けられているが，代表取締役の権限が強大化し，その権限濫用のおそれがあることから，これを防止するため，取締役会に職務執行の監査機関としての地位を与えている（会社法362条2項2号，363条2項）。

第4節　資金調達の形態と方法

1. 株式会社の資金調達方法

　株式会社の資金調達は外部資金によって調達する方法と内部資金によって調達する方法がある。外部資金はさらに，自己資本と他人資本に分けられる。内部資金は，社内での利益留保，減価償却等によるもので，自己金融と呼ばれる。

外部資金における自己資本は、会社が返済義務を負わない資金で、募集株式の発行のほか、新株予約権も含まれる。他人資本は返済義務を負う資金で、社債、金融機関からの借入れ、支払手形、買掛金などの企業間信用がある。

また、外部資金による調達のうち、会社が株式や社債を発行して、証券市場を通じて投資家から直接的に資金を集める方法を直接金融、銀行等金融機関から資金を借入れる方法を間接金融と呼ばれる。

なお、自己資本による調達のうち、株式の発行をともなう資金調達をエクイティ・ファイナンス（Equity Finance）、銀行等金融機関からの借入れのほか、社債やコマーシャル・ペーパー（優良企業が発行する短期の約束手形による資金調達）等による資金調達をデット・ファイナンス（Debt Finance）といっている。

会社がどのような資金調達方法を選択するかは自由であり、いずれの方法を選択するかは経営者がさまざまな事情を総合的に考慮して判断することになるが、本書においては外部資金に関して会社法に定めのある募集株式の発行等、新株予約権および社債の発行について概説することとする。

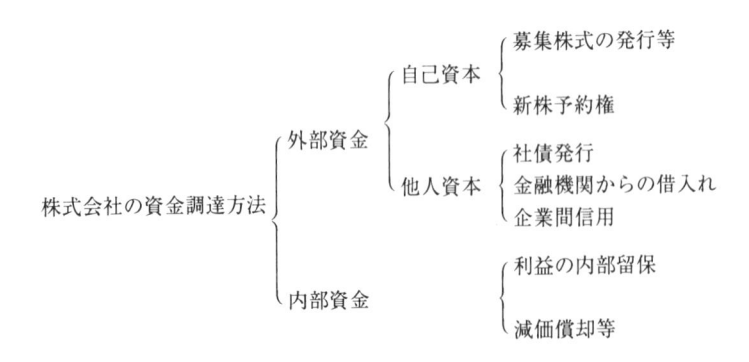

```
                              ┌ 自己資本 ┌ 募集株式の発行等
                              │          └ 新株予約権
              ┌ 外部資金 ┤
              │              │          ┌ 社債発行
株式会社の資金調達方法 ┤              └ 他人資本 ┤ 金融機関からの借入れ
              │                         └ 企業間信用
              │
              └ 内部資金 ┌ 利益の内部留保
                          └ 減価償却等
```

2. 募集株式の発行等

(1) 募集株式の発行の態様

募集に応じて株式の引受けの申込みをした者に対して、株式発行または自己株式の処分によって割り当てる株式を「募集株式」とし、株式の発行と自己株式の処分を併せて「募集株式の発行等」と呼んでいる。株式発行の手続と自己

株式の処分手続は，会社が株主または第三者に対して株式の引受けを募集し，引き受けた者からの金銭の払込みに対して，株式を交付する点において共通することから，会社法では両者の手続を一体化して，両者を含めて「募集株式の発行等」という概念を用いることとなった。

　株式発行は，通常の株式発行と特殊な株式発行に分かれる。前者は，会社の成立後に株主に新たな払込みまたは現物出資によって株式を発行する場合であり，後者は取得請求権付株式・取得条項付株式・全部取得条項付種類株式の取得に当たり株式を対価とする場合，株式分割，株式の無償割当，新株予約権の行使，吸収合併，吸収分割，株式交換等の場合における株式発行によるものである。ここでは，通常の株式発行の場合について述べることとする。

(2) 募集株式の発行等の決定

　募集株式の発行等に際する募集事項の決定は，非公開会社が発行する場合は，原則としてその都度，株主総会の特別決議によって行わなければならない。ただし，株主総会の特別決議によって，募集事項の決定を取締役（取締役会設置会社の場合は，取締役会）に委任することができる。この場合は，その委任に基づいて募集事項の決定をすることができる募集株式の数の上限および払込金額の下限を決めなければならない。

　公開会社が募集株式を発行する場合は，その都度，募集事項について取締役会で決定しなければならない。この取締役会決議において募集事項の決定を取締役に委任することはできない。ただし，株主以外の者（第三者）に対し募集株主の払込金額が「特に有利な金額」である場合は，既存株主の利益を保護するため株主総会の特別決議を必要とする。この場合，取締役は株主総会において特に有利な払込金額で募集することを必要とする理由を説明しなければならない。「特に有利な金額」とは，通常募集株式の発行等をする場合に払込金額とすべき公正な金額に比べて特に有利な金額をいう。「特に有利な金額」であるかどうかは，株式の市場価格が基準となる。この点について，日本証券業協会の自主ルール「第三者割当増資の取扱いに関する指針」によれば，取締役会決議の直前日の価格の90％以上の価額または状況によっては取締役会決議の直前日までの6カ月以内の適当な期間における平均価格の90％以上の価格が

あれば，有利発行に該当しないとしている。
(3) 株式発行の形態

株式の発行形態は，誰に対して募集を行うかによって，株主割当，公募，第三者割当の3つの種類に分かれる。

①株主割当

既存株主に株式の割当てを受ける権利を与えたうえで，これらの者に募集株式の発行等を行うものである。これを株主割当というが，この形態であれば，既存株主はその有する株式数に応じて募集株式の割当てを受ける権利を有するので，既存株主全員がこれに応じるならば，株主間の持株比率を維持することができる。

株主割当は，会社の支配構造に変更を加えず，時価より安い価額で株式を発行しても株主は不利益を受けず，むしろ株式の時価と額面額との差は株主に対する利益還元とも考えられ，既存株主の保護が図られるほか，会社にとっても確実に資金を調達できる方法でもある。

1970年代までは株主割当が主流であったが，わが国の証券市場が活況を呈し，市場価格が上昇してくると，会社はより効率的な資金調達の方法をとるようになり，1990年代に入ってからは株主割当による資金調達は利用されなくなり，公募，第三者割当による資金調達の方法が増加している（落合編，2011，p.91）。

②公　募

募集の相手方を特に限定せずに，広く一般投資家から募集株式を引き受ける者を募集するものである。この公募による資金調達は，既存株主，あるいは特定の第三者に割り当てるのではなく，広く多数の投資家から資金を集めることができるので，公募は大規模の資金調達を行うのに適している。

しかし一方で，公募は既存株主の持株比率の低下（希薄化）という不利益をもたらす可能性がある。また，時価より低い価額で発行するときは，既存株主の保有する株式の1株当たりの価値が低下するという経済的損失が発生するおそれがある。

③第三者割当

　特定の第三者に募集株式を割り当てて資金を調達するものである。この第三者割当は、経営状態が悪化した会社が資金援助を求めて、支援企業に対して株式を発行する場合、特定企業と資本関係を強化する場合、安定株主工作の一環として株式を発行する場合、さらには株式の買い集めによる乗っ取りの対抗策として友好関係にある会社に株式を発行する場合などにおいて用いられることが多い。

　第三者割当も公募の場合と同様、既存株主は希薄化の不利益を受け、また発行価格が時価より低いときは、経済的損失を被るおそれがある。そこで、会社法は、前述したように公開会社についても、時価よりも低い価額で募集株式を発行する第三者割当の場合は、株主総会の特別決議を要求している。

(4) 払込、給付、株式発行の効力発生

　募集事項が決定した後、申込みをした申込者は、会社の割り当てた募集株式の数につき株式引受人となる。募集株式の引受人は、払込期日または期間内に、会社が定めた銀行等の払込取扱場所に、払込金額の全額を払い込まなければならない。現物出資財産を給付する募集株式の引受人は、給付期日または期間内に、募集株式の払込金額の全額に相当する現物出資財産を給付しなければならない。

　募集株式の引受人は、会社に対して債権を有する場合であっても、払込または給付をする債務と会社に対する債権を相殺することができない。ただし、会社の有する債務を株式に振り替える形で、会社から相殺を主張することができる。これを債務の株式化（デッド・エクイティ・スワップ（DES：Debt Equity Swap））と呼んでいる[8]。これは、例えば、A社に3,000万円を貸付けているB社は、A社から発行された3,000万円分の株式を金銭債権の現物出資という形で取得するものである。

　募集株式の引受人は、払込期日を定めた場合は当該期日、払込みの期間を定めた場合は、出資の履行をした期日に、募集株主の株主となる。

3. 新株予約権
(1) 意 義

　新株予約権とは，株式会社に対して行使することにより当該株式会社の新株の交付を受けることができる権利をいう（会社法2条21号）。例えば，甲株式会社が乙に新株予約権を発行し，その内容として，乙は甲株式会社新株予約権1個につき，平成00年0月0日から△年△月△日までの間に，甲株式会社1株（現在の株価1,000円）を1,500円で100株まで取得する権利を有すると仮定した場合，新株予約権を有する者（乙）を新株予約権者，権利の行使をすることができる期間（平成00年0月0日から△年△月△日まで）を権利行使期間，権利行使時の株式の取得対価である1,500円を権利行使価格と，それぞれ呼んでいる。

　新株予約権が会社に対して行使された時に，会社は新株予約権者に対し新株を発行し，またはこれに代えて会社の有する自己株式を移転する義務を負う。会社は新株の発行に伴って，新株予約権者から出資の履行がなされるので，会社としては資金調達ができることになる。なお，新株予約権は権利であって，義務ではないので，新株予約権を行使しても差益（儲け）が得られない場合は，新株予約権の権利行使をする必要はない。

　会社が新株予約権を発行するのは，必ずしも資金調達のためだけではなく，ストック・オプション（Stock Option）や敵対的買収を仕掛けられた場合の防衛策として発行されることもある。

　ストック・オプションとは，会社が取締役や従業員に対して，一定の期間（権利行使期間）内に，あらかじめ定めた価額（権利行使価額）で，所定の株式を会社から取得することができる権利のことであり，実務上の呼称である。

　例えば，甲社は株価1,500円の時に，取締役や授業員に対して権利行使価額を2,000円として，権利1個につき権利行使期間内に1,000株まで取得することができる新株予約権を新株予約権者に1個ずつ無償で交付する。この場合，取締役や従業員は1,500円で購入し，仮に1株2,000円になったときに売却すれば，その差額1株500円（1,000株ならば，500,000万円）の利益（キャピタル・ゲイン）が得られることになる。取締役や従業員はこの利益をインセンティブとして，甲社の株価を上昇させるべく業績向上を目指して努力するであろうと

いう考えがストック・オプション制度の前提となっている。したがって，取締役や従業員のやる気を高めるために，ストック・オプションは無償で発行されることも少なくない。このストック・オプションはアメリカで開発されたインセンティブ報酬の代表といえる。

(2) 新株予約権の発行手続

新株予約権の発行は，新株発行と同様に，株主割当，公募，第三者割当の3つの形態がある。

①公募または第三者割当の場合

公開会社において，取締役会は新株予約権を発行する時は，募集新株予約権（募集に応じて新株予約権の引受けの申込をした者に対し割り当てられる新株予約権）について，会社法238条1項に規定する募集事項を定めなければならない。

②株主割当の場合

取締役会は上記の募集事項に加えて，(a) 株主に対し，申込みにより，募集新株予約権の割当てを受ける権利を与える旨，(b) 募集新株予約権の引受けの申込みの期間を定めなければならない。

(3) 新株予約権の行使

新株予約権の権利行使は，権利行使期間中に行うことができる。証券発行新株予約権に係る新株予約権証券が発行されている場合には，新株予約権証券を会社に提出し，その行使に際して払い込むべき価額の全額を払い込まなければならない。

新株予約権証券が発行されていない場合は，行使に係る新株予約権の内容および数，新株予約権を行使する日を明らかにして行使することになる。

新株予約権者は，新株予約権の行使日に募集事項に定められた出資価額の全額を払込みまたは出資財産（現物出資の場合）を給付しなければならない。株式の払込金額の全額が資本金を構成するが，一部，資本準備金とすることもできる。なお，会社は自己新株予約権を取得することができるが，出資の空洞化を招くため，自己新株予約権を行使することは認められない。

新株予約権を行使した新株予約権者は，新株予約権を行使した日に，新株予約権の目的である株式の株主となる。

4. 社　債
(1) 意　義

　会社が必要な資金を調達する手段としては，募集株式や新株予約権の発行のほかに社債の発行があげられる。社債とは，会社法の規定により会社が行う割当てにより発生する当該会社（社債発行会社）を債務者とする金銭債権であって，会社法676条各号に掲げる事項についての定めに従い償還されるものをいう（会社法2条23号）。社債を引き受けた者を社債権者という。社債は株式会社のみでなく，すべての種類の会社が発行することができる。なお，国または地方公共団体が発行するものは通常公債と称し，会社が発行する社債とは区別している。

　社債は，多額かつ長期の資金調達を可能とする。前述した募集株式の発行等も会社の資金調達の方法として有効性が高いが，この場合は，新たに割り当てられた株式にも配当を要するため，配当率の低下が生じ，また配当金は会社の経費扱いとならず，会社の利益処分として行われることから，課税上の問題がある。

　社債は無担保社債と担保付社債，普通社債と新株予約権付社債などに分類できる。会社法は一般的な社債について規定し，担保付社債は担保付社債信託法によって規制されている。

(2) 社債と株式の異同

　社債と株式は，ともに公衆から多額の資金調達を可能とし，それは多数の区分的単位に分割され，その地位が非個性化されており，集団的な取扱いができるとともに，流通性を高めるため，有価証券の発行が可能である等共通点がある。

　一方，株式が株式会社の社員たる地位であり，株主は株式会社の構成員となるのに対し，社債は会社に対する債権であり，社債権者は会社に対する債権者としての地位を有するという本質的な差異がある。この本質的な差異の結果，社債権者は株主のように株主総会に出席して会社経営に参加する権利を有しない。また，社債は償還期限がくると，償還金額の支払い（元本の返済）を受けるが，株式は原則として，出資の払戻しは認められない。さらに，株主は分配

可能額が生じた場合に剰余金配当請求権が生じるが，社債権者は会社の利益の有無にかかわらず，確定額の利息の支払いが受けられる等の違いがある。

しかしながら，一般株主の実態として，株主総会に出席して会社経営に参加するケースはあまり多くなく，この点で社債権者との違いは小さく，また利益配当額についても，会社が任意積立金の積立等により剰余金配当の平均化を図っている場合が多くみられ，さらに法律上の制度としても，両者の中間的形態の社債や株式の発行が認められていることから，社債と株式は近接化しているといえる。

(3) 社債の発行方法と管理

社債発行は，取締役会非設置会社では，取締役が決定し，取締役が複数いる場合には，原則としてその過半数で決定する。取締役会設置会社では取締役会で決定するが，取締役会はその決定を代表取締役に委任することができる。委員会設置会社においても，原則として取締役会で決定するが，執行役に委任することができる。

社債発行の方法には，公募発行，売出発行，総額引受がある。公募発行は社債を引き受ける者を公衆から募集するものであり，募集事務を社債発行会社自体が行う直接募集と募集事務を社債発行会社から委託された証券会社等が行う委託募集があるが，直接募集は実務上ほとんど行われていない。売出発行は，社債総額を確定することなく，一定の売出期間を定め，その期間内に公衆に対し，個別的に社債を売り出す方法である。総額引受は，社債発行会社と証券会社等の特定人との契約によって社債総額を包括的に引き受ける方法である。

社債は償還期間が比較的長く，社債権者の利益を保護するため，社債発行会社は，社債を募集するには原則として社債管理者（銀行，信託会社等）を定めて，社債権者のために弁済の受領，債権の保全その他の社債の管理を委託しなければならない。また，同じ種類の社債権者は共通の利害関係に立つため，種類ごとに社債権者集会を構成し，団体的行動をとることを認めている。これによって，株主総会の場合と同様に社債権者集会において，会社法が定めたものおよび社債権者の利害に関する事項については決議することができることとしている。

(4) 新株予約権付社債

　新株予約権付社債とは，新株予約権を付した社債である（会社法2条22号）。新株予約権付社債権者は，会社の業績が向上して株価が大幅に上昇すれば，新株予約権に基づく予約権を行使して株主となり，より有利な地位を取得することができる。一方，会社としても，普通社債よりも利息を低くして低金利で資金調達ができるとともに，新株予約権の権利行使が行われると，社債が消滅することにより負債が減少し，株式発行により自己資金が増強される等のメリットがある。

　このように，新株予約権付社債は社債の堅実性と株式の投機性を併有し，また会社としても多額の資金をより容易にかつ有利に調達することができるという特徴をもっている。

　新株予約権付社債の発行は，公開会社においては取締役会の決議により，非公開会社では株主総会の特別決議によって発行することができる。ただし，非公開会社の場合は，株主総会の決議により，募集事項の決定を取締役（取締役会設置会社においては取締役会）に委任することができる。

　新株予約権付社債の行使に当たり，証券発行新株予約権付社債に付せられた新株予約権を行使する場合には，新株予約権付社債券を会社に提示し，新株予約権付社債券に新株予約権が消滅したことを記載し，かつ新株予約権の行使に際して払込みをすべき額の全額の払込みまたは金銭以外の財産の給付をしなければならない。新株予約権付社債権者は，これを行使した日に株主となる。

第5節　資本金・準備金・剰余金と計算書類等

1．資本金
(1) 意　義

　株式会社においては，株主は間接有限責任を負うにすぎないことから，会社債権者に対しては，会社財産のみが唯一の担保となる。したがって，会社財産を確保することは会社債権者のみならず，会社自体にとっても必要となる。そこで，会社法は会社債権者を保護するため，株式会社が保有すべき一定の基準

を定めている。この一定の金額が資本金の額である。資本金の額は登記および貸借対照表により公示される。貸借対照表上，資本金，資本剰余金および自己株式を株主資本という。

なお，資本金は一定の数額であり，現実に払込金額自体がそのままの形で保有されていることではない。会社法においては，資本金の額に相当する財産が会社の中でどのような形で保有されるかは問題にされない。また，経済上の資本の概念とも異なる。

(2) 資本金の算定

株式会社の資本金の額は，原則として設立または株式の発行に際して株主となる者が会社に対して払込みまたは給付した財産の額である（会社法445条1項）。例えば，会社の設立時に1,000万円の金銭の出資を受け，さらに会社成立後に1株200円の払込金額で1万株発行したとすると，その会社の資本金は合計で，1,000万円＋200万円（200円×10,000株）＝1,200万円となる。

しかし，上述した原則には例外がある。すなわち，払込みまたは給付に係る額の2分の1を超えない額は，資本金として計上しないことができる。この場合は，後述する資本準備金として計上しなければならない。例えば，1株当たり500円を払込金額として株式を発行したりすると，資本金に250円，資本準備金に250円，それぞれ計上することができる。このように，払込金額を資本金と資本準備金にどのように割り振るかは，募集事項として決定しなければならない。

2. 準備金

(1) 意　義

準備金とは，法律，定款の規定または株主総会の決議をもって，資本金以上の一定額の金額に相当する財産を会社に留保させる制度である。資本金と同様に計算上の数額であって，貸借対照表の「純資産の部」に資本金とともに記載され，剰余金を算定する場合には純資産から資本金の額とともに控除される。また，資本金の場合と同様に，特定の財産の形で保管されているものではない。準備金には，資本準備金と利益準備金がある。

なお，これに似たものとして，任意積立金がある。任意積立金とは，法律上強制されるものではなく，定款または株主総会の決議により積み立てられるもので，利益準備金を積み立てた残余の利益財源として積み立てる積立金である。事業拡張，社債償還等のように目的が特定されているものと，別途積立金のように目的が特定されていないものがあるが，その使用は定款または株主総会により自発的に行うことができる。

(2) 資本準備金

資本準備金は，準備金として積み立てることが要求されるもの，または将来会社の経営が悪化し欠損が生じた際に取り崩して，そのてん補に充てることができるよう，その他資本剰余金の中から積み立てることが要求されているものである。

具体的に，資本準備金となるのは，①設立または株式の発行に際して株主となる者が会社に対し払込み・給付した財産の額のうち資本金として計上されなかった額，②その他資本剰余金を原資とする剰余金の配当をする場合に積み立てが要求される額，③合併等の組織再編行為の際に生ずる合併差益等のうち，合併契約等により資本準備金とする旨を定めた額，④資本金または剰余金（その他資本剰余金）を減少した際に資本準備金に組み入れる旨を定めた額である。

(3) 利益準備金

利益準備金は，将来，会社経営が悪化した場合に取り崩して欠損のてん補にあてることができるよう，会社がその他利益剰余金を原資とする剰余金の配当を行う際に，その他利益剰余金の一部を割いて積み立てることが要求される準備金である。

利益準備金は，資本準備金とあわせて準備金が資本金の4分の1に達するまで，その他利益剰余金を原資とする配当額の10分の1を積み立てなければならない。

(4) 資本金・準備金の額の減少

資本金の額の減少とは，資本金という一定の計算上の数額を減少することをいう。資本不変の原則から，株主総会の決議等厳格な手続きが要求される。資本金の額の減少は，会社法では単に計算上のものであるが，資本の額を減少し

た後でも剰余金が生じない場合，すなわち資本の欠損をてん補するための資本金の額の減少は，将来の剰余金の配当を容易にするために行われる。

　準備金の額の減少も所定の手続を経ればこれをすることができる。会社法の下では，欠損のてん補に使用されるだけでなく，原則として株主総会の決議により準備金を取り崩して使用することができ，準備金を全額減少することも認められる。減少させた準備金は，資本に組み入れ，剰余金の額を増加させることも，また欠損の額を減少させることもできる。

3．剰余金の配当

(1) 剰余金の概念

　株式会社は，その株主に対し剰余金の配当をすることができる（ただし，自己株式には配当することができない）（会社法453条）。剰余金とは，株主に対する分配可能額を算出する基準となる数値であり，「その他資本剰余金」および「その他利益剰余金」の合計額からなる。

　具体的には，会社法446条1項で規定しているが，概説すれば，最終事業年度の末日（決算期末）における貸借対照表に表示された額を基礎に，①資本の額に，②自己株式の帳簿価額の合計額を加え，①＋②の合計額から，③負債の額，④資本金および準備金の額の合計額，ならびに⑤法務省令で定める各勘定科目に計上した額の合計額をあわせた合計額を差し引いた残りの額を剰余金として算定する。この他に，最終事業年度の末日後における自己株式の処分等がある場合は加算され，一方，剰余金の配当分等は減算されて，最終的な剰余金を算定する。

(2) 分配可能額と剰余金の配当

　剰余金の配当は，分配可能額の存在を前提とする。分配可能額は，会社法461条2項に規定されているが，以下のように算定される。

　分配可能額＝（①剰余金の額＋②臨時計算書類につき株主総会等の承認を受けた場合の，㋑その期間の利益の額として法務省令の定める各勘定科目に計上した額の合計額および㋺期間内に自己株式を処分した場合における自己株式の対価の額）－（③自己株式の帳簿価額＋④最終事業年度の末日後に自己株式を処

分した場合における自己株式の対価の額＋⑤ ②の場合における期間の損失の額として法務省令で定める各勘定科目に計上した額の合計額＋⑥法務省令で定める各勘定科目に計上した額の合計額）

　剰余金を配当する場合には，法務省令で定めるところにより，当該剰余金の配当により減少する剰余金の額に10分の1を乗じて得た額を資本準備金または利益準備金として計上するよう義務づけられている。

　剰余金の配当は，事業年度中に回数の制限はなく，また期中いつでも剰余金の配当をすることができる。剰余金の配当に当たっては，原則として株主総会の適法な剰余金配当決議案の承認決議が必要である。ただし，会計監査人設置会社，監査役会設置会社または委員会設置会社で剰余金の配当に関する事項を取締役会が定めることができる旨の規定が設けられている場合などにおいては，剰余金の分配権限を取締役会に付与することが認められている。

　株主総会の決議等により剰余金の配当が決定されると，株主は会社に対して確定額の剰余金支払請求権（具体的配当請求権）を取得することになる。この権利は，剰余金配当決定前の剰余金配当請求権（抽象的配当請求権）とは異なり，通常の債権であり，株式とは独立に処分，質入れあるいは差押えの対象となり，独立に時効（時効期間は10年）にかかり，株式が譲渡されても当然には譲受人に移転しない。

　なお，剰余金の配当は金銭の支払いだけでなく，金銭以外の財産を現物配当として行うことが認められている。しかし，会社の純資産額が300万円未満の場合には，会社は株主に対する剰余金の配当をすることができない。

4．計算書類の作成と承認手続
(1) 計算書類等とその作成

　会社は，定款所定の決算期ごとに，その事業年度に関する計算書類，事業報告およびこれらの附属明細書を作成しなければならない（会社法435条2項）。

　計算書類とは，貸借対照表，損益計算書，株主資本等移動計算書，および個別注記表をいう。貸借対照表は，会社の一定の時点における財産状態を表す一覧表である。損益計算書は，当該事業年度における純損益を明らかにする書面

である。株主資本等変動計算書は，特定の事業年度における純資産の部の各項目の増減を明示する計算書類である。そして個別注記表は，旧商法下において貸借対照表および損益計算書に注記すべきものとされていた事項を独立の計算書類として記載されたものである。

　事業報告は，当該事業年度の会社の状況に関する重要な事項を記載した書類である。旧商法下の営業報告書に当たるが，記載される内容が必ずしも計算に関するものとはいえないことから，計算書類から除外された。

　付属明細書には，計算書類の附属明細書と事業報告の附属明細書がある。計算書類の附属明細書は，有形・無形固定資産の各明細，引当金の明細，販売管理費の明細等のほか，計算書類の内容を補足する重要な事項が表示される。また，事業報告の附属明細書は，事業報告の内容を補足する重要な事項が表示される。

　事業報告と附属明細書は，計算書類とあわせて「計算書類等」に含められる。計算書類等は書面だけでなく，電磁的記録による作成も可能である。

(2) 計算書類の承認手続

　計算書類の承認を得るためには，株式会社の種類によっては，事前に計算書類の監査を受けなければならない。計算書類の監査手続きは，それぞれの会社の機関設計によって異なる。

　①会計監査人設置会社においては，計算書類およびその附属明細書について，監査役および会計監査人の監査を受け，事業報告およびその附属明細書については，監査役の監査を受けなければならない。ただし，委員会設置会社では監査役ではなく，監査委員会の監査となる。

　②監査役会設置会社においては，計算書類および事業報告ならびにこれらの附属明細書について，監査役の監査を受けなければならない。

　なお，取締役会設置会社は，計算書類および事業報告ならびにこれらの附属明細書について，取締役会の承認を受けなければならない。

　取締役は，計算書類および事業報告を定時株主総会へ提出しなければならない。取締役会設置会社の取締役は，定時株主総会の招集の通知に際して，株主に対し取締役会の承認を受けた計算書類および事業報告，さらに監査が要求さ

れている場合は，監査報告または会計監査報告を含めて，これらを提供しなければならない。

このように，提出・提供された計算書類等のうち，計算書類は原則として定時株主総会の承認を受けなければならないが，事業報告はその内容について定時株主総会で報告すれば足りる。ただし，会計監査人設置会社において，取締役会の承認を受けた計算書類が法令および定款に従い会社の財産および損益の状況を正しく表示しているものとして法務省令で定める要件に該当する場合には，株主総会の承認を要しない。

会社は株主総会の承認を得たなら，遅滞なく，法務省令で定めるところにより，貸借対照表（大会社では，貸借対照表と損益計算書）を公告しなければならない。

【注】

1) 企業形態の分類としては，例えばこの他に，私企業を個人企業と共同企業に分類し，共同企業をさらに非法人企業と法人企業に分けることもできる。非法人企業の例としては，協同組合等があげられ，法人企業は会社ということになる。
2) 会社法上，「中小会社」という用語は用いられていない。旧商法では，大会社，中会社，小会社という区分を行っていたが，会社法制定時に大会社の定義を本文中にあるとおり見直し，また中会社，小会社の区分を廃止した。大会社とそれ以外の会社との区分に加えて，さらに会社の規模により差異を設ける実益は小さいというのがその理由であるといわれている。
3) 通説によれば，監査役の権限は基本的に適法性の問題に限られ，経営の妥当性の問題には及ばないと解されている。したがって，監査役は代表取締役その他業務執行取締役の選任，解任といった人事の問題には介入できず，このため取締役に比べると会社経営を監視，監督する機能が劣らざるを得ないので，妥当性の監査まで認めるべきであるという積極説も主張されている。
4) 最近では，内部統制システムの構築における情報開示の一環として，財務情報だけでなく，CSR 報告書，環境報告書，情報セキュリティー報告書，知的財産報告書等非財務情報も開示されるようになっている。
5) 2010 年 9 月 10 日現在，東京証券取引所上場会社 2,294 社中，監査役会設置会社は 2,243 社（97.8%），委員会設置会社は 51 社（2.2%）である。委員会設置会社の数が少ない理由として，①平成 14 年商法改正で導入された新しい組織形態であること，②社外取締役を最低 2 名以上選定し，かつ指名委員会など 3 つの委員会の設置が義務づけられるなど規制が比較的厳格であることがあげられている（落合編，2011，

pp.69-70)。委員会設置会社の代表的会社としては，ソニー，東芝，日立製作所，野村ホールディングス，イオンなどの会社がある。
6）東京証券取引所上場会社で，委員会設置会社における社外取締役の人数は，多い順に，3人33.3%，4人19.6%，5人25.5%となっており，3人が最も多く，平均4人となっている。また，親会社のある委員会設置会社の委員会においては，社外取締役のうち親会社出身の社外取締役は53%で，過半数を超える（2010年）（落合編，2011，pp.71-73）。なお，東京証券取引所は2009年12月に上場規程を改正し，上場会社は社外取締役または社外監査役の中から，「一般株主と利益相反の生じるおそれのない」者を「独立役員」として1名以上確保し，かつこれを独立役員届出書により東京証券取引所に届け出なければならないこととなった（落合編，2011，p.73）。
7）執行役と似た用語に執行役員がある。執行役員は会社法上の制度ではなく，取締役会の形骸化対策の一環として，会社が任意に設けたものである。取締役会は取締役の員数を減らすとともに，業務執行の意思決定・監督に専念し，業務執行についてはこれまで使用人兼務取締役であった者などを執行役員として任命し，これらの者に任せて，業務運営の権限・責任の明確化を図るというものである。この執行役員制度は，実務上の要請（会社の人事政策を含めて）から会社が自主的に設けたもので，委員会設置会社における会社法上規定されている執行役とはまったく異なる。
8）DESは，負債の一部を株式に振り替えることによって，当該負債が消滅し，その代り自己資本の額が増加するため，財務体質の改善を図ることができる。DESは債務超過にある会社の再建の一環として利用される。なお，DESは金銭債権の現物出資であるが，金銭債権をその帳簿価額以下で現物出資をする場合には，検査役の調査は免除される。

第2章
企業取引形態と取引のルール

第1節　企業取引総説

1．企業取引の特徴
　企業は営利を目的として営業活動を行う経済主体であり，企業の取引活動の営利性は経済活動の基本である。企業取引の特徴を法的側面からみると，以下のような特徴がある。
(1) 取引の集団反復性，迅速簡易性
　企業活動は多数の取引を集団的，反復的に行うことを予定している。そのためには取引が簡易迅速に処理されることが要求される。この要請に応えるために，商法では民法の原則の例外としての申込の効力についての特則，申込に対する諾否の通知義務，契約成立後における確定期売買の当然の解除，売買目的物についての売主の供託権等の規定を設けている。
(2) 取引の安全性
　企業取引は大量，かつ迅速に行われることから，取引の安全性が確保されなければならない。そこで，商法では取引上重要な事項について広く社会一般に周知させるために，その公示を当事者に要求し，取引の安全を図る公示制度を強化し，商業登記制度，その他の各種公示制度等が設けられている。また外観主義，即ち表示された事実と真実とが一致しない場合に，その表示事実の作出に関与した者はその表示を正当なものと信じて取引した者に対して責任を負わなければならないとする制度も取引の安全性を具現化するものである。不実登記の責任，名板貸人の責任，表見支配人等の規定はその例である。さらに，企

業取引の安全性を期するため，企業取引の当事者に対して厳格な義務ないしは責任を負担させている。商事売買における買主の検査義務及び瑕疵の通知義務，買主の目的物保管義務，多数債務者の連帯性等の規定はその例といえる。

(3) 取引の営利性

前述したように，企業は利潤獲得を目的として存立する経済主体であることから，企業の行為は原則として有償である。そこで，商法は無償性を原則とする民法の規定を修正し，例えば委託契約の報酬請求権，寄託契約における受寄者の報酬請求権，金銭消費貸借契約における利息請求権等にみられるように，企業取引における有償性を認めている。

2. 企業取引の分類

現代の企業は，その形態が会社組織であるか，個人組織であるかその組織を問わず，また大企業であるか，中小・零細企業であるか規模の大小にかかわることなく，いずれも商品を販売あるいはサービスを提供することにより，自らの組織体の維持，発展を図っている。このように企業が営利を目的として企業や消費者に商品やサービスを提供したり，あるいは企業から提供を受ける経済行為を一般に，企業取引と呼んでいる。

企業取引は以下に述べるように，いくつかの観点から分類できる（根田，2005，pp.144-145）。

(1) 取引の当事者からみた分類

企業取引は，取引当事者の少なくとも一方が企業である取引のことである。この取引には取引の相手方が企業である場合と消費者である場合とがあり，前者を企業間取引，後者を消費者取引と呼ぶ[1]。

企業間取引とは，企業と企業との間の取引，つまり当事者双方が企業である取引である。企業間取引では，いわゆる商人間の取引であるので，企業取引の安全性や迅速性などが指導原理となる。

消費者取引は取引当事者の一方が企業であり，他方が消費者である取引である。消費者取引においては，一般に企業が優越的地位にあるので，消費者の利益を擁護する立場から消費者取引を規制あるいは適正なルールを講じることが

基本原理となる[2]。本章第4節では消費者取引の代表例の1つとして，特定商取引をとりあげ，その概要を説明している。

(2) 取引の継続性からみた分類

　企業取引が取引相手方にとって継続性であるか否か，その有無によって，スポット取引と継続的取引に分類できる。

　スポット取引は一回限りの取引であり，契約も個別的，一回ごとに締結される。売買契約の場合であれば，契約ごとにその都度商品が引き渡され，代金が決済される。

　継続的取引には，2つの形態がある。1つは継続的供給契約と呼ばれるものである。これは，一定または不定の期間，一定の種類・品質の物を一定の価格で供給することを内容とする取引で，原材料・部品メーカーが完成品組立メーカーに対してその原材料・部品を継続的に供給する場合が典型例である。この場合において，継続的供給に関する基本的事項については，基本契約を締結して取引を行うことが多くみられる。今1つは，商品供給者とディーラーとの継続的売買契約の取引形態である。これは，あらかじめ当事者間で継続的に締結される契約のうち，各契約に共通する事項について詳細な契約条件を取り決め，それを基本契約として確定し，その後の個別的取引においては，種類，数量，品質，価格などの条件をその都度決定するという方式の取引である。消費財完成品メーカーと特約店との間，あるいは大手商社と小売店との間等の継続的取引で多くみられる形態である。わが国における企業間取引のほとんどが継続的取引であるといわれている。

(3) 財の種類からみた分類

　企業取引において，取引される財の種類の違いによって，生産財（産業財と呼ばれることもある）取引と消費財取引に分類される。

　生産財とは，企業の生産活動や組織の業務遂行のために使用される財を指し，部品，機械・設備，業務用供給品，サービスが含まれる。生産財は企業間取引で用いられ，企業間で行われる生産財の取引が生産財取引である。

　消費財とは，文字通り消費者が直接に消費する財であり，企業と消費者との間で行われる消費財の取引が消費財取引である。この取引の代表例は，消費者

との売買取引でみられるように，消費者が小売店頭で商品の購入と同時に代金の支払いを行い，購入した商品を持ち帰るという形で行われる。これを現実売買と呼んでいる。

(4) 取引の範囲からみた分類

企業取引が国内で行われ，国内で完結するか，あるいは国境を越えて行われる取引であるかにより，国内取引と国際取引に分類される。

国内取引は取引の範囲が国内にとどまり，国内で完結される取引である。例えば，大阪に工場をもつ部品メーカーが東京にある完成品組立メーカーに自社製品（部品）の納入（売買）を行う等国内で取引が行われ，かつ国内で取引が完結する取引形態である。

国際取引あるいは国際商取引は，一般に法を異にする国または地域に拠点を有する企業間の取引である（高桑，2011，p.1）。国際取引は売買だけでなく，貿易取引，資本取引，現地法人設立に伴う海外直接投資，技術移転，さらには共同事業等の国際的企業活動を含む取引である。

3．企業取引と商行為

企業取引の具体的内容あるいは含まれる範囲については必ずしも定まったものはないが，商法では企業取引という言葉ではなく，商行為という用語を用いている。商法上の商行為は企業取引の概念と同義ではないが，企業取引と類似する点も多いことから，まず商行為の概念をみてみる。

商行為には，絶対的商行為，営業的商行為および附属的商行為の3種類がある（商法501条，502条，503条）。

```
          ┌ 絶対的商行為 ┐
          │              │ 基本的商行為
商行為  ┤ 営業的商行為 ┘
          │
          └ 附属的商行為 ─ 補助的商行為
```

そして，商人とは，商法4条1項では「自己の名をもって商行為をすることを業とする者」（これを「固有の商人」という）であり（このほかに，店舗その他これに類似する設備によって物品を販売する者，鉱業を営む者も商人とみなされる。こ

れを「擬制商人」という），一般的にいう商人（商業を営む人）よりも範囲が広い。それは，現代においては私企業体という意味に近く，したがって，本書においては商人（商法上の商人）と企業をほぼ同じような概念でとらえることとする。

(1) 絶対的商行為

絶対的商行為とは，行為の客観的性質からそれ自体商行為とされる行為である。営業としてなされるか，また行為者が商人であるか否かを問わず，その行為自体から当然に商行為とされるものである。商法では次の4種類を絶対的商行為としている（商法501条）。

図2－1　絶対的商行為

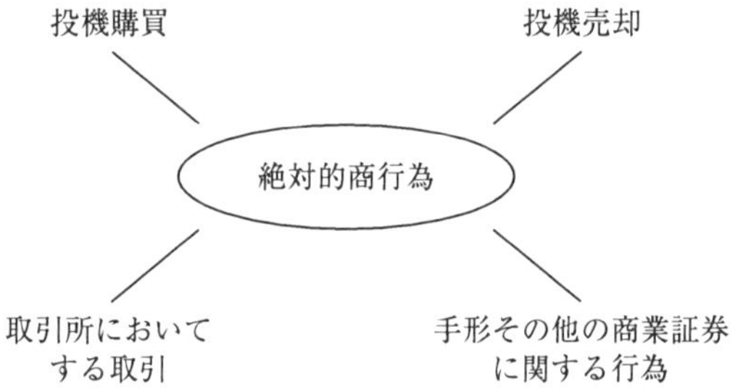

```
投機購買              投機売却
    \                  /
     \                /
      （絶対的商行為）
      /                \
     /                  \
取引所において       手形その他の商業証券
  する取引             に関する行為
```

①投機購買

投機購買とは，利益を得て譲渡する意思をもってモノ（動産，不動産，有価証券）を有償取得し，その取得したモノを譲渡する行為である。つまり，利益を得ようと思って，モノを安く購入し，その後これを高く売却する行為は，いずれも商行為となる。小売店が行う商品の仕入・販売，メーカーが行う原材料・部品の購入・製品化による販売等の商売が典型的な行為として該当し，誰が行っても商行為となる。

②投機売却

投機売却とは，投機購買の場合と同じように利益を得るのが目的であるが，投機購買とは順序が逆で，あらかじめ売却契約を締結し，後にその履行に充てるため購入する行為である。つまり，最初に高く売っておき，その後に売却したモノを安く買う行為であり，これも利益をあげることを目的とすることか

ら，投機売却という。投機売却は動産と有価証券が対象となり，他人から取得した動産や有価証券を売却する供給契約と，後でその履行のために売却対象となっている動産や有価証券を取得する行為が商行為となる。

③取引所においてする取引

取引所においてする取引とは，証券取引所や商品取引所における会員の取引である。取引所の会員が自己の計算で行う取引は投機売買であり，また他人の計算で行う取引は営業のためにする附属的商行為であり，いずれもこれら行為は商行為となることから，取引所の取引をことさら絶対的商行為として規定する必要性は乏しいといわれている。

④手形その他の商業証券に関する行為

手形その他の商業証券に関する行為とは，振出，引受，裏書，保証等の証券自体に行われる証券的行為を意味する。有価証券について行われる証券的行為はその主体が商人であるか否か，営利意思をもって行われるか否かにかかわらず商行為となる。したがってこれを特に絶対的商行為とする必要性は乏しいといわれている。なお，担保付社債信託法による信託の引受は，特別法により絶対的商行為とされる。

(2) 営業的商行為

営業的商行為とは，これを営業として行う場合に限り商行為とするものであ

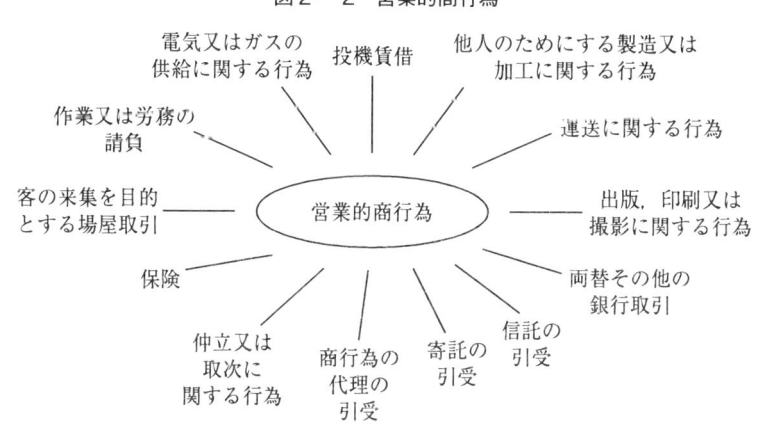

図2-2 営業的商行為

- 電気又はガスの供給に関する行為
- 投機賃借
- 他人のためにする製造又は加工に関する行為
- 作業又は労務の請負
- 運送に関する行為
- 客の来集を目的とする場屋取引
- 営業的商行為
- 出版，印刷又は撮影に関する行為
- 保険
- 両替その他の銀行取引
- 仲立又は取次に関する行為
- 商行為の代理の引受
- 寄託の引受
- 信託の引受

る（商法502条）。即ち，一定の行為が営利の目的をもって反復・継続してなされる場合にのみ商行為となるものであって，この点，行為自体の客観的性質から当然に商行為となる絶対的商行為とは異なる。絶対的商行為と営業的商行為は基本的商行為と呼ばれる。商法では営業的商行為として以下の13種の行為をあげている[3]。

①投機賃借

これは，利益を得るために賃貸する意思をもって，動産・不動産を有償取得し，あるいは賃借する行為およびその取得若しくは賃借した動産・不動産の賃貸を目的とする行為であり，営業として行う場合に商行為となる。投機賃借に該当する営業として，宅地建物取引業，貸家業，レンタカー，リース等があり，現代における経済社会において多く行われている。

②他人のためにする製造または加工に関する行為

これは，他人から材料の供給を受け，又は他人の計算で購入し，これを製造又は加工することを引き受け，報酬を得る行為である。典型的な例として，クリーニング，和洋服仕立，食料品の委託加工等があげられる。

③電気またはガスの供給に関する行為

これは，電気又はガスを継続して供給することを引き受ける行為である。これらの行為は，通常大規模な設備を要するため，会社によって行われ，その場合は当然に商行為となる。なお，電波，水，冷気等の供給は厳格に解釈するとこれに該当せず，したがってNTTの行う電話サービスはこの商行為に当たらないとされる。

④運送に関する行為

運送とは物品又は人の場所的移転を行うことであり，運送の対象が物品であるときは物品運送といい，人であるときは旅客運送という。また運送される場所が陸上，海上，空中のいずれであるかによって，陸上運送，海上運送，航空運送に分けられる。

⑤作業又は労務の請負

これは，建物の建設，船舶の建造や修繕等に関する工事を請け負うこと，又は労働者の供給を請け負うことなどとされている。労働者の供給を引き受ける

行為は，今日において人材派遣会社等により幅広く行われている。

⑥出版，印刷又は撮影に関する行為

これは，文書若しくは図画を印刷して発売又は頒布したり，印刷や写真撮影を引き受けることである。

⑦客の来集を目的とする場屋取引

不特定多数の客の来集目的に適する設備を用意し，これら設備を利用又は提供する取引を総称して場屋（じょうおく）取引という。ホテル・旅館の宿泊，レストランでの飲食，遊園地・野球場等の入場，ボウリングにおける遊技等さまざまな場屋取引がある。

⑧両替その他の銀行取引

これは，金銭又は有価証券の転換を媒介する行為である。銀行取引とは，他人から預金などの方法により金銭を受授する受信行為と，これを他人に貸し付ける与信行為をいい，これらの行為は不可分的になされなければならない。従って，受信業務を行うことなく，自己の資金で貸付けを行うことを営業とする貸金業者又は質屋の行為は金融取引であっても銀行取引には該当しない（したがって，営業的商行為とはならない）。しかし，これらの企業は会社組織にしていることが多いため，実際上の問題はあまり生じない（会社法5条）。

⑨保　険

これは，保険者が収入保険料と支払保険料の差額を利得しようという営利目的でする保険を引き受けることである。これを営利保険といい，営利保険の引受けならば，その保険が生命保険であると損害保険であるとを問わない。保険加入者が社員となり組織した法人（相互会社）が保険者として保険を引き受けるものを相互保険というが，相互保険の引き受けは営利目的を欠き，商行為ではないと解されているが，商法の規定が大幅に準用されている。

⑩寄託の引受

寄託とは，受寄者が物品を支配下に置き，滅失・損傷を防ぎ現状維持の方途を講じることをいい（江頭，2010，p.359），当事者の一方が相手方のために保管をすることを約してある物を受け取ることによって，その効力が生じる。寄託の引受は特定の物が寄託される単純寄託の引受けのみならず，同種，同等の物

と混合して保管し，その中から同種の物を返還することを内容とする混蔵寄託の引受，受寄者が受寄物を消費し，これと同種，同等，同量の物を返還することを内容とする消費寄託の引受も含む[4]。倉庫業，駐車場営業がその典型例である。

⑪仲立又は取次に関する行為

　仲立とは，他人間の法律行為を媒介することであり，これを営業とする者が仲立人である。また取次とは自己の名において他人の計算で法律行為を行うことであり，これを営業とする者として問屋，運送取扱人等がある。

⑫商行為の代理の引受

　これは，本人のために商行為となる行為の代理を引き受けることであり，締結代理商がその典型例である。

⑬信託の引受

　これは，報酬を得ることを目的に営業として信託を引き受けることで，平成18年に営業的商行為として追加された。

(3) 附属的商行為

　商人がその営業のためにする行為を附属的商行為といい（商法503条），営業を補助する行為の総称であることから補助的商行為とも呼ばれる。営業のためにする行為とは，直接営業のためにする行為のみならず，間接的に営業に関してその維持，便益を図るためにする一切の行為を指し，商人がその営業資金を借入れる行為はこれに該当する。しかし個々の行為が営業のためになされたか否かを具体的に決めることは困難を伴うことが多く，問題を生じることがある。そこで商人の行為はすべて営業のためにするものと推定される。但し，会社は営業のために存在するものであることから，その行為は常に営業のためにするものと解され，推定規定は適用されない。

　以上，商行為の内容を概観したが，商行為と企業取引とは重なる部分も多いが，必ずしも一致していない。例えば，消費者がデパートで宝石を購買する行為はデパート（商人）からみれば宝石を売却する行為は商行為であるが，消費者は非商人であるものの，この購買する行為は商行為となる（これを一方的商行為という）。他方，最近ではコンピュータソフト，投資コンサルタント，インター

ネットサービス提供等さまざまなニュービジネスが生まれているが，これらニュービジネスには商法上の商行為のどれにも属しないものがあり，したがって非商行為となり，商法が適用されないということになる。

このように商行為と企業取引は一部において範囲を異にし，商取引法学者の中でも，例えば江頭（2010）では，商取引を①商人間の売買（国内売買，国際売買），②消費者売買（消費者契約，販売信用取引，特定取引），③企業金融の特殊形態（荷為替信用状，ファイナンス・リース），④商品・サービスの流通に関する諸営業（仲立人，問屋，代理商・特約店），⑤運送営業，⑥倉庫営業，⑦電気通信事業，⑧保険業（損害保険，生命保険等），⑨信託業に分け，それぞれの法的内容について説明しているが，そこではファイナンス・リース，電気通信事業，販売信用取引等商行為に属しない企業取引を商取引の範疇として扱っている。

本書においては，企業取引を商法上の商行為だけに立脚するのではなく，実際に行われている商取引を幅広く取り入れる形でとらえることとする。

4．企業取引と契約の成立

企業取引は法的にみれば契約という概念であらわされる。一般に，契約は当事者の意思の合致によって成立し，従って企業取引における契約についても申込と承諾によって成立する。

(1) 申　込

申込とは，承諾という相手の意思表示があれば契約を成立させるという意思表示である。申込には対話者間のものと隔地者間のものとがある。対話者間の申込とは，直接に意思の交換ができる関係にある場合の申込である。この場合，申込を受けた者が直ちに承諾をしないときは申込の効力を失うとされる。商取引の迅速性を確保するための規定である。

隔地者間の申込の場合においては，隔地者間において承諾期間の定めなくして契約の申込を受けた者が相当の期間内に承諾の通知を発しないときは，申込はその効力を失うとする。つまり，承諾期間を定めないで契約を申し込んだが，相手が相当の期間を経過しても承諾をしないときは，自動的に申込の効力が消滅するということである。なお，承諾期間の定めをした場合には，その期間の

終了とともに申込は効力を失うことになる。

(2) 承　諾

　承諾とは，申込と合致して契約を成立させるという意思表示である。申込がなされたとしても，相手はその諾否の通知義務を負わないのが原則である。しかし今日の企業取引の多くは継続的取引であり，このような継続的取引関係にある企業間においては通知義務を課することが信義則に従うことになり，また取引の迅速性・安定性に資することになることから，一定の場合に相手に通知義務を課している。即ち，商人（企業）が平常取引をなす者から自己の営業の部類に属する契約の申込を受けたときは，遅滞なく諾否の通知を発することを要し，これを怠ったときは申込を承諾したものとみなすとされる。この規定は申込を受けた者が商人（企業）である場合に適用されるが，申込者は商人（企業）であることを必要とせず，その契約が申込者にとって商行為であるか否かを問わない。

(3) 予　約

　企業取引，特に売買取引においては実務上，売買の予約が行われることが多い。売買の予約は大きく分けて2種類ある。1つは当事者の片方からの一方的な意思表示だけで売買契約が成立する片務契約と，今1は予約に基づき一方の申込に対して相手が承諾義務を負い，その合意によって売買が成立する双務契約がある。実際に行なわれているのは前者の片務契約が多く，これを売買の一方の予約といっている。

　売買の一方の予約は相手が売買を完結する意思（予約完結権の行使）を表示したときから，売買の効力が生ずるとされる。つまり，一方の予約によって一方的に本契約（売買契約）を締結させる権利を有する者が本契約をするという意思表示をすると，相手の承諾を待つことなく，売買契約が成立することになる。

　予約は将来の契約締結を確実にしておく必要がある場合には，実務上有効な方法といえる。予約は契約締結に至らない場合には，その後においては特に問題が生じることはないが，事情によっては契約締結上の過失責任が問われる場合があるので，注意を要する。

第2節　売買取引

1. 企業間売買取引の意義と特徴

　企業間売買取引，つまり商人間の売買は商人間において商行為として行われる売買を意味する。即ち，売主が買主に財（財産権）を移転し，買主が売主にその代金の支払いを約することを内容とする商人間（企業間）売買である。

　売買取引は，売主から買主へ完全に所有権が移転するのが原則である。実際にも多くの商品販売においては，この形態による買切制が最も多いといわれている。この形態においても大きく2つの場合がある。1つは，完全買取契約といわれるもので，返品が一切できない場合である。この場合は，買主がすべての商品を買い取ることから，もしも買い取った商品が売れ残ったときは，買主は売主に返品できず，売れ残りのリスクを負担することになる。今1つの形態は，返品条件付買取契約といわれるもので，この契約では買主は売れ残った商品を売主に買い戻してもらうことができる。従って，この場合には売主が売れ残りのリスクを負担することになる。

　売買取引は，現代の経済社会において最もよく行なわれている取引形態である。生産活動は農業，鉱業等の第1次産業，工業のような第2次産業，およびサービス業等の第3次産業で行なわれているが，これら生産活動には，生産活動の基盤となる土地，建物のほか，生産手段である機械，器具等，さらには製品をつくるための原材料，部品等が必要となるが，これらは売買取引によって購買される。加工・組立された商品はさらに売買取引によって消費者によって購入される。

　このように，現代の経済社会においてはほとんどの財（商品）が売買取引によって入手されている。またこのような売買取引の連鎖によって，商品の流通システムが形成されている。

　売買の対象を生産財と消費財に分けると，生産財の売買は，完成品メーカーと部品メーカーとの間（例えば，自動車完成品メーカーと自動車部品メーカーとの間），あるいは生産財メーカーとそこでつくられた機械等を使用して商品をつ

くる企業との間（例えば，食品機械製造メーカーと食料品加工メーカーと間）で行われる取引があげられる。消費財の売買は，生産者と商業者との間（例えば，加工食品メーカーと卸売業者との間），あるいは商業者間（例えば，卸売業者と小売業者との間）で行われる取引があげられる。

　売買取引を企業間売買取引と消費者売買取引に分けた場合，わが国においては金額ベースでみると，企業間売買取引が全体の80％以上にのぼるといわれており，企業間売買取引が大きなウェイトを占めている。

　わが国における企業間売買取引の特徴は，第1に固定された企業との長期間の継続的取引が中心であるということである。その理由としては，高品質製品・部品の確保，取引の安定性，信頼関係の構築等があげられている。長期間の継続的取引においては，例えば製品開発において完成品メーカーが部品メーカーに対して設計仕様を細かく指示するとともに，部品メーカーも製品開発の早い段階から参加して協力するという，いわば相互の協調的信頼関係が醸成されている。第2に，企業間売買取引における実需に基づく取引の割合が高く，先物取引にみられるように，相場を張るような投機形態の取引形態の割合が比較的少ないことである。第3に，売主である企業と買主である企業との売買取引の間に，売買契約の当事者とならない形で取引に関与する企業（商社等に多くみられる）や代理商，取次業，仲立業等企業取引を補助する企業取引補助者が売買取引に介在する例が多くみられるということである。

　このような企業間売買取引の特徴がわが国における特有な取引形態，取引慣行を形成しているといわれている。

2. 売買取引における基本契約と個別的売買契約

　前述したとおり，企業間売買取引は長期間の継続的取引が大部分を占める。この場合，売買取引当事者間で，継続的取引全体に適用される基本的事項をあらかじめ取り決めておくことが多く行われている。この取り決めを基本契約という。基本契約には，以下に掲げる契約条項が含まれていることが多い（江頭，2010，pp.6-8）。

［基本契約の主要条項］
①継続的取引から生じる債権の保全を目的とする条項。商品の特質に関係なく適用される。
　（ⅰ）営業状況の報告義務（決算書類の提出等）
　（ⅱ）営業上の重大な事項（合併，会社分割，株式交換・株式移転，事業譲渡等）の通知義務
　（ⅲ）期限の利益喪失事由，契約の即時解除事由
　（ⅳ）担保の提供義務
　（ⅴ）相殺，換価処分の許容
　（ⅵ）弁済充当の順序
②商品の特質に関する条項。適用対象たる物品の範囲を定める条項のほか，次のような内容を含む。
　（ⅰ）個別の売買契約の締結方法（契約成立要件）
　（ⅱ）価格の算定方法，商品の納入方法，代金の支払方法
　（ⅲ）検査の条件（検査方法，検査基準，検査時期）
　（ⅳ）危険負担（危険の移転時期）
　（ⅴ）所有権の移転時期
　（ⅵ）瑕疵担保および品質保証条件
　（ⅶ）免責条件
　（ⅷ）当事者の債務不履行時に相手方の取りうる措置
　（ⅸ）損害賠償または損害担保

　上記のような内容を含んだ基本契約が締結されている場合には，個別の売買取引の締結に当たっては，次の事項についてその都度合意することとなる。

［個別的売買契約の主要条項］
　（ⅰ）商品明細（品名，規格，品質，数量等）
　（ⅱ）価格（単価，総代金，数量過不足の場合の処理等）
　（ⅲ）納入条件（引渡しの時期・方法・場所，包装等）
　（ⅳ）代金支払条件（支払時期，支払方法等）

　以上のように，継続的取引の場合は，売買取引当事者間における長期間の継

続的取引という特殊性から，基本契約と個別的売買契約という2段階の形態をとっていることが大きな特徴である。

3. 売買契約の主なルール
(1) 売買契約の成立

売買契約は，当事者の意思表示が合致するだけで成立する諾成契約であり，売主がある財産権（土地，建物，機械，製品，原材料・部品等）を買主に移転するのに対し，買主がその代金を支払うことによって成立する。この原則は，商人間の売買取引（商事売買）においても変わらない。しかし，商人間の売買取引，すなわち企業間売買取引においては，既述したように，企業間における売買の特質に基づいて，商法はいくつかの特則を設けている。

①対話者間の申込，すなわち直接に面と向かって意見の交換ができる関係にある場合の契約の申込については，申込を受けた者が直ちに承諾しないときは申込の効力を失う（商法507条）。

②隔地者間の申込，すなわち直接的に意思の交換ができない関係にある場合の契約の申込については，承諾期間を定めないで契約の申込を受けた者が相当の期間内に承諾の通知を発しないときは，申込はその効力を失う（商法508条）。

③企業が平常の取引をする者からその営業の部類に属する契約の申込を受けたときは，遅滞なく諾否の通知を発することを要するものとし，その通知を怠ったときは，申込を承諾したものとみなされる（商法509条）。これを「諾否通知義務」といっている。継続的取引が行われる場合に，その申込につき遅滞なく諾否の通知がないときには，申込者は承諾されたと信頼することから，その信頼を保護する必要があるというのが，その趣旨である。

④企業が自己の営業の部類に属する契約の申込を受けた際に，申込とともに，物品を受領した場合は，申込を拒絶したときであっても，申込者の費用をもって，その物品を保管しなければならない（商法510条。但し，例外あり）。

(2) 商品の引渡し

売買契約が成立した場合には，売主はその基本的義務として売買の目的物である商品を買主に引渡さなければならない。商品の引渡しの時期，方法，場所

については第1次的には当事者間の約定によって決められるが，商法においてもいくつかの規定をおいている。

①引渡しの時期（納期）には，期日を定める場合，期限を定める場合，期間を定める場合の3種類がある。そのいずれにするかは，当事者の意思によって定められる。当事者の約定がない場合は，商品によってあるいは商慣習によって定められ，それもない時は，買主の請求があったときが引渡しをすべき時期となる。

②引渡しの方法には，（ⅰ）買主に現物を提供する方法，（ⅱ）売主を発行者とする受寄者宛の荷渡指図書の交付を受けた買主が受寄者から現物を受け取る方法，（ⅲ）現物を倉庫営業者等第3者に受寄したまま倉荷証券等の物品証券を買主に提供する方法の3種類に分けられるが，この3つの方法のうち，どれを行えば現実の提供になるかは，当事者間の合意または商慣習による（江頭, 2010, p.17）。なお，国内売買において，（ⅲ）の物品証券の提供の方法が選ばれることは，実際上極めて稀であるといわれている。

③引渡しの場所については，一次的には当事者間の約定によって決められるが，それがないときには特定物の引渡しは契約時にその物が存在した場所，不特定物の引渡しは履行時における債権者の営業所または住所において行われることになる。

引渡しの場所は契約の重要な要素となるので，企業間売買取引においては，売主工場渡し，発駅貨車積渡し，着駅オンレール渡し，買主工場渡し，買主指定場所据付け渡し等の取り決めが通常行われる。わが国では，通常の商品については買主の工場・倉庫・営業所等において引渡しを行う契約条件が最も多く行われているという。

なお，危険負担については，不特定物の売買取引の場合は，目的物が確定する前は売主の負担，目的物が確定した以後は買主の負担とされているが，企業間売買取引においては，ほぼ例外なく，特約または商慣習により，商品引渡しのときに目的物の滅失等の危険が買主に移転するという取り決めがなされているといわれている。

(3) 商品の受領

売買取引においては、商品の受領は買主の代金支払と並んで、最も基本的義務である。企業間売買取引において、売主が売買契約に基づいてその債務の履行の提供を行っても、買主がその履行に必要な協力をしなければ、当該売買契約の履行はいつまでも完成しないことになる。そこで、商法は以下に述べるように、商品の受領に関する義務を買主に課している。

①企業間売買取引において、買主がその目的物を受け取ったときは、遅滞なくこれを検査しなければならない。検査により目的物に瑕疵若しくは数量不足があることを発見したときは、直ちに売主に対してその通知を発すべき義務を負う。もしもこの通知を発しないときは、売主が悪意である場合を除いて、買主は目的物の瑕疵または数量不足によって契約の解除または代金の減額若しくは損害賠償の請求をすることができない（商法526条1項、2項）。

また、売買の目的物に直ちに発見することができない瑕疵があった場合に、買主が6カ月以内にこれを発見したときには、買主はその通知を発しなければならない。この通知を発しなければ、売主が悪意である場合を除いて、買主は目的物の瑕疵によって、契約の解除、代金の減額、損害賠償の請求をすることができない（商法526条2項、3項）。これを「買主による目的物の検査・通知義務」といっている。

この規定が設けられた趣旨は、民法の一般原則（買主がその事実を知ったときから1年以内）を適用すると、売主は長期にわたって不安定な状態におかれ、かつ買主も企業であり、プロであることから、売買取引によって受領した目的物に瑕疵があるか、あるいは数量が不足しているかはすぐにわかるはずであり、かつ公平の観点からこの程度の義務を買主に課しても酷ではないからであると説明されている。

この規定は、商人間の売買、つまり企業間売買取引である限り、特定物、不特定物を問わず適用される。

特定物とは、買主が特定の目的物を指定して、この目的物を購買するといえば、その指定した目的物が特定物となる。したがって、指定した目的物を受け取れば、その段階で検査・通知義務が発生する。しかし、このように特定せず、

この目的物と同じような目的物（同じ種類，同じデザイン，同じ価額）を購買するといっただけでは，その目的物は特定されていないので，不特定物となる。この場合，売主が同じ種類，同じデザイン，同じ価額の目的物をもってきて，買主がその目的物の購買の意思表示し，それを受け取った後は特定物となり，買主は検査・通知義務を負うことになる。

買主の検査・通知義務は，買主が目的物を受け取った場合に認められる。目的物を受け取るとは，目的物を現実に受け取って検査することができる状態に置くことである。

買主が目的物を受け取ったときにしなければならない検査とは，目的物の種類，数量および買主の営業の性質，形態等に応じて，通常の取引過程で要求される合理的な方法，かつ合理的な注意を払って行うものである。実務上は，通例，少量で高価なものは全数個別検査，大量で同質的なものは抜取り検査，機械類は試運転による検査等の方法が行われ，契約によっては検査方法を特定することもある。

なお，検査・通知義務の規定は任意規定である。したがって，売主・買主の合意によって義務内容を修正することができる。例えば，買主の通知期間を3カ月に短縮する，あるいは逆に1年に延長するという取り決めは有効である。

②買主が検査および通知義務を履行し，目的物の瑕疵または数量不足を理由に売買契約を解除した場合，または売主から買主に引渡された物品が注文品と異なり，若しくは注文数量が超過している場合において，売主と買主の営業所（あるいは住所）が同市町村にない（異地売買）の時は，買主は売主の費用で売買の目的物・数量超過物品を保管・供託しなければならない（商法527条1項本文）。保管は，売主が適当な措置をとるに必要な相当期間に限って行えばよく，相当期間経過後において売主が何の措置を取らない時は，買主は保管義務を免れ，売主に返還することができる。

また，物品の価額が保管の費用を償うに足りない時，また買主が保管によって損害を受ける場合でも保管・供託の義務を負う。買主が売主から引渡しを受けた物品を売主の費用で保管するか，あるいは供託するかは買主の自由である。

もっとも売買の目的物について滅失・毀損の恐れがあるときは，裁判所の許可を得て競売し，代価を保管または供託をしなければならない（商法527条1項ただし書）。商取引においては，売主は買主の営業所が遠隔地にあるときは，運賃等の費用および手続きの時間をかけて物品の返還を受けるより，目的物所在地で直ちにそれを売却した方が有利なことが多いことから，買主に売買の目的物を保管または供託する義務を課して，売主の保護と取引の円滑化を図るというのがその趣旨であるとされている。

この規定は保管期間が明示されておらず，滅失・毀損の恐れがあるときは，必ず競売手続きを取らなければならない等買主の負担が重いため，当事者間の契約により，売主が引取義務を履行すべき期間を定め，かつこの期間経過後においては，買主は任意売却できる旨を特約として設定することがあるとされる。

(4) 代金の支払

売買代金の支払は，買主の最も基本的，かつ重要な義務である。代金額にはどこまでの範囲を含むのか，例えば包装費用，運賃，保険料等を含むのか，分割払いの場合には金利込みなのか等については法律上の規定がないので，売買契約時に明確に取り決めておくことが重要である。

代金の支払時期は目的物の引渡しと同時に行うと推定する旨の規定があるが，実際は，わが国の企業間売買取引においては，売主が目的物の引渡し義務を先履行し，買主に対し信用を供与する形の契約が圧倒的に多くみられる。この場合，買主が売主を受取人とする約束手形を振り出して代金の支払が行われることのほかに，現金決済の場合でも支払は目的物引渡しと同時ではなく，締日後特定日現金支払という形をとることが多いといわれている。

なお，商人（企業）と平常取引をなす相手方との間に，相互に債権・債務が発生する関係にある場合に，一定期間内（特約のない限り6カ月間）の取引から生ずる債権・債務の総額について，相殺してその残額を支払う支払決済方法として，交互計算という制度がある。

今日では，大部分の企業間売買取引が長期間の継続的取引関係にあることから，互いに相手方に対し債権者となり，また債務者となることが多い。この場

合，その都度現金決済をすることは手数と費用がかかり，危険も伴い，また資金の無用な備蓄ともなる。そこで一定期間内に発生した債権・債務を総括して相殺し，決済の簡易化を図る技術的制度が交互計算である。

交互計算は当事者間双方に債権・債務が発生する取引関係にあることを要するので，例えば卸売業者や小売業者とその得意先との取引関係では，債権は一方的にしか発生しないのが通常であろうから，交互計算は成立しないといえよう。

第3節　企業取引補助者の営業取引活動

企業はその規模が拡大し，広範な地域にわたって取引活動を展開するようになると，組織全体の効率化，活性化等のため，自社組織の拠点設置による運営だけでなく，外部組織であるが，自社の取引を補助する者を活用して，取引活動の拡大を図ろうとするようになる。企業取引補助者（補助者企業）の補助業務（営業取引活動）を活用することによって，企業は大規模かつ広範囲な取引ネットワーク網を形成できるようになり，他方これら補助者も独立した企業として存続し，企業から委任等を受けた補助業務を行うことによって自らの組織体を維持するとともに，経済全体における商品・サービスの流通の円滑な遂行に貢献している。

本節では，このような独立した補助者として，取引の代理又は媒介を行う代理商とこれに類似する特約店，仲介業務を行う仲立人，取次業務を行う問屋を取り上げて，これら企業取引補助者の営業取引活動を概説することとする。

1．代理商と特約店
(1) 代理商の形態と事業活動

代理商は，商人（特定企業）のために，その平常の営業の部類に属する取引の代理または媒介をなす者である（商法27条，会社法16条）。一般に代理店と呼ばれている[5]。特定企業としては，自ら支店，出張所等の営業所を開設する投資負担を軽減することができることのほかに，それぞれの地域の事情に明る

い現地の補助者を活用することによって,取引の拡大,円滑化が期待できるというメリットがある。

代理商は,一般に特定企業と継続的な関係に立ち,本人である特定企業のために,その営業の部類に属する取引の代理又は媒介を行うことを引き受け,特定企業との間で委任または準委任契約を締結する。代理商の営業の部類に属する取引の代理又は媒介の種類には特に制限はなく,商品の販売に限らず,サービスの提供の場合もある。

代理商には,特定企業との代理商契約により営業取引の代理を業とする締結代理商と営業取引の成立を媒介する媒介代理商がある[6]。媒介とは特定企業と相手方との間を仲介することである。

特定企業 ←―代理商契約/委任又は準委任契約―→ 代理商 { 締結代理商（営業取引の代理） / 媒介代理商（営業取引の成立を媒介）

締結代理商とは,営業取引の代理をし,自ら法律行為を行う。問屋等の取次商が自己の名をもって行為をするのに対して,締結代理商は本人である特定企業の名で行為をする点が問屋等と異なる。

締結代理商の例としては,損害保険会社のために損害保険契約の締結の代理をなす損害保険代理店,航空運送事業者のために航空運送契約の締結の代理をなす航空運送代理店,他の旅行業者のために旅行者との契約の締結を代理する旅行業者代理業者などがある。

媒介代理商は他人のために商行為の媒介をする点で仲立人と似ているが,後述するように仲立人が不特定で多数の者のために随時,媒介を行い,かつ原則として媒介をする行為の当事者双方に対して平等の義務を負うのに対して,媒介代理商は特定企業の利益のみのために媒介を行う。

代理商は締結代理商であれ,媒介代理商であれ,一個の代理商契約によって特定企業の営業の部類に属する取引の代理又は媒介を引き受けるが,補助者とはいえ独立した商人（企業）として,（ⅰ）代理行為又は媒介行為に応じた手数料報酬を受ける,（ⅱ）営業に必要な費用は自ら負担する,（ⅲ）同時に数人

第2章 企業取引形態と取引のルール 65

図2-3 締結代理商の仕組み

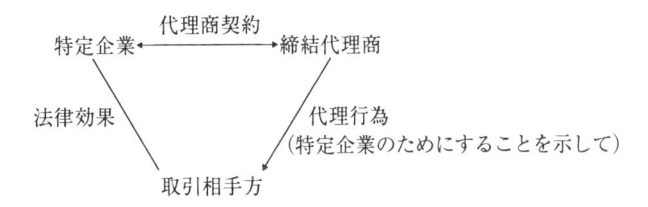

```
          代理商契約
 特定企業 ←――――――→ 締結代理商
    \                    |
  法律効果           代理行為
      \         （特定企業のためにすることを示して）
       ↘          ↙
         取引相手方
```

図2-4 媒介代理商の仕組み

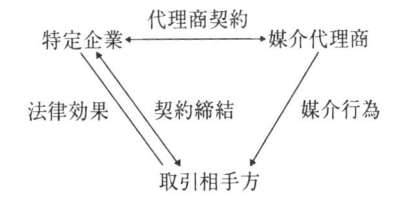

```
          代理商契約
 特定企業 ←――――――→ 媒介代理商
    ↑  \                |
    |   \               |
 法律効果 契約締結     媒介行為
    |     ↘           ↙
         取引相手方
```

のために代理商契約をすることもある等の特徴がみられる。

　代理商は本人，即ち代理や媒介の委任をした特定企業と特別の信頼関係に立つため，特定企業の行っている営業と同じ行為を行うことは特定企業の利益に反する可能性があることから，原則として禁止され，特定企業の承諾を得た場合にのみこれを行うことができるとする。即ち，代理商は本人である特定企業の許可を受けなければ，自己又は第三者のために特定企業の営業（事業）の部類に属する取引を行い，又は特定企業の営業（事業）と同種の事業を行う他の会社の取締役，執行役又は業務執行社員となることができない（商法28条）。これを代理商の競業避止義務といっている。

　代理商は特定企業のために平常その営業の補助をすることから，その企業の企業秘密に通じることになる。そのため競業取引を行ったり，又は競業会社の取締役・執行役等になる場合には，特定企業の利益が不当に侵害される危険が生じる。そこで代理商が同種の営業を目的とする数人の企業のために代理商となるときには，それぞれの企業の許諾を得ておかなければならないとするのである。このことは媒介代理商にも当てはまる。

なお，代理商が競業避止義務に抵触しない場合は，特定企業の承諾を得ることなく，一般的に営業を行い，又は一般的に会社の取締役等になることはできる。禁止されるのは，特定企業の許諾なしに，競業取引を行い，又は競業会社の取締役・執行役等になることだけである。

代理商は独立の企業であり，特定企業のために代理又は媒介をしたときは，当然特定企業に対して報酬を請求できる。一方，代理商は特定企業のために取引の代理又は媒介をしたときは，遅滞なく特定企業に対し，その通知をしなければならない。もっとも取引の都度報告することは煩雑であり，必ずしも合理的であるとはいえないことが多いことから，当事者の合意により一定期間ごとの取引の代理又は媒介の内容を通知するということもできる。また通知義務に加えて，代理商が取引の代理又は媒介を行う前に特定企業の指図を受けるために交渉の相手方の事情を本人に通知し，又は代理商の媒介によって取引が成立した後に取引上の権利の行使に関して支払能力の変動等相手方の事情を通知する等の義務を負うという特約を設けることもできるし，実際にそのような取決めを行っているケースが多くみられる。

(2) 特約店の特徴と内容

特約店とは，メーカー又は卸売業者等の商品供給者から買い取った商品を転売する形をとりながら，商品供給者の販売チャネルとして系列化されたものである（江頭，2010, p.261）。即ち，有力な大規模メーカー又は大手卸売業者が自社商品の市場における安定的，継続的な流通を図ることを目的として，卸売業者や小売業者を自社の販売チャネルとして組み込んだものが，特約店である。

商品供給者と特約店との間には商品を継続的に供給するという売買契約が締結される。これに基づき特約店は商品供給者から自己の計算により商品を買い取り，自己のリスクの下で転売するという形態をとる。

```
                    特約店契約              売買契約
┌──────────┐  ──────────→  ┌────┐  ──────────→  ┌────┐
│メーカー・卸売業者│                  │特約店│                  │顧客│
└──────────┘  継続的商品供給    └────┘  転売（再販売）  └────┘
  （商品供給者）
```

特約店は，実際に代理店，販売店，取扱店等さまざまに呼ばれることがある。特約店は経済的に有力な大規模メーカーや大手卸売業者等商品供給者に従属し，その法的地位は代理商に類似する点が多いが，それが商法上の代理商かどうか個別に判断しなければならない。多くの場合，特約店は営業取引の代理又は媒介を行うのではなく，直接営業取引の当事者となって売買契約を締結するのであって，代理商ではない。また自己の計算で商品を販売することから問屋とも異なる。つまり商品供給者の販売チャネルとして系列化された卸売業者や小売業者という特約店は，自己商なのである。

　なお，国際取引において海外への販売チャネルとして海外代理店が設けられることがある。この海外代理店は代理店という名称がついているが，商品供給者から商品を買い取り転売する者であることが多く，この意味では特約店といえる。従って，海外代理店契約は特約店契約に国際売買契約の特色を加味したものである。また海外代理店はいわゆる総代理店であることが多い。総代理店契約においては，商品供給者はその国に他の代理店を設けることができなくなるとともに，その国において商品供給者自身が販売活動を行うことも禁じられる（ただし，独占禁止法上，問題となる場合がある）。

　このように，特約店あるいは代理店という名称がついていても，その名称でいずれかに該当するのかを決めるのではなく，契約内容と取引の実体に即して判断すべきこととなる。

　商品供給者と特約店の間の契約を特約店契約というが，特約店契約の基本は商品供給者から商品を継続的に購入する継続的売買契約である。このほかに，商品供給者と特約店との継続的関係を維持するために，いくつかの付加的条件が契約条項に盛り込まれるのが通例であり，これらが特約店契約を特徴づける。特約店契約に特徴的な条項として，以下の点をあげることができる（江頭，2010，pp.265-267）。

①特約店として指定する条項

　商品供給者が相手方を特約店として指定する旨を表示する。有名な商品供給者の特約店として指定されることは，特約店にとって事実上大きなメリットがある。

②特約店の販売協力義務

　特約店が商品供給者の製造・販売する商品の販路拡張に努めるべきこと，顧客についての情報を商品供給者に伝達すべきこと等を定める。

③商標・サービスマーク等の使用に関する条項

　特約店に対して商品供給者に系列店であることを明示する看板・ネオン等の使用を義務付ける旨，商品供給者の有する商標等の使用を認める旨等を定める。

④取引数量に関する条項

　特約店が一事業年度に最小限商品供給者から買い受けるべき商品の数量（金額）又は顧客に販売すべき商品の数量（金額）等を定める。

⑤競業禁止（専属店，排他条件）条項

　特約店に対し，商品供給者以外が製造・販売する同種又は類似の商品を取り扱うことを禁止する旨を定める。

⑥販売地域（テリトリー）・販売ルートを定める条項

　特約店が販売できる地域を限定する旨を定めることをテリトリー制というが，同時に商品供給者がその地域に他の特約店を置かないこと（一手販売）を約した場合をクローズド・テリトリー制という。特約店が販売できるサブ・ディーラーを特定する（販売ルートの限定）条項が設けられることもあり，これは「一店一帳合制」と呼ばれる。

⑦商品供給者への援助義務条項

　商品供給者が特約店に対し製品・市場等についての情報提供を行う旨，広告・宣伝費の一部を負担する旨，特約店の従業員に対し教育・訓練を実施する旨等を定める。

　以上，特約店契約の特徴的な条項を説明したが，これら条項における具体的な規定の中には，独占禁止法上の「不公正な取引方法」に該当する場合もあるので，注意を要する（第3章　不公正な取引方法の規則　参照）。

2. 仲立人
(1) 仲立人と仲立営業

　仲立人とは，他人間で行われる商行為の媒介をなすことを業とする者である（商法543条）。媒介とは，他人間，即ち当事者双方の間に立って，法律行為を成立させるための尽力をなす事実行為をいう。「仲立ち」をするという行為は自らが法律上の意思表示をする行為ではないので，事実行為といわれる。即ち，媒介という事実行為は，あくまでも契約の締結を促すものであり，この点で代理商や問屋とは異なる。

　媒介の対象となる他人とは，商人であると非商人であるとを問わない。また特定の者を意味するのではなく，広く不特定企業を指す。この点で仲立人は特定企業のために継続的に商行為の媒介をなす媒介代理商とは異なる。

　仲立人が媒介を業とするとは，商行為の媒介を引き受けること，つまり仲立契約を締結することを営業とすることをいう。この点から，この仲立を特に仲立営業といっている。営業として仲立を引き受けることから，仲立人は当然に商人資格を得ることになる。

　仲立人は，前述したように他人間の商行為の媒介という事実行為を行う者であり，媒介という事実行為を引き受けただけであるから，別段の意思表示又は慣習がない限り，媒介によって成立した行為について，当然には当事者のために支払その他の給付を受けることができない。というのは，仲立人は契約の当事者ではないからである。したがって，仲立人の媒介によって成立した契約の当事者は，仲立人に支払その他の給付をしても，相手方に対する債務の履行とはならない。

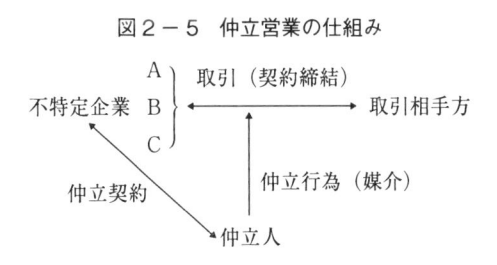

図2－5　仲立営業の仕組み

仲立人が媒介するのは他人間の商行為である。したがって，商行為でない法律行為の媒介を行うことを営業とする民事仲立，例えば結婚の紹介や非商人の非投機的な不動産取引の媒介のみを行う宅地建物取引等は仲立営業とはいえない。このような民事仲立を営業とする者を民事仲立人という。民事仲立人も媒介をなすことを引き受けることを業とすることにより商人となるが，商法上の仲立人ではないので，仲立営業の規定は当然には適用されない。

このような仲立営業がなぜ行われるのだろうか。それは，企業自らの組織のみを活用するだけでは，広く取引の相手方を探し，又は接触するには限界があるからである。そこで，取引の相手方を探し，その間に立って取引を結びつける役割を果たす仲立を利用することによって，企業は適切な取引相手と接触し，容易に，しかも迅速・確実に取引を成立させることが可能となり，これにより取引の拡大が図れる。ここに，仲立人が企業取引補助者として取引社会において存立する大きな意義がある。

今日，仲立人の例をあげると，旅客運送契約や宿泊契約の媒介をする旅行業者，物品海上運送契約等の締結を媒介する海運仲立業者などがある。また外国為替ブローカーは外国為替取引を媒介することにより，仲立人となる。しかし，指示仲立人のように，取引の相手方となりうる者の名称を指示する等情報の提供又は紹介し，その対価として報酬を受ける者は仲立人ではない。

(2) 仲立契約

仲立人とこれに商行為を委託する者との間で，仲立人が商行為の媒介を引き受けることを約する契約を仲立契約という。仲立契約には，一方的仲立契約と双方的仲立契約とがある（江頭，2010，p.218）。

一方的仲立契約は仲立人が委託者のために取引の成立に尽力する義務を負わず，ただ仲立人の尽力により取引が成立したときは，委託者は仲立人に対して報酬を支払うことを約束するという内容の契約である。委託者に義務が課せられることから，一方的仲立契約と呼ばれる。

それに対して，双方的仲立契約は，仲立人が委託者のために取引の成立に尽力する義務を負うとともに，取引が成立したときには委託者は仲立人に報酬を支払うことを約束するものである。つまり，この場合には両当事者が双務的な

義務を負うので,双方的仲立契約と呼ばれる。委託者が仲立人に取引成立の媒介を委託する場合,委託者は自社の取引拡大のための補助者として仲立人に取引成立に向けた活動を期待するのが通常であることから,仲立契約は特段の事情がある場合を除き,双方的仲立契約と解され,実際にわが国で行われている仲立契約はほとんどが双方的仲立契約である。

このように仲立契約には2種類あるが,どちらの場合においても仲立人に義務があるか否かを問わず,仲立人が取引の成立に尽力することには変わりなく,契約締結の成否がもっぱら委託者の判断にゆだねられており,また委託者の報酬支払義務の存否も媒介によって契約が成立するかどうかにかからしめられていることなどから,実質的に大きな差異はないとみられている。

(3) 仲立人と委託者・相手方との関係

仲立人は委託者に対し,受任者として善管注意義務を負うとともに,両当事者の中間に立って媒介をなすという役割から,委託者のみならずその相手方に対しても,公平にその利益を図らなければならない。その代わりに,相手方に対しても報酬の支払いを請求できることとしている。

仲介人がその媒介をする行為に際し,見本を受け取ったときは,その行為が完了するまで見本を保管しなければならない。また媒介により取引が成立したときは,仲立人は遅滞なく,各当事者の氏名・商号,行為の年月日,契約の要領を記載した契約書を作成,署名し,これを各当事者に交付しなければならない。契約の成立に事実及び契約内容を明らかにして,当事者間の紛争を防止するためである。

一方,仲立人は自己の媒介により当事者間に契約が成立し,契約書の交付手続を終えたとき,報酬を請求することができる。この報酬を仲立料という。仲立料には特約がない限り,仲立人が媒介をなすに当たり支出した費用も含まれるとされる。

仲立料は別段の特約又は慣習がない限り,当事者双方が平分(等分)して負担する。仲立人は直接,各当事者に対して仲立料の総額の半額を請求することができる。当事者の一方が仲立料を支払わない場合,他の当事者に対して仲立料の全額の支払を請求することはできない。当事者間で仲立料の分担に関する

別段の約束をしても，それをもって仲立人に対抗することはできない。仲立人は，相手方とは委託関係にはないにもかかわらず，委託のない相手方に対しても公平にその利益を図り，また媒介行為を行う際，各種の紛争防止に努めていることから，相手方に対しても直接に仲立料の半額を請求できるとしたものである。

3．問　屋
(1) 問屋の性質

問屋（「といや」）とは，自己の名をもって他人のために物品の販売又は買入れをなすことを業とする者である（商法551条）。自己の名をもって他人のために法律行為をなすことを引き受ける行為を「取次」というが，問屋は取次業者の1類型である。卸売商のことを問屋（「とんや」）ということがあり，文字（漢字）だけをみると同じであるが，一般に卸売商は生産者から商品を仕入れ，これを小売業者等に販売するもので，商品の売買を業として成立している自己売買商であって，取次を業とする問屋とは異なる。

問屋とは，前述したように自己の名をもって他人のために物品という目にみえるものの販売又は買入れを行う取次の引受を行うことを営業とするものである。即ち，問屋自らが取引の当事者となって法律行為を行い，その法律行為により生ずる権利義務の帰属主体となる。したがって，問屋は他人のために売買契約を行うが，その売買契約に関しては，自らが当事者となってなすものであり，その売買契約により生ずる法律効果はすべて問屋に帰属することとなる。つまり，取引の相手方にとっては法律上の当事者は問屋であり，委託者ではない。

このように，問屋は売買行為における権利義務の帰属主体であるが，その売買行為は他人（委託者）の計算において行うことから，売買行為から生ずる経済的効果（利益又は損失など）はすべて委託者に帰属する。このように法律上の効果と経済上の効果の帰属主体が分離しているところに，問屋の特徴がある。問屋は，取次行為の対価として手数料を受け取る。もっとも問屋が同時に自己売買商を兼ねることは差し支えない。問屋の取引の対象となる物品は，動産，

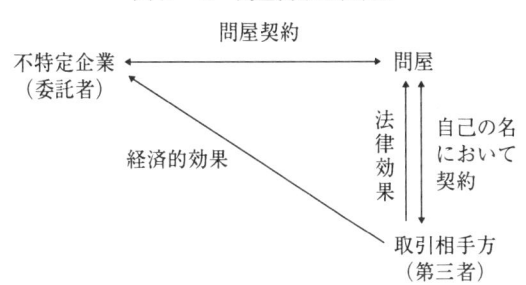

図2-6 問屋営業の仕組み

```
           問屋契約
不特定企業 ←――――――→ 問屋
(委託者)              │ │
       ＼         法律│ │自己の名
        ＼       効果 │ │において
   経済的効果        │ │契約
          ＼       │ ▼
           ＼   取引相手方
              (第三者)
```

有価証券である。

　問屋は不特定企業からの委託を受けて，自己の名をもって法律行為をなす点で，特定企業を対象に本人の名で行為する締結代理商と異なり，また自ら第三者との間で法律行為をなす点で，単に契約の成立の媒介という事実行為をなす仲立人や媒介代理商と異なる。

　問屋を利用するメリットとして，委託者からすれば問屋に委託することにより，取引に関するその者の信用・手腕を利用できるばかりでなく，匿名で商機を利用できる。また問屋の形式をとれば，代理人を使う場合と異なり，委託者は受託者の権限逸脱を恐れる必要がなくなる。

　問屋の取引相手方からすれば，問屋が契約の相手方となるのであれば，委託者本人の信用や代理権の有無を調査する必要がないことから，迅速な取引が可能となる。問屋の側からすると，儲かるか儲からないか自分の計算で，物品を買入れて転売するという形態をとるにはリスクが大きすぎる類型の取引に関与するのに適している。

　問屋の典型例としては，金融商品取引法上の金融商品取引業者（有価証券の売買取引の取次（いわゆるブローカー業務を行う場合）），商品先物取引法上の商品先物取引業者である。これ以外の物品で問屋形式が利用される例として，返品の割合が高い商品につき卸売業者又は小売業者が「委託販売」を引き受けるケース等がある。

　なお，物品の販売又は買入れでない行為，主としてサービス（役務）の取次を業とする者を準問屋という。準問屋の例として，広告主からの委託を引き受

ける広告業者などがある。こうした準問屋に関しては問屋に関する規定が準用される。

(2) 問屋と委託者・相手方との関係

問屋は委託者のために善管注意義務を負うことのほかに，問屋営業の特性から次に述べる特別の義務を負担する。

問屋は委託者の指図に従わなければならないことから，委託者が販売又は買入れにつき「指値」を指定したとき，問屋は委託者の指値に従って売買しなければならない。問屋が指値よりも委託者として有利に売買を行ったときは，当該利益は原則として委託者に帰属する。

問屋は委託者のために物品の販売又は買入れをなしたときは，委託者の請求の有無にかかわらず遅滞なく委託者にその通知を発しなければならない。また委託者のために行った販売又は買入れにつき，相手方が債務を履行しないときは，問屋自らその履行をしなければならない。委託者を保護し，問屋制度の信用維持のために定められた履行担保責任である。

問屋は取引相手方との売買処理に要する費用の前払を委託者に請求することができ，またそのために問屋が支出した費用を償還請求できる。さらに，問屋は売買の処理後は委託者に対して報酬を求めることができる。

問屋が取引所の相場のある物品の販売又は買入れの委託を受けたときに限り，自ら売主又は買主となることができる。これを問屋の介入権という。問屋に物品の売買の委託を行う委託者は有利な価格で売買が行われるならば，その買主又は売主が誰であるかは重要でない。したがって，その場合に物品の買主又は売主がたまたま問屋自身であっても，所期の経済的効果を迅速かつ確実に収めることができるならば，委託者にとっても便利である。問屋が自己売買商を兼ねている場合，特に効用がある。介入権の行使により，問屋と委託者に売買関係が成立するとともに委託行為が実行されたことになり，問屋は報酬請求権を有する。

第4節　消費者取引—特定商取引を中心に

1. 消費者取引の類型と特定商取引

　当事者の一方が企業であり，他方が消費者であるというような企業と消費者間の取引をここでは消費者取引（消費者売買を含む）と呼ぶ。消費者取引においては，一般に消費者に比べて企業が優位の立場にあることから，消費者が被害に遭わないよう，消費者保護基本法をはじめとする各種行政法規が制定されてきた。さらに2000年（平成12年）には消費者が行う契約に関し，消費者の利益を擁護する消費者契約法が制定され，消費者取引の適正化を図っている。

　消費者取引は，以下に示すように大きく販売信用取引と特定商取引に分けることができる。

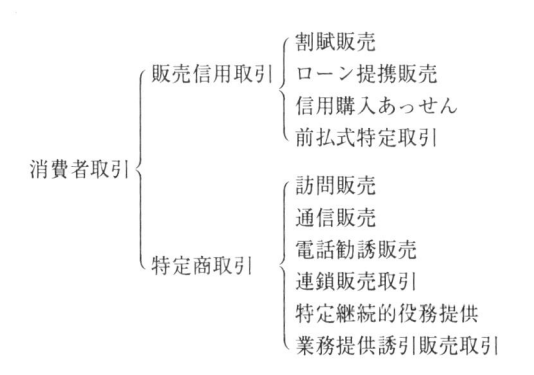

```
                ┌ 販売信用取引 ┌ 割賦販売
                │              │ ローン提携販売
                │              │ 信用購入あっせん
                │              └ 前払式特定取引
　　消費者取引 ┤
                │              ┌ 訪問販売
                │              │ 通信販売
                │              │ 電話勧誘販売
                └ 特定商取引 ┤ 連鎖販売取引
                               │ 特定継続的役務提供
                               └ 業務提供誘引販売取引
```

　消費者取引は，耐久消費財の購入について割賦販売，消費者ローン等を利用する，いわゆる販売信用取引が盛んに行われるようになった。その後，訪問販売，通信販売等の無店舗販売が利便性の高さ等から利用されるようになったが，無店舗販売であるが故のトラブルも多発するようになり，さらに無店舗販売以外の役務提供型取引やマルチ商法等で消費者が思わぬ被害を蒙る事態が生じ，消費者保護の更なる必要性が認識されるようになった。このことから，「訪問販売等に関する法律」を改正する形で，2000年（平成12年）「特定商取引に関する法律」（以下，特商法という）が制定された[7]。

現在，特商法に規定される特定商取引は前述したように，無店舗販売として訪問販売，通信販売，電話勧誘販売，役務提供取引として特定継続的役務提供，個人ビジネス勧誘型取引として連鎖販売取引，業務提供誘引販売取引の6つの取引類型が規定されている[8]（このほかに，ネガティブ・オプション（いわゆる送りつけ商法）が規制されている）。

特定商取引に対しては，事業者が守るべき行為については行政規制によって厳正に対処するとともに，消費者にはクーリング・オフ等を認めるなど消費者を保護する民事ルールが定められている。さらに行政規制に違反した販売業者・役務提供事業者等（単に，本節では事業者ということがある）は，業務改善の指示，業務停止命令の行政処分のほか，一部については刑事罰の対象となる。特定商取引は，このような行政規制，民事ルール及び行政処分・刑事罰という3つの側面から複合的に規制し，かつこれらが相互に関連，連携し合って，消費者の保護と適正かつ円滑な商品等の流通及び役務の提供を達成しようとするものである。

本節では，消費者取引のうち，近年消費者保護の対象として重要視されている特定商取引について6つの取引類型の内容を概説する。なお，事業者間取引，国・地方公共団体が行う販売又は役務の提供，公務員の職員団体，労働組合等がそれぞれの組合員に対して行う販売又は役務の提供，株式会社以外が発行する新聞紙の販売等の場合には，連鎖販売取引，業務提供誘引販売取引を除き，特商法の規定は適用されない。

2. 訪問販売
(1) 概　説

訪問販売とは，①販売業者又は役務提供事業者が営業所等以外の場所において，売買契約の申込みを受け，もしくは売買契約を締結して行う商品もしくは指定権利の販売又は役務を有償で提供する契約（役務提供契約）の申込みを受け，もしくは役務提供契約を締結して行う役務の提供，②販売業者又は役務提供事業者が営業所等において，営業所等以外の場所において呼び止めて営業所等に同行させた者その他方法により誘引した者（特定顧客）から売買契約の申

込みを受け，もしくは特定顧客と売買契約を締結して行う商品もしくは指定権利の販売又は特定顧客から役務提供契約の申込みを受け，もしくは指定顧客と役務提供契約を締結して行う役務の提供である（特商法2条1項1号，2号）。

　販売業者とは，商品又は指定権利の販売を業として営む者であり，役務提供事業者とは役務の提供を業として営む者である。営業所等とは，通常の店舗とみなしうる場所であり，具体的には，(ⅰ) 営業所（販売活動を行う場所），(ⅱ) 代理店（代理商の営業所），(ⅲ) 露店，屋台店その他これらに類する店，(ⅳ) 一定の期間にわたり，商品を陳列し，当該商品を販売する場所であって，店舗に類するもの，(ⅴ) 自動販売機その他の設備であって，当該設備により売買契約又は役務提供契約の締結が行われるものが設置されている場所である。従って，取引場所が上記 (ⅰ) から (ⅴ) のいずれかにあたる場合には，訪問販売には該当しないことになる。

　訪問販売の相手方は商品等の購入者又は役務の提供を受ける者であるが，保護の対象となる相手方は，主に消費者である。

　指定権利とは，(ⅰ) 保養のための施設又はスポーツ施設を利用する権利（リゾート会員権，ゴルフ会員権，スポーツ会員権），(ⅱ) 映画，演劇，音楽，スポーツ，写真又は絵画，彫刻その他美術工芸品を鑑賞し，又は観覧する権利（映画チケット，演劇チケット，音楽会チケット，スポーツ観覧チケット，写真展チケット，美術展チケット），(ⅲ) 語学の教授を受ける権利（英会話サロン利用権）の3種類に限定されている。また役務とは，労務又は便益であり，一般にサービスといわれるものである。

　訪問販売の最も一般的なケースは，セールスマンが突然自宅を訪問して商品を購入するよう勧誘する場合であるが，このほか喫茶店や路上での販売，ホテルや公民館を一時的に借りるなどして行われる展示会販売のうち，期間，施設等からみて店舗に類似するものとは認められない場所で行う取引の場合についても訪問販売に該当する。

　また，上述したように営業所等で行われた契約であっても，(ⅰ) 営業所等以外の場所において呼び止めて営業所等で契約させる場合（いわゆるキャッチセールス），(ⅱ) 電話や郵便等で，販売目的で勧誘をするためのものであるこ

とを告げずに，営業所等への来訪を要請する場合（いわゆるアポイントセールス），(iii) 電話や郵便等で，他の者に比して著しく有利な条件で契約を締結できる旨を告げて，営業所等への来訪を要請する場合（例えば「あなたは特別に選ばれたので，高級ブランド品が安く買えます」等。これもアポイントセールスの一形態）についても訪問販売に該当する。

(2) 行政規制

訪問販売に対する行政規制は，開示規制と行為規制に分けられる。行政規制に違反した事業者は行政処分・罰則の対象となる。

①開示規制

開示規制として，書面の交付が定められている。訪問販売においては，購入者等が取引条件を確認しないまま取引を行ってしまったり，あるいは取引条件が曖昧であったため，後日契約内容等でトラブルを引き起こすことが多い。そこで，事業者は契約の申込み及び締結の段階で，取引内容・取引条件を明らかにするため，商品（権利，役務）の種類，販売価格（役務の対価），代金（対価）の支払い時期・方法等の事項を記載した書面を購入者等に交付しなければならないとしている。この書面交付はクーリング・オフの起算点としての意味も有している。

②行為規制

ア　事業者の氏名等の明示

訪問販売を行うときには，その勧誘をするのに先立って，消費者にその旨を明らかにし，消費者がその商品の購入等の勧誘を受けているという明確な認識を持ちうるようにするために，消費者に対し，事業者の氏名（名称），勧誘をする目的であること等を告げなければならない。

イ　再勧誘の禁止等

訪問販売を行うときには，勧誘をするのに先立って，消費者に勧誘を受ける意思があることを確認するよう努めなければならない。消費者が契約締結の意思がない旨の意思表示を示したときは，訪問時において勧誘を継続すること及び再度の来訪による勧誘を行うことは禁止されている。

ウ　禁止行為

　訪問販売において，強引な勧誘，虚偽の説明による勧誘，さらには勧誘目的を告げないで公衆の出入りしない場所へ誘い込んで勧誘等を行うなどの不正行為により消費者が適正な判断ができないまま契約をしてしまう等の事態を防止するため，（ⅰ）売買契約等の締結について勧誘を行う際，又は申込み後，申込みの撤回もしくは契約の解除を妨げるために，事実と違うことを告げる，故意に事実を告げないこと，又は威迫して困惑させること，（ⅱ）勧誘目的を告げない誘引方法（いわゆるキャッチセールスやアポイントセールスと同様な方法）により誘引した消費者に対して，公衆の出入りする場所以外の場所で売買契約等の締結について勧誘を行うことを禁止している。

(3) 民事ルール

①契約の申込みの撤回又は契約の解除（クーリング・オフ制度）

　クーリング・オフ制度とは，契約の申込み又は締結後一定期間内は申込者等が無条件で申込みの撤回又は契約の解除を行うことができるという制度である。

　即ち，訪問販売においては，消費者が契約を申込み又は契約締結後においても，法律で決められた書面を受け取った日から数えて8日間以内であれば，消費者は販売業者・役務提供事業者に対して，書面により申込みの撤回又は契約の解除（クーリング・オフ）をすることができる。このクーリング・オフは書面で行うこととなっているので，後日のトラブル防止のため，内容証明郵便，書留，特定記録郵便等で郵送するのが望ましいとされている。

　クーリング・オフを行った場合，消費者がすでに商品又は権利を受け取っているときには，販売業者・役務提供事業者の負担によって，その商品の引取りや権利の返還をしてもらうことができる。商品が使用されている場合や役務がすでに提供されている場合でも，その対価を支払う必要はない。また消費者は損害賠償や違約金を支払う必要はなく，すでに頭金等の対価を支払っている場合には，販売業者・役務提供事業者は速やかにその金額を返還しなければならない。さらに，土地・建物その他の工作物の現状が変更されている場合には，原状回復の請求をすることができる。

ただし，使うと商品価値がほとんどなくなる，いわゆる消耗品（健康食品，化粧品等）を使ってしまった場合や現金取引の場合であって代金又は対価の総額が3000円未満の場合には，クーリング・オフの規定は適用されない。
②過量販売契約の申込みの撤回又は契約の解除

訪問販売の際，日常生活において通常必要とされる分量を著しく超える商品等を購入する契約を締結した場合，契約締結後1年間は契約の申込みの撤回又は契約の解除をすることができる（ただし，消費者にその契約を締結する特別の事情があったときは例外となる）。この際の精算の方法は，クーリング・オフと原則として同様の精算ルールが適用される。
③契約の申込み又はその承諾の意思表示の取消

事業者が既述したような不実告知や事実不告知といった禁止行為を行った結果として消費者が誤認し，そのために契約の申込み又はその承諾の意思表示をしたときは，その意思表示を取り消すことができる。
④契約を解除した場合の損害賠償等の額の制限

クーリング・オフ期間の経過後，例えば代金の支払い遅延等消費者の債務不履行を理由として契約が解除された場合には，消費者に支払請求できる上限額を定め，妥当な額に制限している。
(4) (社)日本訪問販売協会の「訪問販売消費者救済基金制度」

(社)日本訪問販売協会は，その会員の訪問販売にかかる契約で，申込みの取消又は解除がなされた場合に，会員に支払った金銭の返還を請求した消費者が会員から正当な理由なく金銭の返還がなされないときには，「消費者救済基金制度」として会員から積み立てた基金から一定額の金銭の交付を行うこととされる。

3. 通信販売
(1) 概　説

通信販売とは，販売業者又は役務提供事業者が郵便等により売買契約又は役務提供契約の申込みを受けて行う商品もしくは指定権利の販売又は役務の提供であって，電話勧誘販売に該当しないものである（特商法2条2項）。

例えば，新聞，雑誌，テレビ，インターネット上のホームページ（インターネット・オークションを含む）などによる広告やダイレクトメール，チラシ等を見た消費者が郵便や電話，ファクシミリ，インターネット等で購入の申込みを行う取引方法である。

通信販売は店舗に出かけていく手間が省け，遠方にある店舗からも商品を購入することができ，また重い荷物を持って帰る必要もないので，消費者にとって便利な購買方法である。しかし他方で，事業者との対面性がなく，隔地者間での取引であるため，消費者は商品を実際に手にとってみることができず，また知りたいこと，質問したいことを伝えることも困難である。そのため，消費者が意思決定を行うための判断材料は販売業者の広告等によらざるを得ない。さらに，事業者との対面性がないことから，代金の支払時期と支払方法によってはリスクの問題が生じる。即ち，代金が前払いの場合は，消費者が代金を詐取される危険を伴い，また代金が後払いの場合は，事業者が商品を詐取される危険を伴う。そこで，通信販売は行政規制として広告及び代金の支払時期を中心に規制している。

(2) 行政規制

通信販売に対する行政規制は，広告規制，開示規制及び行為規制に分けられる。行政規制に違反した事業者は行政処分・罰則の対象となる。

①広告規制

ア　広告の表示

通信販売は隔地者間取引であるため，消費者にとって広告は通常，唯一の情報である。そのため広告の記載が不十分あるいは不明確であると，後日のトラブルが生じることとなる。そこで，法は販売価格（役務の対価），代金（対価）の支払い時期・方法，商品の引渡時期（権利の移転時期，役務の提供時期）等広告に表示する事項を定めている。

イ　誇大広告等の禁止

通信販売では，虚偽・誇大広告等によるトラブルを未然に防止するため，表示事項等について，「著しく事実に相違する表示」又は「実際のものよりも著しく優良であり，もしくは有利であると人を誤認させるような表示」を禁止し

ている。
　ウ　未承諾者に対する電子メール広告の提供の禁止
　近年,受信者の承諾なく一方的に受信者のパソコンに広告の電子メールを送りつけ,いわゆる迷惑メールの被害が急増してきている。そこで,消費者があらかじめ承諾しない限り,事業者は電子メール広告を送付することを原則として禁止している。これをオプトイン規制といっている。
　この規制は通信販売事業者のみならず,通信販売電子メール広告受諾事業者も対象となる。また,当該電子メール広告の提供について,消費者から承諾や請求を受けた場合は,最後に電子メール広告を送信した日から3年間,その承諾又は承諾があったことの記録を保存しなければならない。
②開示規制
　開示規制として,前払式通信販売の承諾等の通知義務がある。前払式通信販売とは,商品又は指定権利の売買契約及び役務提供契約において,商品の引渡し・権利の移転・役務の提供に先立って代金(対価)の全部又は一部を支払う取引方法である。この前払式通信販売の場合には,事業者は代金を受領し,その後商品の引渡しに時間がかかるときには,申込みの諾否等の事項を記載した書面を渡さなければならない。
③行為規制
　ア　顧客の意に反して売買契約等の申込みをさせようとする行為の禁止
　事業者が電子契約の申込みを受ける場合に,パソコン等の操作が申込みとなることを消費者が容易に認識できるように表示していないこと,又は申込みをする際,消費者が申込み内容を確認し,かつ訂正できるように措置をしていないことを「顧客の意に反して売買契約等の申込みをさせようとする行為」として禁止している。
　イ　契約解除に伴う債務不履行の禁止
　通信販売において,売買契約の申込みの撤回等ができることから,契約当事者双方に原状回復義務が課せられた場合,事業者は代金返還など債務履行を拒否し,又は不当に遅延することは禁止される。

(3) 民事ルール

民事ルールとして最も重要なのが，契約の申込みの撤回又は契約の解除の制度である。通信販売の際，消費者が売買契約の申込みをした場合，原則として商品の引渡し・権利の移転を受けた日から数えて8日間以内であれば，消費者は事業者に対して契約の申込みの撤回や解除をすることができる。

ただし，広告に返品特約の記載があれば申込みの撤回や解除ができないとされていること，権利行使期間の起算日が商品引渡日等であること，返品の費用は消費者が負担すること等の点で，クーリング・オフとは異なる。

4．電話勧誘販売

(1) 概　説

電話勧誘販売とは，販売業者又は役務提供事業者が電話をかけ，又は特定の方法により電話をかけさせ，その電話において行う契約の締結についての勧誘（電話勧誘行為）により，その相手方（電話勧誘顧客）から当該売買契約又は役務提供契約の申込みを郵便等により受け，又は契約を締結して行う商品，権利の販売又は役務の提供のことをいう（特商法第2条第3項）。

電話でいったん切った後，郵便，電話等によって消費者が申込みを行った場合でも，電話勧誘によって消費者の購買意思の決定が行われた場合には，電話勧誘販売に該当する。

(2) 行政規制

電話勧誘販売に対する行政規制は，開示規制と行為規制に分けられる。行政規制に違反した事業者は行政処分・罰則の対象となる。

①開示規制

ア　書面の交付

事業者が契約の申込みを受けたとき，あるいは契約を締結したときには法に定める事項を記載した書面を消費者に交付しなければならない。書面に記載すべき事項は訪問販売における場合と同じである。

イ　前払式電話勧誘販売における承諾等の通知

消費者が商品の引渡し（権利の移転，役務の提供）を受ける前に，代金（対価）

の全部又は一部を支払う前払式電話勧誘販売の場合，事業者は代金を受領し，その後商品の引渡しを遅滞なく行うことができないときは，その申込みの許否等について，法に定める事項を記載した書面を渡さなければならない。書面に記載すべき事項は通信販売における場合と同じである。

②行為規制

ア　事業者の氏名等の明示

事業者は電話勧誘販売を行うときには，勧誘に先立って，消費者に対し，事業者の氏名（名称），販売しようとしている商品（権利，役務）の種類等の事項を告げなければならない。

イ　再勧誘の禁止

事業者が電話勧誘を行った際，契約等を締結しない意思を表示した者に対する勧誘の継続や再勧誘は禁止される。

ウ　禁止行為

売買契約等の締結について勧誘を行う際，又は締結後申込みの撤回（契約の解除）を妨げるために，事実と違うことを告げること，故意に事実を告げないこと，及び威迫して困惑させることは，禁じられる。

(3) 民事ルール

①契約の申込みの撤回又は契約の解除（クーリング・オフ制度）

電話勧誘販売においても，訪問販売と同じように，消費者が契約を申込み又は契約締結後においても，法律で決められた書面を受け取った日から数えて8日間以内であれば，消費者は事業者に対して，書面により申込みの撤回又は契約の解除（クーリング・オフ）をすることができる。

②契約の申込み又は承諾の意思表示の取消

訪問販売の場合と同じように，事業者が不実告知や事実不告知といった禁止行為を行った結果として消費者が誤認し，そのために契約の申込み又はその承諾の意思表示をしたときは，その意思表示を取り消すことができる。

③契約を解除した場合の損害賠償等の額の制限

訪問販売の場合と同じように，クーリング・オフ期間の経過後，例えば代金の支払い遅延等消費者の債務不履行を理由として契約が解除された場合には，

消費者に支払請求できる上限額を定め，妥当な額に制限している。

5. 連鎖販売取引
(1) 概　説
　連鎖販売取引とは，物品の販売又は有償で行う役務の提供の事業であって，再販売，受託販売もしくは販売のあっせん（役務の提供もしくはそのあっせん）をする者を特定利益が収受し得ると誘引し，特定負担を伴う取引（取引条件の変更を含む）のことである（特商法第33条）。

　つまり，個人の販売員として勧誘し，さらに次の販売員を勧誘させるという形で，販売組織を連鎖的に拡大して商品又は役務の取引を行うことである。

(2) 行政規制
　連鎖販売取引に対する行政規制は，広告規制，開示規制及び行為規制に分けられる。行政規制に違反した事業者は行政処分・罰則の対象となる。

①広告規制

ア　広告の表示義務

　統括者（連鎖販売を実質的に掌握している者），勧誘者（統括者が勧誘を行わせる者），一般連鎖販売業者（統括者又は勧誘者以外の連鎖販売業を行う者）は，統括者の統括する一連の連鎖販売業にかかる連鎖販売について広告するときは，商品（役務）の種類，取引に伴う特定負担に関する事項，特定利益の広告についての計算方法など法で定める事項を表示しなければならない。

イ　誇大広告等の禁止

　通信販売の場合と同じように，虚偽・誇大広告を禁止している。

ウ　未承認者に対する電子メール広告の提供の禁止

　通信販売の場合と同じように，消費者があらかじめ承諾しない限り，事業者は電子メール広告を送付することを原則として禁止している（オプトイン規制）。

②開示規制

　開示規制として，書面の交付義務がある。連鎖販売業を行う者は，（ⅰ）契約締結前には，当該連鎖販売業の概要を記載した書面（概要書面），（ⅱ）契約締結後では契約内容を明らかにした書面（契約書面）を交付しなければならな

い。それぞれの書面には，法の定める事項を記載しなければならない。

③行為規制

ア　氏名等の明示

　統括者，勧誘者又は一般連鎖販売業者は，勧誘に先立って，氏名（名称），勧誘をする目的である旨等を告げなければならない。

イ　禁止行為

　統括者，勧誘者は勧誘に際し，又は契約の解除を妨げるため，故意に事実を告げず，又は不意実を告知してはならない。

(3) 民事ルール

①契約の解除（クーリング・オフ制度）

　消費者（無店舗個人）が契約した場合でも，法律で決められた書面を受け取った日（商品の引渡しの方が後である場合には，その日）から数えて20日間以内であれば，消費者は連鎖販売業を行う者に対して，書面により契約の解除をすることができる。

　連鎖販売取引においては，契約内容や組織形態が複雑であるため，契約を継続するかどうか冷静に考えるための熟慮期間が他の取引形態以上に必要であることから，訪問販売などと比べ，20日間と長期の権利行使期間が定められている。

②中途解約・契約の解除

　連鎖販売契約を結んで組織に入会した消費者（無店舗個人）は，クーリング・オフ経過後においても，将来に向かって連鎖販売契約を解除（中途解約）することができる。そのようにして退会した消費者が入会後1年を経過していないときは，一定の場合を除き商品販売契約を解除することができる。

6．特定継続的役務提供

(1) 概　説

　特定継続的役務提供とは，役務提供事業者が特定継続的役務を一定期間を超える期間にわたり提供することを約し，相手方が一定金額を超える金銭を支払うことを約する契約を締結して行う特定継続的役務の提供のことである（特商

法第41条1項1号)。特定継続的役務の提供を受ける権利の販売もこれに含まれる(同第41条1項2号)。

「特定継続的役務」とは,国民の日常生活に係る取引において有償で継続的に提供される役務であって,役務提供を受ける者の身体の美化,知識・技能の向上などの目的を実現させることをもって誘引されるが,その目的の実現が確実でないという特徴をもつ役務のことである。現在,特定継続的役務として,次の6つの役務が対象となっている。

・エスティックサロン:人の皮膚を清潔にし,もしくは美化,体型を整え,又は体重を減ずるための施術を行うこと(期間1月を超えるもの)
・語学教室:語学の教授(入学試験に備えるため又は大学以外の学校における教育の補習のための学力の教授に該当するものを除く)(期間2月を超えるもの)
・家庭教師:学校(小学校・幼稚園を除く)の入学試験に備えるため又は学校教育(大学・幼稚園を除く)の補習のための学力の教授(いわゆる学習塾以外の場所において提供されるものに限る)(期間2月をこえるもの)
・学習塾:入学試験に備えるため又は学校教育の補習のための学校(大学・幼稚園を除く)の児童,生徒又は学生を対象とした学力の教授(役務提供事業者の事務所その他の役務提供事業者が当該役務提供のために用意する場所において提供されるものに限る)(期間2月を超えるもの)
・パソコン教室:電子計算機又はワードプロセッサーの操作に関する知識又は技術の教授(期間2月を超えるもの)
・結婚相手紹介サービス:結婚を希望する者への異性の紹介(期間2月を超えるもの)

いずれの場合も入学金,受講料,教材費,関連商品の販売など契約金の総額が5万円を超えている場合が対象となる。

(2) 行政規制

特定継続的役務提供に対する行政規制は,広告規制,開示規制及び行為規制に分けられる。行政規制に違反した事業者は行政処分・罰則の対象となる。

①広告規制

広告規制として,誇大広告等の禁止のみが規定されている。通信販売の場合

と同じように,「著しく事実に相違する表示」又は「実際のものよりも著しく優良であり,もしくは有利であると人を誤認させるような表示」を禁止している。

②開示規制

ア　財務内容の開示義務

　特定継続的役務提供は契約期間が長期にわたることが多く,対価を前払いした場合には,事業者の倒産等の事態が生じたときに,既に支払った金銭の返還が受けられなくなる危険がある。そこで,「前払方式」で5万円を超える特定継続的役務提供を行う事業者に対しては,消費者が事業者の財務内容等を確認できるよう,その業務及び財産の状況を記載した書類（貸借対照表,損益計算書等）を備え置き,消費者の求めに応じてその書類の閲覧ができるようにするなどの義務が課せられている。この財務内容の開示義務は,特定商取引の中では,特定継続的役務提供が唯一のものである。

イ　書面の交付

　事業者が特定継続的役務提供（特定権利販売）について契約する場合,（ⅰ）契約締結前には,当該契約の概要を記載した書面（概要書面）,（ⅱ）契約締結後には,契約内容について明らかにした書面（契約書面）を消費者に交付しなければならない。この規制は,連鎖取引販売と同じ趣旨である。

③行為規制

　電話勧誘販売の場合と同じように,契約等の締結について勧誘を行う際,又は締結後申込みの撤回（契約の解除）を妨げるために,事実と違うことを告げること,故意に事実を告げないこと,及び威迫して困惑させることを禁じている。

(3) 民事ルール

①契約の解除（クーリング・オフ）

　訪問販売の場合と同じように,法律で決められた書面を受け取った日から数えて8日間以内であれば,消費者は書面により契約の解除（クーリング・オフ）をすることができる。この場合,特定継続的役務提供の際に,消費者が購入する必要がある商品として法令で定めている関連商品（例えばエステティックサロ

ンの場合の健康食品，語学教室の場合の書籍等）についてもクーリング・オフ（又は中途解約）することができる。

②中途解約

　消費者はクーリング・オフ期間経過後においても，将来に向かって特定継続的役務提供契約（関連商品の販売契約も含む）を解除（中途解約）することができる。その際，事業者が消費者に対して請求し得る損害賠償の上限には制限が設けられている。

③契約の申込み又はその承諾の意思表示の取消

　訪問販売の場合と同じように，事業者が不実告知や事実不告知といった禁止行為を行った結果として消費者が誤認し，そのために契約の申込み又はその承諾の意思表示をしたときは，その意思表示を取り消すことができる。

7. 業務提供誘引販売取引

(1) 概　説

　業務提供誘引販売取引は，物品の販売又は有償で行う役務の提供（そのあっせんを含む）の事業であって，その商品又は提供される役務に従事することにより得られる利益（業務提供利益）を収受し得ることをもって相手方を誘引し，その者と特定負担を伴う取引（その取引条件の変更を含む）をするものをいう（特商法第51条）。

　仕事を紹介するので収入が得られるという口実で，消費者を勧誘し，仕事に必要であるとして商品等を購入させるなどして，相手方に金銭負担をさせる内職商法，あるいは商品を購入し，モニターとなって商品を利用した感想を書くなどの労務を提供すれば，モニター料を支払うとして勧誘を行うモニター商法がその典型例である。前者の場合，実際には仕事の紹介がほとんど行われなかったり，後者の場合もモニター料が次第に支払われなくなり，相手方に商品購入代金の支払いのみが残るなどの被害が多発したことにより，規制の対象となったものである。

　業務提供誘引販売取引に該当する例としては，(ⅰ) 販売されるパソコンとコンピュータソフトを使用して行うホームページの作成の在宅業務，(ⅱ) ワー

プロ研修という役務の提供を受けて修得した技能を利用して行うワープロ入力の在宅業務，(ⅲ) 販売される着物を着用して展示会で接客を行う業務，(ⅳ) 販売される健康器具を使用して感想を報告するモニター業務等が該当する。

(2) 行政規制

業務提供誘引販売取引に対する行政規制は，広告規制，開示規制及び行為規制に分けられる。行政規制に違反した事業者は行政処分・罰則の対象となる。

①広告規制

ア　広告の表示義務

業務提供誘引販売業を行う者が業務提供誘引販売取引について広告する場合は，商品（役務）の種類，取引に伴う特定負担に関する事項等法に定められた事項を表示しなければならない。

イ　誇大広告等の禁止

通信販売の場合と同じように，表示事項等について「著しく事実に相違する表示」又は「実際のものよりも著しく優良であり，もしくは有利であると人を誤認させるような表示」を禁止している。

ウ　未承諾者に対する電子メール広告の提供の禁止

通信販売の場合と同じように，消費者があらかじめ承諾しない限り，事業者は電子メール広告を送付することを原則的に禁止する等のオプトイン規制が行われている。

②開示規制

連鎖販売取引等の場合と同じように，業務提供誘引販売取引について契約する場合には，業務提供誘引販売業を行う者は，(ⅰ) 契約締結前には，当該契約の概要を記載した書面（概要書面），(ⅱ) 契約締結後では契約内容を明らかにした書面（契約書面）を交付しなければならない。

③行為規制

ア　氏名等の明示

業務提供誘引販売業を行う者が業務提供誘引販売取引を行うときには，勧誘に先立って消費者に対して，事業者の氏名（名称），勧誘をする目的である旨等の事項を明らかにしなければならない。

イ　禁止行為

　契約を勧誘するに際し，又は契約の解除を妨げるため，故意に事実を告げず，又は不実のことを告げる行為等を禁止している。

(3) 民事ルール

①契約の解除（クーリング・オフ）

　業務提供誘引販売取引の際，消費者が契約をしたときでも，法律で定められた書面を受け取った日から数えて20日間以内であれば，消費者は業務提供誘引販売業を行う者に対して，書面により契約の解除（クーリング・オフ）をすることができる。20日間という期間は，連鎖販売取引の場合と同じである。

②契約の申込み又はその承諾の意思表示の取消

　訪問販売の場合と同じように，勧誘に際し，事業者が不実告知や事実不告知といった禁止行為を行った結果として消費者が誤認し，そのために契約の申込み又はその承諾の意思表示をしたときは，その意思表示を取り消すことができる。

③契約を解除した場合の損害賠償等の制限

　クーリング・オフ期間経過後，例えば代金の支払い遅延等消費者に債務不履行を理由として契約が解除された場合において，事業者から法外な損害賠償を請求されることがないように，事業者の損害賠償等の請求上限額を決め，妥当な金額に制限している。

【注】

1） 企業取引において，企業は企業以外の官公庁，病院，学校等の非経済事業組織と取引する場合もあり，この場合には取引の相手方が企業である場合に該当しないことになるが，本章では企業取引を企業と企業，企業と消費者としている。

2） わが国における消費者取引に関する私法的側面は，まず最初に消費者に信用販売を供与する取引に関心を引いたことから，1961年に割賦販売法が制定され，その後無店舗販売に対するトラブルが多発したことから，これを規制する訪問販売法（「訪問販売等に関する法律」）が1976年に制定された。さらに，消費者の利益を擁護する包括的なルールを定めた消費者契約法が2000年に制定されている。

3） 営業的商行為として定められている商行為は限定列挙か例示列挙か見解が分かれているが，多数説は限定列挙であると解している。しかし実際の企業取引においては商

92

　　法に定める営業的商行為に含まれない新しい取引が生まれてきており，限定列挙ではこれら取引を商行為としてカバーできないという問題点も指摘されている。ただ現代経済社会においては新しい取引は多くの場合，会社形態の企業によって行われ，会社が事業としておよび事業のために取引を行う場合は商行為とされるので（会社法5条），実際上はあまり問題にならないといわれている。

4) ただし，寄託の引受のうち，その目的物が金銭又は有価証券であるときは銀行取引に該当する。また消費寄託は倉庫営業に含まれない。

5) 太田（1998, p.191）は，代理店については商品を買い取って，さらに消費者に転売するという転売型代理店と商品の買い取りを行わず，販売の委託を受けるという委託型代理店に分ける。しかし，代理商には転売型代理店は含まれておらず，転売型代理店は本書では特約店として扱っている。

6) このほかに，特定企業から委託を受けて，その営業の部類に属する取引の取次（例えば委託販売の引受け）をなす取次代理商と呼ばれるものもあるが，わが国商法では締結代理商と媒介代理商の2種類しか代理商として認めていないので，取次代理商には代理商の規定は適用されない。

7) 訪問販売のような無店舗販売に対する海外主要国の法規制の状況をみると，アメリカでは家庭訪問販売，通信販売を規制する制定法が各州で立法化されている。連邦法の規制としては，連邦取引委員会が1972年に「戸別訪問販売のためのクーリング・オフ期間」という規則を制定している。電話勧誘販売については，1994年に連邦法である「電話勧誘消費者詐欺防止法」が成立している。イギリスでは，1974年消費者信用法が訪問販売に対する規制をしている。ドイツは1985年，訪問販売及び類似取引の撤回に関する法律が制定され，1997年のEU通信販売指令を受けて2000年に通信販売法が制定された。フランスでは1993年の消費者法典の一部に，勧誘行為及び訪問販売についての消費者保護に関する規定が制定されている（江頭，2010, pp.143-144）。

8) 近年，貴金属等の購入業者による消費者宅への強引な訪問購入に関するトラブルが急増している状況に鑑み，特定商取引法を一部改正し，こうした訪問購入業者に対する規制を設けるとともに，売主による一定期間内の解約を認める等の所要の措置を講ずることとなっている。この改正法律案が成立すれば，現行の6つの取引類型に，7番目の取引類型として「訪問購入」が追加されることとなる。

第3章
不公正な取引方法の規制

第1節　企業取引関係のマネジメントと不公正な取引方法

1. 企業取引関係のマネジメント

　企業が商活動を進めるにおいて，取引関係のマネジメントは重要な要素である。例えば，メーカーが商活動を遂行するためには，原材料・部品供給業者や他のメーカーから自社の事業に必要な原材料や部品を調達し，あるいは製品を販売するためには，流通業者にそれを扱ってもらうだろう。また，製品の販売がより円滑に行われるように，企業取引補助者を活用して，販売を委託することが行われることもあるだろう。また，原材料・部品や製品の運送，保管をするために，輸送業者や倉庫業者にこれら業務を委託するだろう。

　これらはすべて取引を通じて行われる。つまり，企業が商活動を進めるに当たっては，必ず外部の企業との間で取引関係に立つことになる。この場合の取引関係としては，第2章で述べたように，供給業者や流通業者との間では売買取引関係，代理商のような企業取引補助者と間では代理または媒介という取引関係，輸送業者や倉庫業者との間では，運送契約や寄託（保管）契約などの取引関係が成立することになる。どのような取引関係に立つとしても，今日における高度に発達した分業社会においては，外部の企業との取引関係の存在なくして，商活動を遂行することはできない。商活動は，市場に存在するさまざまな外部の企業との関係にかかわるものだからである。したがって，企業は商活動が円滑に行われるよう，外部の企業との間の取引関係をしっかりマネジメントしなければならない。この取引関係のマネジメントの良し悪しが，企業の商

活動の成果を決める大きな要素の1つであるといえる。

　企業取引を契約という観点からみると，企業取引は契約の連鎖によって遂行されている。契約は，一般的に当事者の意思の合致によって成立する。近代社会においては，原則として（公序良俗や公共の福祉，信義則に反するとか，強行法規が存在する場合等を除いて），どのような契約を締結するかは自由であるという契約自由の原則が働く。しかし，このような原則の下であっても，企業取引の特殊性に鑑み，企業取引の円滑化，迅速性，安全性に配慮して，第2章で述べたように，企業取引には私法上のルールが定められており，企業取引の当事者はそのルールに従って行動することが要求される。それでもトラブルが生じたときは，民事上のルールに基づいて，基本的には当事者間で（場合によっては，司法機関や公的機関の制度を利用して）解決を図っていくこととなる。企業の商活動においては，外部の企業との取引が一定のルールに従うよう，あるいはトラブルに巻き込まれないよう，外部の企業との取引関係を絶えず適切にマネジメントしていくことが求められる。

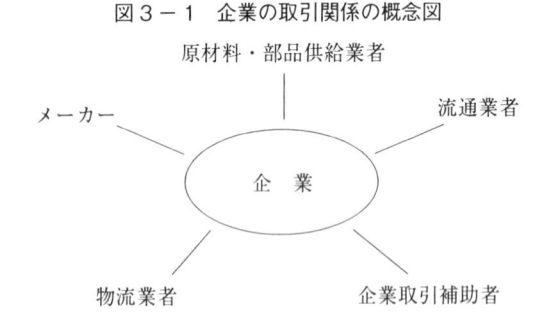

図3－1　企業の取引関係の概念図

原材料・部品供給業者
メーカー
流通業者
企　業
物流業者
企業取引補助者

2. 不公正な取引方法の規制・禁止措置

　上述したように，企業取引においては一定の取引ルールに従えば，どのような契約を締結するかは基本的に自由であるが，一方で，公正かつ自由な競争を促進するために，当該企業取引行為が公正な競争を阻害するおそれがあり，このことにより，消費者の利益の確保や国民経済の健全な発達の促進に支障が生じるような場合には，国家が法に基づき，当事者間で行われた企業取引に直接

介入して，そのような取引行為を規制，禁止する措置をとっている。すなわち，企業取引のうち，独占禁止法に定める行為類型で公正競争を阻害するおそれがあるものを「不公正な取引方法」とし，これに該当する取引行為については，国家（公正取引委員会）が排除措置命令を出すなどの規制，禁止措置を行っている。

企業取引が独占禁止法に該当する不公正な取引方法である場合には，公正取引委員会から当該取引の排除措置命令が下されるばかりでなく，行為の種類によっては課徴金が徴収され，さらに刑罰が課せられることもあり得る。このような事態に陥った場合には，企業の経済的，社会的損失は大きく，また企業の信用問題にかかわり，企業のイメージダウンにもつながり，企業は重大な局面をむかえることになる。

したがって，企業としては商活動を進めるに当たって，外部の企業との取引関係が私法上のルールに従って円滑に維持されるよう，絶えず適切にマネジメントしなければならないと同時に，国家との関係において，企業取引が不公正な取引方法に該当しないように，当該取引行為を適正に規律していく内部統制システムの構築という，今1つの企業取引関係のマネジメントが必要となる。

第2節　不公正な取引方法の規制類型と規制の意義

1．不公正な取引方法の定義

不公正な取引方法の規制は，私的独占の禁止及び不当な取引制限の禁止と並んで，独占禁止法（正式名称：私的独占の禁止及び公正取引の確保に関する法律，以下条文を引用する場合は，独禁法という）の主要な柱の1つである。また，企業取引を規律する重要な規制措置である。

不公正な取引方法は独禁法2条9項によって規定されており，これによれば不公正な取引方法には2つの方法により定義されている[1]。

第1は，独禁法2条9項1号ないし5号までに直接定義されているもので，「共同の取引拒絶」，「差別対価」，「不当廉売」，「再販売価格の拘束」，「優越的地位の濫用」の5つの行為である。これを「法定の不公正な取引方法」といってい

る。

　第2は，独禁法2条9項6号により定義されるもので，①独禁法2条9項6号のいずれかに該当する行為であって，②公正な競争を阻害するおそれがあるもののうち，③公正取引委員会が指定するものである。

　第2の不公正な取引方法は，公正取引委員会が独禁法2条9項6号の規定を受けて告示という形で指定を行っているが，これには2つの種類に分かれる。

　その1つは，不公正な取引方法の一般指定と呼ばれるもので，あらゆる事業分野の事業者に一般的に適用されるものである。公正取引委員会では「不公正な取引方法」(昭和57年6月18日公正取引委員会告示15号，改正昭和21年10月28日公正取引委員会告示18号) を公表し，現在では後述するように，15項からなる不公正な取引方法が一般指定されている。

　今1つは，特殊指定といわれるもので，特定の業界に固有な行為を不公正な取引方法として指定し，当該業界にのみ適用される。現在，大規模小売業，特定荷主の運送・保管委託，新聞業の3業種が特殊指定されている。

　このように，公正取引委員会の指定には一般指定と特殊指定の2つに分かれるが，特殊指定は事業分野が限られており，一般性に欠けることから，独禁法2条9項6号にいう不公正な取引方法という場合には，通常，一般指定のことをいう。

　事業者は，不公正な取引方法を用いてはならず (独禁法19条)，事業者の不公正な取引方法に違反する行為があるときは，公正取引委員会は事業者に対し，当該行為の差止め，契約条項の削除その他当該行為を排除するために必要な措置を命ずることができる (独禁法20条)。これを排除措置命令といっている。

　この排除措置命令は，法定の不公正な取引方法であれ，公正取引委員会の指定した不公正な取引方法であれ，同じように適用されるが，課徴金の対象となるか否かで差異がある。即ち，法定の不公正な取引方法は課徴金の対象行為となるが，公正取引委員会の指定する不公正な取引方法は課徴金の対象とはならない。但し，法定の不公正な取引方法の中でも違いがあり，優越的地位の濫用の行為は1回でも行えば課徴金が課せられるが，それ以外の行為 (共同の取引

図3-2　不公正な取引方法の類型

不公正な取引方法
- 法定の不公正な取引方法（独禁法2条9項）
  - 共同の取引拒絶（1号）
  - 差別対価（2号）
  - 不当廉売（3号）
  - 再販売価格の拘束（4号）
  - 優越的地位の濫用（5号）
- 一般指定（公正取引委員会告示）
  - 共同の取引拒絶（1項）
  - その他の取引拒絶（2項）
  - 差別対価（3項）
  - 取引条件等の差別的取扱い（4項）
  - 事業者団体における差別的取扱い等（5項）
  - 不当廉売（6項）
  - 不当高価購入（7項）
  - ぎまん的顧客誘引（8項）
  - 不当な利益による顧客誘引（9項）
  - 抱き合わせ販売等（10項）
  - 排他条件付取引（11項）
  - 拘束条件付取引（12項）
  - 優越的地位の濫用（13項）
  - 競争者に対する取引妨害（14項）
  - 競争会社に対する内部干渉（15項）

（備考）1　共同の取引拒絶，差別対価，不当廉売，優越的地位の濫用の4つの行為類型については，法定の不公正な取引方法と一般指定の両方に規定されているが，規制の内容が異なる。
　　　　2　特殊指定を除く。

拒絶，差別対価，不当廉売，再販売価格の拘束）については，10年以内に繰り返し行った場合にのみ課徴金の対象となる。

2. 不公正な取引方法の規制の社会的機能

　不公正な取引方法は公正な競争を阻害するおそれがあるとして，前述した一定の行為類型が規制対象となっているが，不公正な取引方法を規制する社会的機能として，以下の3点があげられる（松下，2011, pp.145-147）。
　第1は，不公正な取引方法の禁止は，私的独占の予防措置として機能するということである。私的独占の禁止その他の独占禁止法の規制は，市場を競争的環境の下に置くことになるが，まったくそれ以上独占禁止法の規制を行わない

とすると，各種の不公正な取引方法が行われ，これによりこれを用いる事業者が他社に比較して経済的に有利になり，ひいては私的独占が可能となるような経済力の形成が行われ，あるいは，不公正な取引方法がそれ自体として一定の取引分野における競争を実質的に制限するようになり，私的独占が行われるに至る。そこで，このような事態にならないようにするため，不公正な取引方法の禁止を行って，私的独占を予防するということである。

つまり，不公正な取引方法の禁止は放置すれば私的独占に発展する可能性のある行為を萌芽のうちに規制することによって，私的独占を予防しようとすることに特色がある。

第2は，消費者保護と密接に関係して機能していることである。例えば，再販売価格の拘束，抱き合わせ販売等の規制，ぎまん的顧客誘引及び不当な利益による顧客誘引の禁止等は消費者保護と密接な関係がある。このような規定は私的独占の予防というよりも，競争のあり方を適正にすることによって消費者の保護を図ることに，その社会的役割がある。

第3は，経済的弱者の保護として機能するということである。その典型例は，優越的地位の濫用の禁止である。優越的地位の濫用とは，簡単にいえば事業者が取引の相手方に対して取引上の優越した地位を不当に利用して，相手方に不利な条件で取引することである。当該取引の相手方はその競争者との関係において競争上不利となり，交渉力の弱い者は不利な条件を甘受せざるを得なくなる。不公正な取引方法は，このような優越的地位の濫用を禁止し，もって経済的弱者の保護の機能を果たしている。

3. 公正競争阻害性の内容

不公正な取引方法は，独禁法2条9項及び一般指定に規定されているように，「正当な理由がないのに」，「不当に」，又は「正常な商慣習に照らして不当な」という要件が定められているが，これは「公正な競争を阻害するおそれ」があるという意味であり，「公正競争阻害性」といっている。つまり，不公正な取引方法は公正競争阻害性を有する行為がある場合に，規制の対象としている。

公正競争阻害性の内容については，大きく3つのタイプに分かれ，自由競争

の減殺,競争手段の不公正,自由競争基盤の侵害の3つである（川濱・瀬領・泉水・和久井,2010,pp.165-167）。

　自由競争の減殺とは,事業者間の自由な競争が妨げられることである。それは,（ⅰ）市場支配力を形成,維持,強化するとまではいえなくても,その力の行使を促進する行為,（ⅱ）市場支配力より低いレベルの力,又はその前段階の（萌芽的な）力を形成,維持,強化する行為に,自由競争の減殺が認められる。

　競争手段の不公正とは,能率競争による競争を妨害するような競争手段を不公正であるとして非難するものである。消費者を誤認させて顧客を獲得しようとする表示等がその例にあたる。手段自体の不当性は,競争者の事業活動に対するあからさまな妨害を行うなど,取引相手や競争者を傷つけ,又は侵害することが明瞭な場合で,それによって競争が行われなくなるおそれがある場合にも認められる。

　自由競争基盤の侵害とは,取引主体が取引の諾否・取引条件について自由で自主的に判断することによって取引が行われることが自由競争の基盤であり,そのような基盤が侵害されることを不当だとするものである。これは,優越的地位の濫用の禁止を説明するためにつくりだされた考え方である。

　以上のように,公正競争阻害性は3つのタイプに分けることができるが,不公正な取引方法は公正な競争を阻害する「おそれ」があれば足りるとされる。従って,ある行為が公正な競争を阻害する可能性があれば不公正な取引方法の構成要件を充足しているわけであり,必ずしも現実に公正な競争が阻害されたとか,阻害される公算が極めて高いということまでは考える必要はないと考えるべきであろう。即ち,ある行為が公正な競争を阻害する「性格」を備えていれば,不公正な取引方法の要件は充たされたということができるだろう（松下,2011,p.146）。

第3節　不公正な取引方法の類型別概要

　先に掲げた不公正な取引方法の類型として,法定の不公正な取引方法と公正

取引委員会が告示した一般指定をとりあげ，いくつかの共通するグループに分類して，その概要を述べる。

1. 不当な差別的取扱い

これには，共同の取引拒絶，その他の取引拒絶，差別対価，取引条件等の差別的取扱い，事業者団体における差別的取扱い等がある。

(1) 共同の取引拒絶

独禁法2条9号1項に規定する法定の「共同の取引拒絶」とは，「正当な理由がないのに，競争者と共同して，次のいずれかに該当する行為をすること」であるとし，不公正な取引方法としている。

イ ある事業者に対し，供給を拒絶し，又は供給に係る商品もしくは役務の数量もしくは内容を制限すること

ロ 他の事業者に，ある事業者に対する供給を拒絶させ，又は供給に係る商品もしくは役務の数量もしくは内容を制限させること

上記のイについては直接の取引（供給）拒絶を，ロについては間接の取引（供給）拒絶を規定している。

共同の取引拒絶は，原則として公正競争阻害性をもち，違法と考えられている。その理由として，共同の取引拒絶は競争者がその経済力を糾合して，ある特定の者を排除する行為であり，それの対象となった者は他に取引先を見つけるのが困難で市場から排除される可能性があるからである。また，それの対象となった者が他に取引先を容易に見出すことができる状況において共同の取引拒絶を行っても効果が薄く，共同の取引拒絶を行っただけ損だということになるので，通常は，共同の取引拒絶は競争者の共同行為によって行われることとなる。さらに，共同の取引拒絶は競争者の共同行為によって行われるものであるので，競争者相互間において取引の相手方選択の自由が制限され，カルテルに類似した効果をも有する。このことから，共同の取引拒絶は競争政策の観点からは，通常は価値を認めがたいことから，原則的に違法であると考えられている（松下，2011，p.164）。

共同の取引拒絶は，一般指定1項にも規定されている。法定の共同の取引拒

絶は，供給に係る取引拒絶のみが規定され，購入に係る取引拒絶は規定されていないことから，購入に係る共同の取引拒絶（共同の購入拒絶）は一般指定1項によることになる。従って，共同の取引拒絶のうちで，共同の供給拒絶は課徴金徴収の対象とされ，共同の購入拒絶は課徴金徴収の対象とされないということになる。

共同の取引拒絶は，いわゆる共同ボイコットであり，「流通・取引慣行に関する独占禁止法上の指針」（平成3年7月11日，平成22年1月1日改正。以下，「流通・取引慣行ガイドライン」という）において，共同ボイコットを原則的に違法としている。即ち，事業者が競争者や取引先等と共同して又は事業者団体が，新規参入者の市場への参入を妨げたり，既存の事業者を市場から排除しようとする行為は，競争が有効に行われるための前提条件となる事業者の市場への参入の自由を侵害するものであり，原則として違法となるとする。

共同ボイコットにはさまざまな態様のものがあるが，共同ボイコットが行われ，行為者の数，市場における地位，商品又は役務の特性等からみて，事業者が市場に参入することが著しく困難となり，又は市場から排除されることとなることによって，市場における競争が実質的に制限される場合には不当な取引制限として違法となる。市場における競争が実質的に制限されるまでには至らない場合であっても，共同ボイコットは一般に公正な競争を阻害するおそれがあり，原則として不公正な取引方法として違法となる。また，事業者団体は共同ボイコットを行う場合にも，事業者団体による競争の実質的制限行為又は競争阻害行為として原則として違法となる（「流通・取引慣行ガイドライン」第1部第二共同ボイコット）。

以下の事例は，共同の取引拒絶に該当するとして，新潟市に所在するタクシー事業者20社に対し，公正取引委員会が排除措置命令を行った審決例である（平成19年6月25日）。その審決例の概要は以下のとおりである。

［審決例］
低額なタクシー運賃等を適用しているタクシー事業者が共通乗車券事業に係る契約を締結することができないようにすることを目的として，（株）新潟ハイ

タク共通乗車券センターを解散させるとともに，新たに共通乗車券事業者3社を設立し，当該3社と低額なタクシー運賃等を適用していた3社との間の共通乗車券事業に係る契約を締結することを認めないようにすることとし，これに基づき，共同して，(株)新潟ハイタク共同乗車券センター及び共通乗車券事業者3社に，低額なタクシー運賃等を適用していた3社との新潟交通圏における共同乗車券事業に係る契約を拒絶させている。

これに対して，公正取引委員会は上記行為を取りやめ，その措置及び今後同様の行為を行わないことを，契約を締結していた官公庁，企業等に通知し，今後，正当な理由がないのに，共通乗車券を営む者をして，低額なタクシー運賃等を適用する事業者との間に共通乗車券事業に係る契約を締結させないようにしてはならないとの排除措置命令を行った。

なお，新潟ハイテクセンターは，平成14年ころ，公正取引委員会に対して本件違反行為と同様の行為について独占禁止法に抵触するか否かについて相談を行った際，同行為が原則として独占禁止法に違反する旨の回答を受けていたものである。

上記事例にみられるような共同の取引拒絶は，競争を排除し，価格形成にも影響を与えることから，公正な競争を阻害することになり，しかも本件事例では事前相談において原則として独占禁止法に違反すると回答を受けているにもかかわらず，同行為を行ったことは事業者のコンプライアンスからみて問題視されるケースである。

(2) その他の取引拒絶

一般指定2項は，「不当に，ある事業者に対し取引を拒絶し若しくは取引に係る商品若しくは役務の数量若しくは内容を制限し，又は他の事業者にこれらに該当する行為をさせること」を「その他の取引拒絶」として，不公正な取引方法とする。共同の取引拒絶は独禁法2条9号1項で規定されているので，一般指定2項で規定する「その他の取引拒絶」は，単独の事業者による取引拒絶である。

一般に，事業者がどの事業者と取引するかは，基本的に取引先の選択は自由である。事業者が価格，品質，サービス等の要因を考慮して，独自の判断によ

って、ある事業者と取引しないこととしても、基本的には違法とはいえない。しかし、「流通・取引慣行ガイドライン」によれば、事業者が単独で行う取引拒絶であっても、例外的に①独占禁止法上違法な行為の実効を確保するための手段として取引を拒絶する場合には違法となり、また②競争者を市場から排除するなどの独占禁止法上不当な目的を達成するための手段として取引を拒絶する場合には独占禁止法上問題になるとしている。

(3) 差別対価

独禁法2条9項2号に規定する法定の「差別対価」とは、「不当に、地域又は相手方により差別的な対価をもって、商品又は役務を継続して供給することであって、他の事業者の事業活動を困難にさせるおそれがあるもの」であり、不公正な取引方法とする。一般指定3項では、差別対価は、「独占禁止法2条第9項第2号に該当する行為のほか、不当に、地域又は相手方により差別的な対価をもって、商品若しくは役務を供給し、又はこれらの供給を受けること」と規定する。

両者の規定を比較すると、法定の差別対価では、一般指定3項の要件に、継続性および他の事業者の事業活動を困難にするおそれの2つの要件を追加し、また法定の差別対価には供給を受けることは含まれないことから、供給をうける際の差別対価は一般指定によるということになる。

差別対価は、同じ事業者が実質的に同一の商品について異なる地域又は相手方により価格に差をつけることであるが、それが競争を不当に阻害することが立証される場合に違法となる。実際の取引において、競争の結果、地域によって又は相手方によって異なる価格が設定されることはよくみられることであり、それ自体をもって直ちに差別対価として違法であるとはいえないだろう。

例えば、ある事業者が異なる地域に商品を供給する場合、運賃、包装等に要する費用が異なるのであれば、その費用の差異を反映して卸売価格が異なるのはあり得ることである。また取引の相手方によって、販売数量、取引条件、保証条件、販売促進援助等が異なり、そのために価格差が生じることもあるであろう。このように、地域の違いによる費用差に基づく価格の差、あるいは相手方との販売数量、取引条件等の違いによる価格の差は正当化されるだろう。し

たがって差別対価は、それが「不当に」、つまり公正な競争が阻害される場合に違法とされるということになる。

公正取引委員会の相談事例集によれば[2]、差別対価の相談事例として、化学品メーカーの卸売業者に対する仕切価格の差の設定（引き下げ）の事案については、独占禁止法上問題ないと回答した事例がある（平成12年相談事例）。この相談事例の概要は以下のとおりである。

［相談事例］

A社は、化学品の甲製品市場で有力なメーカーであるが、ほかにも有力なメーカーが複数存在する。甲製品はメーカーから卸売業者を通じてユーザーに販売されるが、昨今、ユーザーからの値引要求が強まっている。A社製甲製品についても、取引先卸売業者はある程度はユーザーからの値引要請に応じざるを得ないが、A社の現在の仕切価格（卸売業者への販売価格）のままでは値引要請に対応し得なくなってきている。

A社では、これまで仕切価格を一本とし、事後値引きは一切行わないこととしてきたが、このような状況であることから、平成12年以降は、他メーカーと競合する一部の甲製品について、品目ごとに仕切価格の修正（品目により一律に1～3％引き）を行うこととしている。仕切価格の修正の対象となる卸売業者は、当該卸売業者における甲製品のメーカー別購入額順位の上位10位以内にA社が入る者としたいが、独占禁止法上問題ないかという相談内容であった。

この相談に対し、公正取引委員会は差別対価の観点から検討し、①事業者が自己の商品又は役務の対価をどのように設定するかは、本来事業者の自由であり、取引先によって価格差が存在すること自体、直ちに違法となるものではない。②本件の場合、A社の仕切価格の修正がA社の競争者や卸売業者に与える影響をみると、（ⅰ）甲製品市場には、A社のほかにも複数の有力なメーカーが存在すること、（ⅱ）仕切価格の修正は、品目により一律1～3％引きにとどまり、累進的なものでないこと、（ⅲ）仕切価格修正の基準は、A社製甲製品の購入額が上位10位以内に入ればよいというのみであることから、本件の

仕切価格の修正がA社の競争者や卸売業者に与える影響は小さいと考えられ，直ちに独占禁止法上問題となるものではない。

以上のような考えを示したうえで，A社が自社製甲製品の購入実績に応じて卸売業者への仕切価格を引き下げることは，独占禁止法上問題ないと回答している。

上記事案は，同一商品について異なる相手方に対し，仕切価格を修正し，価格に差を設ける相談であるが，価格差は少なく，他の事業者に与える影響は小さいと判断されることから，購入実績に応じて価格差を設けることは，通常の取引の範囲内に入ると判断されたものである。

(4) 取引条件等の差別的取扱い

一般指定4項は，「不当に，ある事業者に対し取引の条件又は実施について有利な又は不利な取扱いをすること」を「取引条件等の差別的取扱い」とし，不公正な取引方法とする。価格以外の取引条件，例えば代金決済条件，リベート等について差別的取扱いをする場合がこれに該当する。

(5) 事業者団体における差別取扱い等

一般指定5項は，「事業者団体若しくは共同行為からある事業者を不当に排斥し，又は事業者団体の内部若しくは共同行為においてある事業者を不当に差別的に取り扱い，その事業者の事業活動を困難にさせること」を「事業者団体における差別取扱い等」とし，不公正な取引方法とする。

2. 不当対価

不当対価には，不当廉売と不当高価購入がある。不当廉売はさらに，法定不当廉売（独禁法2条9項3号）と一般指定6項の不当廉売がある。

(1) 法定不当廉売

独禁法2条9項3号に規定する法定の「不当廉売」とは，「正当な理由がないのに，商品又は役務をその供給に要する費用を著しく下回る対価で継続して供給することであって，他の事業者の事業活動を困難にさせるおそれがあるもの」であり，不公正な取引方法とする。

公正取引委員会では不当廉売の禁止について，「不当廉売に関する独占禁止

法上の考え方」(平成21年12月18日。以下,不当廉売ガイドラインという)を公表している。

この不当廉売ガイドラインによれば,独占禁止法上,企業努力による価格の安さ自体を不当視するものではないことは当然であるが,逆に価格の安さを常に正当視するものでもない。企業の効率性によって達成した低価格で商品を提供するのではなく,採算を度外視した低価格によって顧客を獲得しようとするのは,独占禁止法上の目的からみて問題がある場合がある。正当な理由がないのにコストを下回る価格,いいかえれば他の商品の供給による利益その他の資金を投入するのでなければ供給を継続することができないような低価格を設定することによって競争者の顧客を獲得することは,企業の努力又は正常な競争過程を反映せず,廉売を行っている事業者(廉売行為者)自らと同等又はそれ以上に効率的な事業者の事業活動を困難にさせるおそれがあり,公正な競争秩序に影響を及ぼすおそれがある場合もあるからであると,不当廉売規制の目的を述べている。

不当廉売ガイドラインでは,法定不当廉売の要件は,廉売の態様(価格・費用基準及び継続性),ほかの事業者の事業活動を困難にさせるおそれ,及び正当な理由の3つの面からとらえることができるとする。

①廉売の態様(価格・費用基準及び継続性)

不当廉売規制の目的の1つは,廉売行為者自らと同等又はそれ以上に効率的な事業者の事業活動を困難にさせるおそれがあるような廉売を規制することにあり,事業者が自らの企業努力又は正常な競争過程を反映した価格設定を行うことは妨げられていない。例えば,商品の価格が「供給に要する費用」,すなわち総販売原価を下回っても,供給を継続した方が当該商品の供給に係る損失が小さくなるときは,当該価格で供給することは合理的である。しかし逆に,商品の供給が増大するにつれ損失が拡大するような価格設定行動は,むしろ供給しない方が費用の負担を免れることができることから,特段の事情がない限り,経済合理性はないものといえる。したがって,価格設定についての経済合理性の有無は,廉売の対象となった商品(廉売対象商品)を発生する費用と価格との比較により判断することが適当である。

総販売原価を著しく下回る価格であるかどうかは，廉売対象商品を供給することによって発生する費用を下回る収入しか得られないような価格であるかどうかという観点から，事案に即して算定されることになる。この算定に当たっては，次の点に留意する。

(ⅰ) 供給に要する費用には，廉売対象商品を供給しなければ発生しない費用（可変的性質を持つ費用）とそれ以外の費用とがある。可変的性質をもつ費用でさえ回収できないような低い価格を設定すれば，廉売対象商品の供給が増大するにつれ損失が拡大する。したがって，可変的性質を持つ費用を下回る価格は，「供給に要する費用を下回る対価」であると推定される（他方，可変的性質をもつ費用以上の価格は「供給に要する費用を著しく下回る対価」ではないので，その価格での供給は，法定不当廉売に該当することはない。）。

(ⅱ) 可変的性質をもつ費用に該当する費用かどうかについては，廉売対象商品の供給量の変化に応じて増減する費用か，廉売対象商品の供給と密接な関連性を有する費用かという観点から評価する。

また不当廉売となるためには，一般的には，廉売がある程度「継続して」行われる場合である。「継続して」とは，相当期間にわたって繰り返し廉売を行い，又は廉売を行っている事業者の営業方針等から客観的にそれが予想されることであるが，毎日継続して行われることを必ずしも要しない。

②他の事業者の事業活動を困難にさせるおそれ

他の事業者とは，通常の場合，廉売対象商品について当該廉売を行っている者と競争関係にある者を指すが，廉売の態様によっては，競争関係にない者が含まれる場合もあり得る。事業活動を困難にさせるおそれがあるとは，現に事業活動が困難になることは必要なく，諸般の状況からそのような結果が将来されるる具体的な可能性が認められた場合を含む。

③正当な理由

上記①及び②の要件に当たるものであっても，廉売を正当化する特段の事情があれば，公正な競争を阻害するおそれがあるものとはいえず，不当廉売とはならない。例えば，需給関係から廉売対象商品の販売価格が低落している場合，

廉売対象商品の原材料の再調達価格が取得原価より低くなっている場合において，商品や原材料の市況に対応して低い価格を設定したとき，商品の価格を決定した後に原材料を調達する取引において，想定しがたい原材料価格の高騰により結果として供給に要する費用を著しく下回ることとなったときは，正当な理由があるものと考えられる。

例えば，生鮮食料品のようにその品質が急速に低下するおそれがあるものや季節商品のようにその販売の最盛期を過ぎたものについて，見切り販売をする必要がある場合は，可変的性質を持つ費用を下回るような低い価格を設定することに「正当な理由」があるものと考えられる。きず物，はんぱ物その他の瑕疵のある商品について相応の低い価格を設定する場合も同様に考えられる。

(2) 一般指定6項の不当廉売

不当廉売は，一般指定6項においても規定され，「法二条第九項第三号に該当する行為のほか，不当に商品又は役務を低い対価で供給し，他の事業者の事業活動を困難にさせるおそれがあること」を不公正な取引方法とする。

不当廉売ガイドラインによれば，法定不当廉売の要件である価格・費用基準及び継続性のいずれか又は両方を満たさない場合，すなわち廉売行為者が可変的性質をもつ費用以上の価格（総販売原価を下回ることが前提）で供給する場合や可変的性質を持つ費用を下回る価格で単発的に供給する場合であっても，廉売対象商品の特性，廉売行為者の意図・目的，廉売の効果，市場全体の状況等からみて，公正な競争秩序に悪影響を与えるときは，一般指定6項の不公正な取引方法に該当し，不当廉売として規制されるとする。

次の事例は不当廉売に該当するとして，栃木県小山市において給油所を運営する石油製品小売業者2社に対し排除措置命令を行った審決である（平成19年11月27日）。その審決例の概要は以下のとおりである。

［審決例］

事例1　(株)シンエネコーポレーションは，栃木県小山市において運営する3つの給油所のいずれかにおける普通揮発油の販売価格が小山市に所在する給油所の販売価格の中で最も低い価格となるよう販売価格を設定し，それぞれの

給油所の店頭に掲示して一般消費者に周知しているところ，当該3給油所において，いずれも平成19年6月28日から同年8月3日までの37日間，それぞれの仕入価格（運送費を含む）を最大で10円以上下回る価格で販売し，小山市における石油製品小売業者の事業活動を困難にさせるおそれを生じさせた。

事例2　㈱東日本宇佐美は，栃木県小山市において運営する3つの給油所のいずれかにおける普通揮発油の販売価格が小山市における販売価格のうち最も低い価格よりも1円程度高い価格となるよう当該3給油所における販売価格を設定し，それぞれの給油所においていずれも平成19年6月28日から同年8月3日までの37日間，1給油所において同年6月28日から同年8月2日までの36日間，それぞれの仕入価格を最大で10円以上下回る価格で販売し，小山市における石油製品小売業者の事業活動を困難にさせるおそれを生じさせた。

これに対し，公正取引委員会は，これら2社に対し，普通揮発油をその仕入価格を下回る価格で販売する行為を取りやめ，それを周知し，今後このような行為をしてはならないという排除措置命令を行った。

上記事例は，いずれも原価（仕入価格）よりも下回る価格（最大で10円以上）で販売しており，これによって，他の事業者の事業活動を困難にさせるおそれを生じさせているのは，不当廉売に該当すると判断したものである。

(3) 不当高価購入

一般指定7項は，「不当に商品又は役務を高い対価で購入し，他の事業者の事業活動を困難にさせるおそれがあること」を「不当高価購入」とし，不公正な取引方法とする。市場価格を上回る価格で購入することにより，競争者の原材料等の入手を困難にさせる等の例がこれに該当する。

3. 不当な顧客誘引・取引の強制

不当な顧客誘引・取引の強制（独禁法2条9項6号ハ）には，ぎまん的顧客誘引，不当な利益による顧客誘引及び抱き合わせ販売等がある。

(1) ぎまん的顧客誘引

一般指定8項は，「自己の供給する商品又は役務の内容又は取引条件その他これらの取引に関する事項について，実際のもの又は競争者に係るものよりも

著しく優良又は有利であると顧客に誤認させることにより，競争者の顧客を自己と取引するように不当に誘引すること」を「ぎまん的顧客誘引」とし，不公正な取引方法とする。

　ぎまん的顧客誘引は，顧客誘引行為自体が競争手段として不公正であり，原則として公正競争阻害性をもつものと考えられ，その例として，不当表示，虚偽広告，不当な特殊販売等があげられる。

　ぎまん的顧客誘引は事業者に対するものと消費者に対するものがあるが，消費者に対するぎまん的顧客誘引は，景品表示法（正式名称は不当景品類及び不当表示防止法）によって規制されていることから[3]，一般指定8項に規定するぎまん的顧客誘引は，事業者に対する不当表示および表示以外のぎまん的顧客誘引行為が実質的な規制対象となる。

　ぎまん的顧客誘引については，その多くが対消費者販売においてみられ，対事業者向けに一般指定8項が適用される事例は，マルチ商法における不当な特約店勧誘方法等比較的少ない。

(2) 不当な利益による顧客誘引

　一般指定9項は，「正常な商慣習に照らして不当な利益をもって，競争者の顧客を自己と取引するように誘引すること」を「不当な利益による顧客誘引」とし，不公正な取引方法とする。

　この規定は，具体的には景品，供応，その他の経済的利益を提供することによって，顧客を不当に誘引することを規制するものである。このうち，景品付販売については景品表示法によって規制されているので，一般指定9項が適用されるのは，景品以外の不当な利益による顧客誘引，例えば取引付随性がないもの，取引の直接の相手方でない者への提供などであるとされる。

　過度の景品の提供は購買者の射幸心を煽り，競争手段として不公正であり，顧客の正しい選択を歪めることとなるので，景品表示法ではこれを違法として排除命令が発動されたケースはあるが，一般指定9項に規定する不当な利益による顧客誘引によって違法とされた例は少ない。

(3) 抱き合わせ販売等

　一般指定10項は，「相手方に対し，不当に，商品又は役務の供給に併せて他

の商品又は役務を自己又は自己の指定する事業者から購入させ，その他自己又は自己の指定する事業者と取引するように強制すること」を「抱き合わせ販売等」とし，不公正な取引方法とする。

　この規定の前段は抱き合わせ販売であり，後段はそれ以外の取引強制である。後段に該当する例として，買い手に対して売り手が販売する全商品の購入を強制すること（全量購入条件付取引），あるいは商品を販売する際の条件として，買い手の商品を売り手に販売させること（互恵取引又は相互取引）などの形態がある。抱き合わせ販売とそれ以外の取引強制とは共通点が多く，不公正な取引方法としての要件もほぼ同じであることから，ここでは抱き合わせ販売について述べることとする。

　抱き合わせ販売とは，売り手が買い手に対し，自己の抱き合わせ商品と被抱き合わせ商品を一括して購入等をするように強制することである。一般的には抱き合わせ商品は人気商品，被抱き合わせ商品は不人気商品であることが多い。

　抱き合わせ販売は，しばしば売り手が抱き合わせ商品について独占力，ないし独占力とまではいかなくても十分な経済力を有している場合，これと他の商品（被抱き合わせ商品）を結合させて販売するという形をとる。このような販売が行われると，被抱き合わせ商品を販売している他の競争者は販売機会を奪われ，また新規参入が妨げられることになる。他方，買い手側にとっても，このような販売が行われることによって，自らの判断によって商品を選択して購入するという自由が奪われることになる。このような点からみると，抱き合わせ販売は売り手が抱き合わせ商品について独占力又は十分な経済力を有し，被抱き合わせ商品の購入を買い手に押し付けることができる場合に不当性があるということができよう（松下，2011, p.180）。

　抱き合わせ販売が違法とされた重要事件の1つがマイクロソフト事件である。この事件の概要は以下のとおりである（公正取引委員会平成10年12月14日審決）。

　日本マイクロソフト社は，表計算ソフト「エクセル」では業界1位であったが，ワープロソフト「ワード」及びスケジュール管理ソフト「アウトルック」

は他社が有力であった。そこで，同社はパソコン製造業者に対して，「エクセル」（抱き合わせ商品）と「ワード」（被抱き合わせ商品），「アウトルック」（被抱き合わせ商品）を結合させてライセンスすることとした。これに対し，パソコン製造業者はワープロソフト及びスケジュール管理ソフトについてはすでに他社の製品を使用していたので，「エクセル」のみのライセンスを要請したが，同社がこれを拒絶したため，パソコン製造業者はこれら3つのソフトを受け入れ，その結果，同社はワープロソフト「ワード」及びスケジュール管理ソフト「アウトルック」の分野においてもシェアを拡大し，それぞれ業界1位となった。

　公正取引委員会は，このような販売形態は一般指定10項の抱き合わせ販売に該当するとして，同社に勧告し，これを応諾したため勧告審決が出され，このような抱き合わせ販売を取りやめ，今後ともこのような抱き合わせ販売を行わないこととされた。

　抱き合わせ販売はすべてが違法となるのではなく（「不当に」が必要），抱き合わせを行う正当化事由があれば，抱き合わせは問題とならないとされる。以下の事例は，バイオ検査機器メーカーによる検査機器と検査試薬のセット販売の事前相談であるが，この事例では直ちに独占禁止法上問題となるものではないと回答している（平成17年度相談事例）

［相談事例］
　A社はバイオ検査機器，検査試薬などの開発・製造・販売を行うメーカーであり，食品メーカー等の企業等と直接取引している。通常，検査機器メーカーは検査機器については企業等にリースし，検査試薬は別途販売して，それぞれの代金を個別に請求しているが，A社は検査試薬の売上の安定化を確保するため，検査機器と検査試薬を合わせて販売することを検討している。具体的には以下のとおり，1検査当たりの料金を設定する新方式の取引方法を用いたいとしている。
　① 新方式では，企業等が検査機器を購入する場合に要する費用と，その検査機器の稼動期間に想定される検査試薬の総費用を合わせた金額を当該稼

動期間に想定される検査回数で割ることで，検査項目毎の検査1回当たりの料金を設定する。実際の請求は企業等が一定期間に行った検査回数に当該検査1回当たりの料金を乗じた額を利用料として請求する。

② 新方式の導入が検討されているのは，検査分野のうちX分野の取引である。X分野については，検査機器はA社が自社で製造しているが，これに使用できる検査試薬はA社製のものに限らず，複数メーカーの検査試薬が使用可能である。また，A社を含めこれら複数メーカーの検査試薬は，他社製の検査機器においても使用可能である。X分野におけるA社の国内シェアは検査機器では40％，検査試薬では20％であり，順位はいずれも2位である。なお，A社はX分野の取引において企業等からの申し出があれば，検査機器や検査試薬を別途個別に販売するとしている。

上記のA社の相談に対し，公正取引委員会はこの事案に対する独占禁止法上の考え方を示し，以下のように回答している。

本件について，国内のX分野における検査試薬の販売における競争に及ぼす影響について検討すると，A社製の検査機器に使用可能な検査試薬は複数存在し，企業等は取引条件等を勘案のうえ，いずれかの検査試薬を選択し，購入することとなるが，本件においてA社が検査機器に組み合わせて供給するのは，検査において使用する検査試薬であることから，企業等に対して不当に不利益を課すものとは認められない。

他方，A社が本件新方式の取引方法をX分野において取引を行うすべての企業等に対して用いるとした場合，A社の市場での地位を鑑みれば，他の検査試薬メーカーはA社の検査機器を使用する企業等との取引から排除され，公正な競争が阻害されるおそれが強い。

しかしながら，A社は企業等からの申し出があれば，検査機器や検査試薬を別途個別に販売することとしており，企業等は取引条件等を勘案の上，検査試薬を選択し，ほかのメーカーから購入することも可能である。したがって，本件新方式の取引方法がX分野の検査試薬の販売における公正な競争を阻害するとまでは認められない。

以上の点から，A社が本件新方式の取引方法を用いることは，直ちに独占

禁止法上問題となるものではない。ただし，本件新方式における取引条件を別途個別の取引を行った場合と比べて著しく有利とするなど，事実上本件新方式以外の取引方法を選択することが妨げられる場合には，この限りではない。

上記の相談事例に対する公正取引委員会の回答は以上のとおりであるが，公正取引委員会としては上記バイオ検査機器メーカーによる検査機器と検査試薬の抱き合わせ販売は，公正競争を阻害する段階に至っておらず，違法ではないと判断したものである。

4. 事業活動の不当拘束

事業活動の不当拘束（独禁法2条9項6号ニ）には，排他条件付取引，再販売価格の拘束及び拘束条件付取引がある。再販売価格の拘束は，平成21年の改正により，法定の不公正な取引方法として規定され，課徴金の対象となった。

(1) 排他条件付取引

一般指定11項は，「不当に，相手方が競争者と取引をしないことを条件として当該相手方と取引し，競争者の取引の機会を減少させるおそれがあること」を「排他条件付取引」とし，不公正な取引方法とする。

排他条件付取引には，①排他的受入契約と②排他的供給契約がある。前者は売り手に対して自己の競争者に販売しないことを条件として購入するもので，一手販売契約，輸入総代理店契約などがある。後者は買い手に対して自己の競争者から購入しないことを条件として販売するもので，専売店制，特約店制，全量購入義務などがある。両者の違いは，拘束する事業者が売り手か買い手かであって，それを除けば自己の競争者と取引をしないことを条件として取引をするという点では同じである。

排他条件付取引は，例えば専売店制の場合のように，競争者のただ乗りを排除するために排他条件付取引を行うことには，事業上の利点があり得るから，一概には違法とはいえないであろう。しかし，排他条件付取引が市場における有力な事業者によって行われる場合には，競争者が市場から排除され，競争者の取引の機会を減少させるおそれがあることから，排他条件付取引を規制する必要がある。

排他条件付取引については,「流通・取引慣行ガイドライン」において具体的な規定を置き,違法性の判断基準を示している。このガイドラインによると,市場における有力な事業者が取引先事業者に対し,自己又は自己と密接な関係にある事業者の競争者と取引をしないよう拘束する条件をつけて取引をする行為又は取引先事業者に自己又は自己と密接な関係にある事業者との取引を拒絶させる行為を行い,これによって競争者の取引の機会が減少し,他に代わり得る取引先を容易に見いだすことができなくなるおそれがある場合には,当該行為は不公正な取引方法に該当し,違法となるとする(「流通・取引慣行ガイドライン」第1部 第四 取引先事業者に対する自己の競争者との取引の制限)。排他条件付取引として,以下のものがあげられている。

① 市場における有力な原材料製造業者が取引先製造業者に対し,自己以外の原材料製造業者と取引する場合には原材料の供給を打ち切る旨通知し,又は示唆して自己以外の原材料製造業者とは取引しないよう要請すること
② 市場における有力な完成品製造業者が有力な部品製造業者に対し,自己の競争者である完成品製造業者には部品を販売せず,又は部品の販売を制限するよう要請し,その旨の同意を取り付けること

「市場における有力な事業者」とは,当該市場(行為の対象となる商品と機能・効用が同様であり,地理的条件,取引先との関係等から相互に競争関係にある商品の市場)におけるシェアが10％以上又はその順位が3位以内であることが一応の目安となる。しかし,この目安を超えたのみで,その事業者の行為が違法とされるものではなく,当該行為によって,「競争者の取引の機会が減少し,他に代わり得る取引先を容易に見いだすことができなくなるおそれがある場合」に違法となるとする。では,どのような場合がそれに該当するのか,「流通・取引慣行ガイドライン」では,次の事項を総合的に考慮して判断することとなるとする。

① 対象商品の市場全体の状況(市場集中度,商品特性,製品差別化の程度,流通経路,新規参入の難易性等)
② 行為者の市場における地位(シェア,順位,ブランド力等)
③ 当該行為の相手方の数及び市場における地位

④ 当該行為が行為の相手方の事業活動に及ぼす影響（行為の程度・態様等）

上記①の市場全体の状況としては，ほかの事業者の行動も考慮の対象となる。例えば，複数の事業者がそれぞれ並行的に自己の競争者との取引の制限を行う場合には，1事業者のみが行う場合に比べ市場全体として競争者の取引の機会が減少し，他に代わり得る取引先を容易に見いだすことができなくなるおそれが生じる可能性が強いとする。

また，「流通・取引慣行ガイドライン」（第2部 第二 非価格制限行為）では，流通業者の競争品の取扱いに関する制限として，「市場における有力メーカーが競争品の取扱い制限を行い，これによって新規参入者や既存の競争者にとって代替的な流通経路を容易に確保することができなくなるおそれがある場合には，不公正な取引方法に該当し，違法となる」とする。

このように，上記のような行為によって，競争者の取引の機会が減少し，ほかに代わり得る取引先を容易に見いだすことができなくなるおそれがある場合には，排他条件付取引として違法となるが，このような場合でも正当化事由はあり得る。その例として，「流通・取引慣行ガイドライン」は次の2つをあげている。

① 完成品製造業者が部品製造業者に対し，原材料を支給して部品を製造させている場合に，その原材料を使用して製造した部品を自己にのみ販売させること
② 完成品製造業者が部品製造業者に対し，ノウハウ（産業上の技術に係るものをいい，秘密性のないものを除く）を供与して部品を製造させている場合で，そのノウハウの秘密を保持し，又はその流用を防止するために必要であると認められるときに自己にのみ販売させること

以上の場合は，自己の競争者と取引することを制限することについて独占禁止法上正当と認められるとする。

(2) 再販売価格の拘束

独禁法2条9項4号に規定する法定の再販売価格の拘束とは，「自己の供給する商品を購入する相手方に，正当な理由がないのに，次のいずれかに掲げる拘束の条件を付けて，当該商品を供給すること」であり，不公正な取引方法と

イ　相手方に対してその販売する当該商品の販売価格を定めてこれを維持させることその他相手方の当該商品の販売価格の自由な決定を拘束すること。
　　ロ　相手方の販売する当該商品を購入する事業者の当該商品の販売価格を定めて相手方をして当該事業者にこれを維持させることその他相手方をして当該事業者の当該商品の販売価格の自由な決定を拘束させること。

　上記イは，売り手（メーカー）がその直接の取引先である買い手（卸売業者）に対して，その再販売価格を拘束することであり，ロは再販売先である買い手の再々販売先（買い手の買い手）に対して再々販売価格を拘束することである（さらにその先の買い手（再々々販売先）に対して，販売価格を拘束する場合も含む）。つまり，再販売価格の拘束は，直接の取引先を通じて，その再販売先を拘束する行為（直接の価格拘束）が典型であるが，ロの場合のように，直接の取引先（買い手）ではなく，再販売先という間接の取引先を通じて，再販売先の取引先（再々販売先）を拘束する行為（間接の価格拘束）も含まれる。

ロの場合における再販売価格の拘束の例

```
         販売          再販売            再々販売
売り手 ──→ 直接の取引先 ─────→ 間接の取引先 ─────→ 間接の取引先の取引先
(メーカー)  (一次卸売業者)      (2次卸売業者)         (小売業者)
            直接の価格拘束       間接の価格拘束
```

　公正取引委員会によれば，事業者が市場の状況に応じて自己の販売価格を自主的に決定することは，事業者の事業活動において最も基本的な事項であり，かつ，これによって事業者間の競争と消費者の選択が確保される。したがって，例えば，メーカーがマーケティングの一環として，又は流通業者の要請を受けて，流通業者の販売価格を拘束する場合には，流通業者間の価格競争を減少・消滅させることになるから，このような行為は原則として不公正な取引方法として違法とするのである（「流通・取引慣行ガイドライン」第2部 第一 再販売価格維持行為）。

　再販売価格維持行為が違法とされるのは，売り手による買い手（さらには買

い手の買い手)に対する価格の拘束が行われることが要件となる。希望小売価格，推奨価格，標準価格などの価格表示がみられることがあるが，それが拘束力のない単なる希望，あるいは推奨等に過ぎないのであれば，それ自体は違法要件を欠くといえる。しかし，名称が何であれ，事実上拘束されていれば，違法とされる。例えば，売り手が買い手に対して形式的には希望再販売価格を表明したに過ぎない場合でも，それを遵守しない買い手に対しては出荷停止等の措置をとる等，事実上拘束となっている状況下では，再販売価格維持行為として違法となる。この点，何が価格拘束であるかについて，「流通・取引慣行ガイドライン」(第2部 第一 再販売価格維持行為)では，以下のように述べている。

再販売価格の拘束の有無は，メーカーの何らかの人為的手段によって，流通業者がメーカーの示した価格で販売することの実効性が確保されていると認められるかどうかで判断される。次のような場合には，「流通業者がメーカーの示した価格で販売することについての実効性が確保されている」と判断される。

① 文書によるか口頭によるかを問わず，メーカーと流通業者との合意によって，メーカーの示した価格で販売するようにさせている場合

(例)

a メーカーの示した価格で販売することが文書又は口頭による契約において定められている場合

b メーカーの示した価格で販売することについて流通業者に同意書を提出した場合

c メーカーの示した価格で販売することを条件として提示し，条件を受諾した流通業者とのみ取引する場合

d メーカーの示した価格で販売し，売れ残った商品は値引き販売せず，メーカーが買い戻すことを条件とする場合

② メーカーの示した価格で販売しない場合に経済上の不利益を課し，又は課すことを示唆する等，何らかの人為的手段を用いることによって，当該価格で販売するようにさせている場合

（例）

a　メーカーの示した価格で販売しない場合に出荷停止等の経済上の不利益（出荷量の削減，出荷価格の引上げ，リベートの削減，ほかの製品の供給拒絶等を含む。以下同じ）を課す場合，又は課す旨を流通業者に対し通知・示唆する場合

b　メーカーの示した価格で販売する場合にリベート等の経済上の利益（出荷価格の引下げ，他の製品の供給等を含む。以下同じ）を供与する場合，又は供与する旨を流通業者に対し通知・示唆する場合

c　次のような行為を行い，これによってメーカーの示した価格で販売するようにさせている場合

（ⅰ）メーカーの示した価格で販売しているかどうかを調べるため，販売価格の報告徴収，店頭でのパトロール，派遣店員による価格監視，帳簿等の書類閲覧等を行うこと

（ⅱ）商品に秘密番号を付すなどによって，安売りを行っている流通業者への流通ルートを突き止め，当該流通業者に販売した流通業者に対し，安売り業者に販売しないように要請すること

（ⅲ）安売りを行っている流通業者の商品を買い上げ，当該商品を当該流通業者又はその仕入先である流通業者に対して買い取らせ，又は買上げ費用を請求すること

（ⅳ）安売りを行っている流通業者に対し，安売りについての近隣の流通業者の苦情を取り次ぎ，安売りを行わないように要請すること

　以上のように，メーカーと流通業者との合意によるメーカーの提示価格での販売のほか，メーカーの提示した価格で販売しない場合における経済上の不利益を課す，又は課すことを示唆する等の場合においても，販売価格の拘束に該当し，原則として違法となる。

　再販売価格の拘束に関する審決は数多くみられるが，以下においては公正取引委員会が日産化学工業㈱に対し，排除措置命令を行った事例をとりあげる（平成18年5月22日）。その概要は次のとおりである。

［審決例］

　日産化学工業(株)は正当な理由がないのに，ラウンドアップハイロード3品目の販売に関し，自ら又は取引先卸売業者を通じて，ホームセンターに対し，(ⅰ)要請に応じないときは出荷を停止することを示唆して，同社が定めた希望小売価格で販売するよう要請し，この要請に応じないホームセンターに対し，自ら又は取引先卸売業者を通じて，出荷を停止又はその数量を制限すること，(ⅱ)新規に「ラウンドアップハイロード」の商標を付した5リットル入りボトル又は500ミリリットル入りボトル3本パックを供給するに当たり，希望小売価格で販売することを取引の条件として提示し，これを受け入れたホームセンターに対し当該除草剤を供給することにより，希望小売価格で販売するようにさせていた。

　これに対し，公正取引委員会はこのような行為は再販売価格の拘束に該当し，これを取りやめる等の排除措置命令を行った。

　この事例は，文言上は，メーカーの希望小売価格であるが，小売店に対し希望小売価格を遵守しない場合は，出荷を停止する等，実質上再販売価格を拘束しているものとして，違法と判断したものである。

　次に，委託販売の場合において，販売先に対し最終需要者への販売価格を指示することは，再販売価格の拘束になるのかが問題となる。この点については，「流通・取引慣行ガイドライン」によれば，委託販売の場合であって，受託者は受託商品の保管，代金回収等についての善良な管理者としての注意義務の範囲を超えて商品が減失・毀損した場合や商品が売れ残った場合の危険負担を負うことはないなど，当該取引が委託者の危険負担と計算において行われている場合のように，メーカーの直接の取引先が単なる取次ぎとして機能しており，実質的にみてメーカーが販売していると認められるので，メーカーが当該取引先に対して価格を指示しても，通常，違法とはならないとされる。

　なお，再販売価格の拘束については適用除外がある。現在，独禁法23条4項により，著作物については適用除外となっている。具体的には，書籍，雑誌，新聞，レコード，音楽用テープ，音楽用CDの6品目については再販売価格の拘束，いわゆる定価販売が認められている。

(3) 拘束条件付取引

　一般指定 12 項は,「独禁法二条第九項第四号（再販売価格の拘束）又は前項（排他条件付取引）に該当する行為のほか，相手方とその取引の相手方との取引その他相手方の事業活動を不当に拘束する条件をつけて，当該相手先と取引すること」を「拘束条件付取引」とし，不公正な取引方法とする。

　この規定によれば，再販売価格の拘束や排他条件付取引も拘束条件付取引に含まれるが，この 2 つの行為については，別の規定（再販売価格の拘束は独禁法 2 条 9 項 5 号，排他条件付取引は一般指定 11 項）に定められていることから，12 項はそれ以外における拘束条件付取引を規制するということになる。

　このような意味での拘束条件付取引に該当する行為類型として代表的なものは，流通業者の販売地域に関する制限，流通業者の取引先に関する制限，そして小売業者の販売方法に関する制限である。これらの行為については，「流通・取引慣行ガイドライン」において，非価格制限行為として規制しているので，これとかかわらせて説明することとする。

① 流通業者の販売地域に関する制限

　流通業者の販売地域制限とは，メーカーが流通業者に対して一定の営業地域を割当てることであり，テリトリー制といっている。「流通・取引慣行ガイドライン」では，流通業者の販売地域に関する制限として，次の 4 つを例示している。

（ⅰ）メーカーが流通業者に対して，一定の地域を主たる責任地域として定め，当該地域内において，積極的な販売活動を行うことを義務づけること（主たる責任地域を設定するのみであって，下記（ⅲ）又は（ⅳ）に当たらないもの）（責任地域制）

（ⅱ）メーカーが流通業者に対して店舗等の販売拠点の設置場所を一定地域内に限定したり，販売拠点の設置場所を指定すること（販売拠点を制限するのみであって，下記（ⅲ）又は（ⅳ）に当たらないもの）（販売拠点制）

（ⅲ）メーカーが流通業者に対して，一定の地域を割り当て，地域外での販売を制限すること（厳格な地域制限）

（ⅳ）メーカーが流通業者に対して，一定の地域を割り当て，地域外の顧客

からの求めに応じた販売を制限すること（地域外顧客への販売制限）

上記4つの制限形態のうち，メーカーが商品の効率的な販売拠点の構築やアフターサービス体制の確保等のため，流通業者に対して責任地域制や販売拠点制を採ることは，厳格地域制限又は地域外顧客への販売制限に該当しない限り，違法とはならない。

しかし，市場における有力メーカーが流通業者に対し厳格な地域制限を行い，これによって当該商品の価格が維持されるおそれがある場合には，不公正な取引方法に該当し，違法となる。市場における有力メーカーと認められるかどうかについては，当該市場におけるシェアが10％以上，又はその順位が上位3位以内であることが一応の目安とされる。

また，メーカーが流通業者に対し地域外顧客への販売制限を行い，これによって当該商品の価格が維持されるおそれがある場合には，不公正な取引方法となり，違法となる。では，どのような場合に価格維持効果があるのかについて，「流通・取引慣行ガイドライン」では，次の4つの事項を総合的に考慮して判断するとしている。

（ⅰ）対象商品をめぐるブランド間競争の状況（市場集中度，商品特性，製品差別化の程度，流通経路，新規参入の難易性等）
（ⅱ）対象商品のブランド内競争の状況（価格のバラツキの状況，当該商品を取り扱っている流通業者の業態等）
（ⅲ）制限の対象となる流通業者の数及び市場における地位
（ⅳ）当該制限が流通業者の事業活動に及ぼす影響（制限の程度・態様等）

その具体的な状況として，例えば，市場が寡占的であったり，ブランドごとの製品差別化が進んでいて，ブランド間競争が十分に機能しにくい状況の下で，市場における有力なメーカーによって厳格な地域制限が行われると，当該ブランドの商品をめぐる価格競争が阻害され，当該商品の価格が維持されるおそれが生じることとなるとされる[4]。

②流通業者の取引先に関する制限

流通業者の取引先制限とは，以下のように，例えば，

（ⅰ）メーカーが卸売業者に対して，その販売先である小売業者を特定させ，

小売業者が特定の卸売業者としか取引できないようにすること（帳合取引の義務付け）
（ⅱ）メーカーが流通業者に対して，商品の横流しをしないよう指示すること（仲間取引の禁止）
（ⅲ）メーカーが卸売業者に対して，安売りを行う小売業者への販売を禁止すること（安売り業者への販売禁止）

等があげられる。

上記（ⅰ）から（ⅲ）において，これら行為によって当該商品の価格が維持されるおそれがあることとなる場合には，不公正な取引方法に該当し，違法となる。

③小売業者の販売方法に関する制限

小売業者の販売方法の制限とは，具体的には，メーカーが小売業者に対して，
（ⅰ）商品の説明販売を指示すること
（ⅱ）商品の宅配を指示すること
（ⅲ）商品の品質管理の条件を指示すること
（ⅳ）自社商品専用の販売コーナーや棚場を設けることを指示すること

等があげられる。

メーカーが小売業者に対して，販売方法（販売価格，販売地域及び販売先に関するものを除く）を制限することは，商品の安全性の確保，品質の保持，商標の信用の維持等，当該商品の適切な販売のための合理的な理由が認められ，かつ，他の取引先小売業に対しても同等の条件が課せられている場合には，それ自体は独占禁止法上問題とはならない。

しかし，メーカーが小売業者の販売方法に関する制限を手段として，小売業者の販売価格，競争品の取扱い，販売地域，取引先等についての制限を行っている場合（例えば，当該制限事項を遵守しない小売業者のうち，安売りを行う小売業者に対してのみ，当該制限事項を遵守しないことを理由に出荷停止等を行う場合には，通常，販売方法の制限を手段として販売価格について制限を行っていると判断される）には，再販売価格の拘束，排他条件付取引等で述べた独占禁止法上の考え方に従って違法とされる。

また，販売方法の1つである広告・表示の方法について，次のような制限を行うことは，これによって価格が維持されるおそれがあり，原則として不公正な取引方法に該当し，違法となる。

(ⅰ) メーカーが小売業者に対して，店頭，チラシ等で表示する価格について制限し，又は価格を明示した広告を行うことを禁止すること
(ⅱ) メーカーが自己の取引先である雑誌，新聞等の広告媒体に対して，安売り広告や価格を明示した広告の掲載を拒否させること

以上からみると，販売地域制限および取引先制限は，それが有力メーカーによって行われ，それによって価格が維持される可能性がある場合に，また販売方法の制限は価格維持効果を生じるおそれがある場合に，それぞれ不公正な取引方法に該当し，違法となるということとなる。

5. 取引上の地位の不当利用

取引上の地位の不当利用には，優越的地位の濫用と取引の相手方の役員選任への不当干渉があるが，その中心は優越的地位の濫用である。

(1) 優越的地位の濫用

独禁法2条9項5項に規定する「優越的地位の濫用」とは，「自己の取引上の地位が相手方に優越していることを利用して，正常な商慣習に照らして不当に，次のいずれかに該当する行為をすること」であり，不公正な取引方法とする[5]。

イ 継続して取引する相手方（新たに継続して取引しようとする相手方を含む。ロにおいて同じ）に対して，当該取引に係る商品又は役務以外の商品又は役務を購入させること
ロ 継続して取引する相手方に対して，自己のために金銭，役務その他の経済上の利益を提供させること
ハ 取引の相手方からの取引に係る商品の受領を拒み，取引の相手方から取引に係る商品を受領した後当該商品を当該取引の相手方に引き取らせ，取引の相手方に対して取引の対価の支払いを遅らせ，若しくはその額を減じ，その他取引の相手方に不利益となるように取引の条件を設定し，若し

くは変更し，又は取引を実施すること

上記条文上における「取引上の地位が相手方に優越していること」，即ち，地位の優越性とは，市場全体において優越的地位にあることは必要ではなく，個別取引において取引の相手方に対して優越していればよい。つまり，取引の相手方との関係で相対的優位性があれば足りると解されている。

また濫用とは，優越的地位を利用して，正常な商慣習に照らして不当と評価される場合に限られると解すべきだとされている。

上記の点について，松下（2011, p.203）は，「優越的地位の濫用の禁止は，独占禁止法のいわば外延にあるものであり，それ自体は社会的に重要なものであるが，これをあまりにも厳格に適用すると，かえって競争が阻害されることとなる。この意味から，優越的地位の濫用禁止は，例外的な場合に適用されるべきものであろう」と述べる[6]。

このような見解に対し，公正取引委員会は，平成22年11月30日「優越的地位の濫用に関する独占禁止法上の考え方」（以下，「優越的地位濫用ガイドライン」という）を公表し，優越的地位の濫用規制についての基本的考え方を以下のように述べている。

事業者がどのような条件で取引するかについては，基本的に，取引当事者間の自主的な判断に委ねられる。取引当事者間における自由な交渉の結果，いずれか一方の当事者の取引条件が相手方に比べて又は従前に比べて不利となることは，あらゆる取引において当然起こり得る。

しかし，自己の取引の地位が相手方に優越している一方の当事者が取引の相手方に対し，その地位を利用して，正常な商慣習に照らして不当に不利益を与えることは，当該取引の相手方の自由かつ自主的な判断による取引を阻害するとともに，当然取引の相手方はその競争者との関係において競争上不利となる一方で，行為者はその競争者との関係において競争上有利となるおそれがあるものである。このような行為は，公正な競争を阻害するおそれがあることから，不公正な取引方法となる。

以上のように，公正取引委員会としては，優越的地位の濫用は取引の相手方の自由かつ自主的な判断による取引を阻害し，かつ競争上不利な立場に置かれ

ることから，不公正な取引方法とし，独占禁止法により規制されるというものである。

このガイドラインでは，「自己の取引上の地位が相手方に優越していることを利用して，正常な商慣習に照らして不当に」の考え方を示した上で，独禁法2条9項5号イからハまでのそれぞれに該当する行為の態様ごとに，優越的地位の濫用の考え方を示している。さらに，どのような行為が優越的地位の濫用に該当するのかについて具体的に理解することを助けるために，「具体例」（過去の審決又は排除措置命令において問題となった行為等の例）及び「想定例」（問題となり得る仮定の行為の例。ここに掲げられた行為が独禁法第2条9項5号に該当すれば，優越的地位の濫用として問題となる）をあげている。これらの具体例及び想定例は，具体的なケースを理解するうえで参考となるので，これを参照してもらうこととして，以下では，優越的地位の濫用に該当するとした審決例として，セブン－イレブン・ジャパンの事例をとりあげ，その概要を述べることとする（平成21年6月22日排除命令措置）。

［審決例］

セブン－イレブン・ジャパン（以下，同社という）は，加盟者との間で，加盟者が使用することができる商標等に関する統制，加盟店の経営に関する指導及び援助の内容等について規定する「加盟店基本契約」を締結している。

同社は，加盟店基本契約に基づき，加盟店で販売することを推奨する商品（推奨商品）及びその仕入先を加盟者に提示している。加盟者が当該仕入先から推奨商品を仕入れる場合は同社のシステムを用いて発注，仕入れ，代金決済等の手続を簡便に行うことができるなどの理由により，加盟店で販売される商品のほとんどはすべて推奨商品となっている。

加盟店にとって，同社との取引を継続することができなくなれば事業経営上大きな支障を来たすこととなり，このため，加盟店は同社からの要請に従わざるを得ない立場にある。したがって，同社の取引上の地位は，加盟店に対し優越している。

同社は，加盟店基本契約に基づき，推奨商品についての標準的な販売価格

（推奨価格）を定めてこれを加盟者に提示しているところ，ほとんどすべての加盟者は推奨価格を加盟店で販売する商品の販売価格としている。

　同社は，推奨価格のうちデイリー商品について，メーカー等が定める消費期限又は賞味期限より前に，独自の基準により販売期限を定めているところ，加盟店基本契約等により，加盟者は当該販売期限を経過したデイリー商品についてはすべて廃棄することとされている。

　加盟店で廃棄された商品の原価相当額については，加盟店基本契約に基づき，その全額を加盟者が負担することとされているところ，同社は，同社が加盟者から収受しているロイヤルティの額について，加盟店基本契約に基づき，売上総利益に一定の率を乗じて算定することとし，ロイヤルティの額が加盟店で廃棄された商品の原価相当額の多寡に左右されない方式を採用している。

　同社は，かねてからデイリー商品は推奨価格で販売されるべきとの考え方について，オペレーション・フィールド・カウンセラー（OFC，以下，経営指導員という）をはじめとする従業員に対し，周知徹底を図ってきているところ，加盟店で廃棄された商品の原価相当額の全額が加盟者の負担となる仕組みの下で，

（ⅰ）経営指導員は加盟者でデイリー商品に係る見切り販売を行おうとしていることを知ったときは，当該加盟者に対し，見切り販売を行わないようにさせる

（ⅱ）経営指導員は加盟者が見切り販売を行ったことを知ったときは，当該加盟者に対し，見切り販売を再び行わないようにさせる

（ⅲ）加盟者が前記（ⅰ）又は（ⅱ）にもかかわらず見切り販売を取りやめないときは，経営指導員の上司に当たるディストリクト・マネジャーらは当該加盟者に対し，加盟店基本契約の解除等の不利益な取扱いをする旨を示唆するなどして，見切り販売を行わないよう又は再び行わないようにさせる

など，見切り販売を行おうとし，又は行っている加盟者に対し，見切り販売の取りやめを余儀なくさせている。

　このような行為によって，同社は加盟者自らの合理的な経営判断に基づいて廃棄に係るデイリー商品の原価相当額の負担を軽減する機会を失わせている。

上記のような事実に対して，公正取引委員会は，セブン－イレブン・ジャパンは自己の取引上の地位が加盟者に優越していることを利用して，正常な商慣習に照らして不当に，取引の実施について加盟者に不利益を与えているものであり，これは優越的地位の濫用に該当するとして，排除措置命令を行った。

　優越的地位の濫用は，上記事例のように小売業においてもよくみられ，最近では，例えば（株）島忠に対する件（平成21年6月19日排除措置命令），（株）山陽マルナカに対する件（平成23年6月22日排除措置命令及び課徴金納付命令），（株）エディオンに対する件（平成24年2月16日排除措置命令及び課徴金納付命令）などがある。また，「流通・取引慣行ガイドライン」においても小売業者による優越的地位の濫用行為について判断指針を示している（第2部 第五）。優越的地位の濫用は，事業者が市場全体において優越的地位にあることは必要ではなく，相対的優位性で足りることから，業種を問わずさまざまな行為が優越的地位の濫用の対象となると考える。

(2) 取引の相手方の役員選任への不当干渉

　一般指定13項では，「自己の取引上の地位が相手方に優越していることを利用して，正常な商慣習に照らして不当に，取引の相手方である会社に対し，当該会社役員（独禁法第二条第三項の役員をいう。以下同じ）の選任についてあらかじめ自己の指示に従わせ，又は自己の承認を受けさせること」を「取引の相手方の役員選任への不当干渉」とし，不公正な取引方法とする。平成21年改正前には優越的地位の濫用（一般指定の旧規定14項）の中に規定されていたが，改正後においては一般指定13項として規制されることとなったものである。近時，規制実績がない。

6. 競争者の事業活動の不当妨害

　競争者の事業活動の不当妨害には，競争者に対する取引妨害と競争会社に対する内部干渉がある。

(1) 競争者に対する取引妨害

　一般指定14項は，「自己又は自己が株主若しくは役員である会社と国内において競争関係にある他の事業者とその相手方との取引について，契約の成立の

阻止，契約の不履行その他いかなる方法をもってするかを問わず，その取引を不当に妨害すること」を「競争者に対する取引妨害」とし，不公正な取引方法とする。

つまり，不当に取引を妨害することが公正競争を阻害するとし，その例として契約の成立の阻止，契約の不履行の誘引等をあげている。一般指定14項に関する審決例は少ないが，近年では，国内の輸入総代理店による並行輸入の妨害行為について，一般指定14項を適用して，これを規制する審決例が数件みられる。

(2) 競争会社に対する内部干渉

一般指定15項は，「自己又は自己が株主若しくは役員である会社と国内において競争関係にある会社の株主又は役員に対し，株主権の行使，株式の譲渡，秘密の漏えいその他いかなる方法をもってするかを問わず，その会社の不利益となる行為をするように，不当に誘引し，そそのかし，又は強制すること」を「競争会社に対する内部干渉」とし，不公正な取引方法とする。

例えば，競争会社の株主や役員に金銭を与えて不当に誘引し，競争会社の意思決定や業務執行に影響を及ぼし，その結果，良質廉価な商品を供給するという能率競争をできなくするという例などがこれに当たる。一般指定15項が適用された例は現在のところない。

【注】

1) 不公正な取引方法には，このほかに事業者団体が事業者に不公正な取引方法をさせること，不公正な取引方法に該当する行為を内容とする国際的協定・契約を締結すること，不公正な取引方法によって企業結合をすることも規制されており，いずれも排除措置命令の対象となる。

2) 相談事例集は，「事業者等の活動に係る事前相談制度」により，公正取引委員会が事業者等の事前相談の申出に対し回答した事例をまとめて，公表したものである。この事前相談において，法律の規定に抵触するものではない旨を回答した場合においては，当該相談の対象とされた行為について，法律の規定に抵触することを理由として法的措置がとられることはない。ただし，事前相談申出書等に事実と異なる記載があった場合，又は申出に係る行為と異なる行為が行われた場合等はこの限りではない。

3) 景品表示法4条では，一般消費者に対する不当な景品類及び表示による顧客誘引を

防止するため，①商品又は役務の品質，規格その他の内容について，実際のもの又は他の事業者のものよりも著しく優良と一般消費者に誤認させる表示（優良誤認表示），②商品又は役務の価格その他の取引条件について，同様に著しく有利であると誤認させる表示（有利誤認表示），③商品又は役務の取引に関する事項について一般消費者に誤認されるおそれがある表示であって，内閣総理大臣が指定するものを禁止している。なお，景品表示法の施行権限が，平成21年に公正取引委員会から消費者庁に移管されている。

4) ブランド間競争とは，製造業者A社がXというブランド品を製造し，これを流通業者を通じて販売し，また別の製造業者B社がYというブランド品を製造し，これを流通業者を通じて販売すると，XブランドとYブランド品という異なるブランド品をめぐり，製造業者および流通業者間に競争が生じる。これがブランド間競争である。これに対し，ブランド内競争とは，同一ブランド品を販売する販売業者間の競争である。製造業者1社であっても，ブランド品を扱う販売業者が複数あると，複数の販売業者間に同一ブランドをめぐる競争が生じる。このように複数の販売業者間に存在する競争がブランド内競争である（松下，2011, p.159）。

5) 特定業種にのみ適用される不公正な取引方法（特殊指定）にも優越的地位の濫用の規定が置かれており，優越的地位の濫用の規定がある特殊指定は次のとおりである。
・新聞業における特定の不公正な取引方法（平成11年公正取引委員会告示第9号）
・特定荷主が物品の運送又は保管を委託する場合の特定の不公正な取引方法（平成16年公正取引委員会告示第1号）
・大規模小売業者による納入業者との取引における特定の不公正な取引方法（平成17年公正取引委員会告示第11号）

なお，親企業と下請企業の取引における優越的地位の濫用問題については，「下請代金支払遅延等防止法」で規制され，また小売業者による優越的地位の濫用行為については，「流通・取引慣行ガイドライン」（第2部 第五）において指針が示されている。

6) 村上（2005, pp.137-138）は，優越的地位の濫用の禁止は，日本独自の規制であり，外国には存在しない規制であるため，外国競争法上の事例との比較は不可能であると述べた上で，優越的地位の濫用の禁止は，継続的取引関係にある契約当事者間におけるあらゆる不公正な契約条項や取引慣行を規制対象とすることになりかねない。その限界は明白ではなく，ルールは本質的に曖昧なものとなる。さらに，契約当事者間の個別取引の公平性の確保は，第一次的に一般民事法の役割である。そこで，私法秩序への過剰な介入とならないように留意する必要があると主張する。

第4章
マーケティング

第1節　マーケティングの概念

1．マーケティングの定義とコンセプト
(1) マーケティングの定義

　マーケティングは，20世紀初頭，アメリカにおける資本主義の進展に伴う生産の集中化と大規模化による寡占の形成を通じて生起してきた商品流通，あるいはその流通過程に関する諸問題にいかに対処するかという時代的要請によって生まれてきた概念である。したがって，マーケティング概念はそれぞれの時代の状況や推移に応じて変化し，マーケティングの定義も変遷を重ねてきた。

　アメリカ・マーケティング協会は，今までにマーケティングの定義を数回にわたって提示，そして改訂を行ってきたが，2007年10月に改訂した定義では以下に示すように新たな定義を行っている。

　2007年改訂マーケティングの定義（アメリカ・マーケティング協会）

　　Marketing is the activity, set of institutions, and processes for creating, communicating, delivering and exchanging offerings that have value for customers, clients, partners, and society at large.

　（出所：AMAホームページ「Definition of Marketing」http://www.marketingpower.com/About AMA/Papers/Definition of Marketing.aspx）

　　「邦訳：マーケティングとは，顧客，依頼人，パートナー，社会全体にとって価値のある提供物を創造，伝達，提供および交換するための活動であり，一連の制度，過程である」

2007年のマーケティング改訂定義は，2004年の定義と比べると，顧客との関係性マネジメントのような具体的内容が削除されるなど，全体的に一般的，概括的な内容となっているのが特徴といえるだろう。

アメリカ・マーケティング協会におけるこれまでのマーケティング定義改訂にみられるように，上記に掲げたマーケティング定義も経済社会や市場環境の変化，企業の対市場戦略の拡大化，競争構造・競争条件の変化対応等により，マーケティング領域の拡大あるいは新しい体系化の試みによって，今後変わることが予想される。マーケティングは，上述したように時代的要請によって生まれてきた概念であるからである。

(2) マーケティング・コンセプト

マーケティング・コンセプト (Marketing Concept) とは，マーケティング行為，マーケティング戦略体系，あるいはマーケティング技術といったものではなく，企業経営にあたって必要とされる企業の市場に対する考え方，もしくはアプローチの仕方ということができる。

マーケティングは，企業の市場対応という時代的要請により生まれてきたことから，マーケティング・コンセプトも市場の変化，顧客ニーズの多様化，個性化等とともに変化してきた。今日，マーケティング・コンセプトとは，一般に，選択した標的市場に対して競合他社よりも効果的に顧客価値を生み出し，供給し，コミュニケーションすることが企業目標を達成するための鍵となる，という考え方であると説明されている (Kotler & Keller, 2009, pp.19)。マーケティング・コンセプトが他のコンセプトと大きく異なる点は，外から内への視点，すなわちマーケット・イン (Market-in) の視点に立っていることである。マーケティング・コンセプトでは，顧客を企業の中心とし，社内の全部門が一致協力して顧客に対応し，満足させる顧客志向を実践することが，その中核的概念となる[1]。

2. 顧客価値と顧客満足

企業が顧客を獲得し，かつ競合他社との競争に打ち勝つためには，顧客に製品・サービスがもたらしてくれる価値を提示し，それにより顧客のより大きな

満足を生み出す取り組みが求められる。この意味で、顧客価値と顧客満足は、マーケティングの基本概念である。

(1) 顧客価値 (Customer Value)

顧客は、数ある商品・サービスの中からどれか1つを選択する場合、最も価値がありそうだという判断（評価）のもとで決める。顧客価値とは、総顧客価値と総顧客コストの差である。総顧客価値とは、特定の製品・サービスに顧客が期待するベネフィットを総合したものであり、総顧客コストとは、顧客が製品・サービスを評価、獲得、使用、処分する際に発生すると予測したコストの総計である（コトラー、2000、邦訳、p.45）。ベネフィットには有形、無形のものがあり、コストには金銭的コスト以外にも時間コスト、エネルギーコスト、心理的コストなどといったコストが含まれる。

$$顧客価値 = \frac{ベネフィット（有形および無形）}{コスト（金銭的コスト＋時間的、エネルギー的、心理的などのコスト）}$$

したがって、顧客価値を高めるためには、次の5つの組み合わせが考えられる。

① ベネフィットの増大、コストの削減
② ベネフィットの増大、コストの据え置き
③ ベネフィットの据え置き、コストの削減
④ ベネフィットの縮小、それ以上のコストの削減
⑤ コストの増加、それ以上のベネフィットの増大

①から③は、絶対的価値の増大、④から⑤は、相対的価値の増大をあらわしているといえる。

今日では、多くの製品がコモディティ化しており、顧客にさまざまな選択肢が与えられている。このような状況の下では顧客ニーズに適した製品を生産し、販売する仕組み作りを構築するだけでは競争優位を実現することができない。いくら顧客ニーズに合致していても、競合するライバル企業と同じような内容であったならば、顧客の支持を得られるとは限らない。そこで、顧客を獲得するためには、顧客にとっての明確な価値を生み出し、その価値を顧客に伝

達し，説得することが必要となる。つまり，今日のマーケティング・プロセスは，顧客価値を創造し，伝達し，説得するという顧客価値提供のシークエンス（Sequence）としてとらえることができる（恩蔵，2004，pp.47-48）。

(2) 顧客満足 (Customer Satisfaction)

今日の企業経営にとって顧客満足は大きな目標の1つであり，また重要なマーケティング・ツールである。顧客満足は，ある製品における知覚されたパフォーマンス（あるいは成果）と購買者の期待との相関関係で決まる。製品に対する成果が期待に比べて低ければ，顧客は不満を抱く。成果が期待に見合うものであれば，顧客は満足する。そして，成果が期待以上であれば，顧客は大きな喜びを得る（コトラー，2000，邦訳，p.47）。

顧客の期待は，過去の購買経験，友人の意見，販売員や競合他社から得た情報などが土台となっている。期待値の設定が低すぎると，一部の購買者の満足を得られるかもしれないが，多くの購買者を引き付けることはできない。逆に，期待値の設定が高すぎると，購買者の満足を得ることが難しく，失望してしまう可能性が生じる。したがって，製品のもつ有用性と期待が適切にバランスが取れるような関係をつくることが求められる。

ここで，顧客満足を得るということは，顧客満足を最大化するという意味ではない。顧客満足を獲得するためには，価格を大幅に引き下げる，あるいは品質，サービスを高度に向上させる等の方法を用いれば，顧客満足が得られるかも知れないが，それでは利益を確保することは難しい。マーケティングでは，顧客に価値を提示して満足をもたらし，と同時に自らも利益を得るものでなければならない。

3．マーケティング・ミックス

(1) マーケティング・ミックスの概念と諸要素

マーケティング・ミックス（Marketing Mix）とは，企業が標的市場でマーケティング目標を達成するために用いるマーケティング・ツールの組み合わせである（コトラー，2000，邦訳，pp.20-21）。マーケティング・ミックスは，今日のマーケティング・マネジメント論における基本要素である。

マーケティング・ツールにはいくつか考えられるが，マッカーシー（E. J. McCarthy）は，統制可能なマーケティング要素を4つのP，すなわち製品（Product），価格（Price），流通（Place），プロモーション（Promotion）に分類した。製品では，企業が提供する有形，無形の製品にかかわる課題が検討される。製品ミックスと製品ライン，サービス，ブランド，新製品開発等が扱われる。価格では，製品の価格設定にかかわる課題が検討され，価格設定方針，割引と価格対応，価格変更・管理等が主な内容となる。流通では，製品の伝達にかかわる課題が検討される。チャネル設計・管理，マーケティング・システム，チャネル・コンフリクト，ロジスティクス等が対象となる。プロモーションでは，製品の消費者への購入促進にかかわる課題が検討される。広告，人的販売，販売促進，PR等が含まれる。

　4Pという概念を用いることによって，マーケティングのかかわる諸問題の認識と実践がより的確に行われるという利点が指摘されているが，一方では4Pは買い手の視点に立ったものではなく，売り手の見方を表現したものであるという批判がなされている。この点について，ロバート・ラウターボーン（Robert Lauterborn）は，4Pを設定する前に，4つのCの検討から入るべきだと述べる。4つのCとは，顧客ソリューション（Customer Solution：製品対応），顧客コスト（Customer Cost：価格対応），利便性（Convenience：流通対応），コミュニケーション（Communication：プロモーション対応）である。これら4つのPと4つのCを対応させたマーケティング・ミックスの概念図が図4-1である。

(2) マーケティング・ミックスにおける内的，外的一貫性

　マーケティング・ミックスは，製品，価格，流通，プロモーションといった4Pの単なる寄せ集めではない。マーケティング・マネジメント戦略においては，マーケティング・ミックスを構成する諸要素が相互に内的な整合性がとれていると同時に，企業が直面する外部のマーケティング環境に対しても外的な整合性が確立されていることが必要となる。つまり，マーケティング・ミックスのマネジメントにおいては，この内的な整合性と外的な整合性という2つの局面における整合性を確立することが中心的課題となる。内的整合性はマーケティング・ミックスの内的一貫性，外的整合性はマーケティング・ミックスの

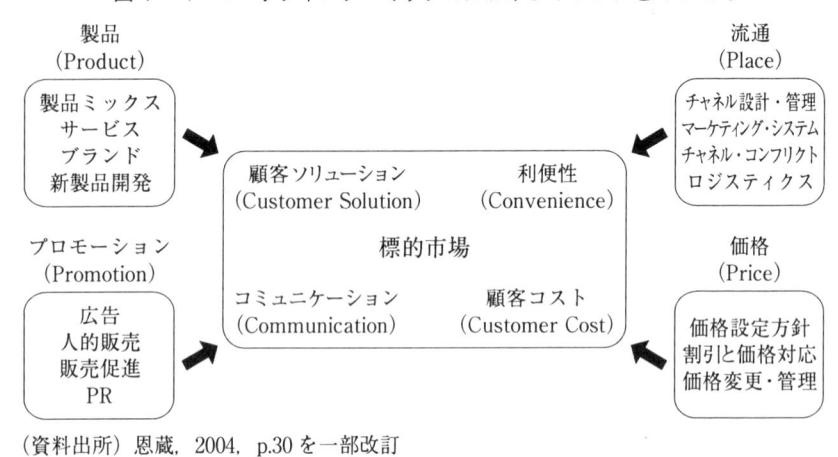

図４−１　マーケティング・ミックスにおける４つのＰと４つのＣ

製品
(Product)

製品ミックス
サービス
ブランド
新製品開発

プロモーション
(Promotion)

広告
人的販売
販売促進
PR

顧客ソリューション
(Customer Solution)

標的市場

コミュニケーション
(Communication)

利便性
(Convenience)

顧客コスト
(Customer Cost)

流通
(Place)

チャネル設計・管理
マーケティング・システム
チャネル・コンフリクト
ロジスティクス

価格
(Price)

価格設定方針
割引と価格対応
価格変更・管理

(資料出所) 恩蔵, 2004, p.30 を一部改訂

外的一貫性と呼ばれることがある。企業が顧客関係の創造・維持を図るためには，マーケティング・ミックスの内的一貫性と外的一貫性の双方が同時に兼ね備えていることが求められるとする (石井・栗木・嶋口・余田, 2004, p.37)。以下，この考え方に沿ってその内容を述べる。

①マーケティング・ミックスの内的一貫性

マーケティング・ミックスの内的一貫性とは，前述したように4Pの諸要素が相互に整合性がとれているということである。この重要性を認識させる例が紹介されている。

「ある大手の消費財メーカーは，流通チャネルのカバー率が小売業全体の20数パーセントしかないにもかかわらず，大量の広告キャンペーンを打って新製品を発売した。その結果は，より高いチャネル・カバーをもつ競争会社の同種製品の売上増に貢献したのみで，自社の新製品の売上には結びつかなかったという。同社の知名度をあげて消費者の足を店頭にまで向けたが，少ない店頭配荷ゆえに，店頭地点で競争会社に売上げを奪われた」というものである (嶋口, 1984, p.154)。このような失敗を回避するためには，大量の広告を打つならば，同時に流通チャネルのカバー率もそれと整合性をもった形で高めておき，広告で商品の存在を知った消費者が近くの小売店ですぐに買えるようにしておくべ

きだったと述べる。

このようにマーケティング・ミックスにおいては，4Pにおける各要素の最適化を個別ごとに追求するだけではなく，それが組み合わさったとき，4Pの各要素が相互に補完し合う関係を構築しなければならない。

②マーケティング・ミックスの外的一貫性

マーケティング・ミックスは内的一貫性と同時に外的一貫性も形成されなければならない。外的一貫性とは，マーケティング・ミックスの諸要素がそれらを取り巻くマーケティング環境と整合性がとれているということである。マーケティング環境との整合性を判断するためには，消費対応，競争対応，取引対応，組織対応という4つの対応を検討することが求められる。

消費対応とは，企業が採用するマーケティング・ミックスは顧客にとって魅力的か，ということであり，競争対応とは，自社が展開するマーケティング・ミックスが競合他社に対して優位性があるか，ということである。ここにおいて，顧客にとって魅力的な製品を提供するだけでは不十分である。競合他社がそれと類似する製品をより低価格で提供してしまったならば，自社製品は売れなくなるかもしれない。それとは逆に，競合他社の製品よりも技術的な面で優れていたとしても，それが顧客にとって満足のいく魅力的なものでなければ，消費の拡大は難しいだろう。このように外的一貫性を実現するためには，買い手にとって魅力的であるという消費対応と競合他社に対する優位性があるという競争対応という2つの条件を満たさなければならない。

さらに，マーケティング・ミックスを実現するための活動は，多くの場合，流通業者，情報サービス業者，金融機関等との取引が必要となる。自社にとって相応しい相手を探し，適切なサービスを安定的に提供してもらうためには一定のコストが必要となる。マーケティング・ミックスを策定するに当たっては，相応しい取引相手の探索，取引内容の交渉，取引関係の締結，取引結果の検証にどれだけの時間と労力がかかるのか検討しなければならない。しかし，取引によってすべてのマーケティング・ミックスを実現する活動を調達できるものではない。自社組織内においてもマーケティング・ミックスに必要な部分を実行する能力がなければ事業は遂行できない。研究開発，生産設備，人的資

源,営業力,資金調達等自社の経営資源や能力等からみて自社組織で実行可能かどうか検討しなければならない。したがって,外的一貫性を実現するための,今1つのマーケティング・ミックスは,取引を結ぶことができるか,という取引対応と自社組織で実行可能であるかどうか,という組織対応の2つの条件が満たされることが必要となる。

第2節　市場機会の分析と発見による戦略策定

マーケティング戦略策定の第1歩は,組織の外側にある関連要素を分析する外部分析と組織の内側にある諸要素を分析する内部分析を通じて,鍵となる成功要因（KSF：Key Success Factors）を把握し,自社にとっての市場機会を見極めようとすることである。

市場機会の分析を行ううえで極めて有益な考えを示してくれるのが,デービット・アーカー（David A. Aaker）が著したStrategic Market ManagementおよびDeveloping Business Strategies等の著作である[2]。アーカーは,外部分析と内部分析を行うことによって,市場の機会と脅威,および戦略的強み,弱みを認識し,それを踏まえて戦略の識別と選択を行うという戦略市場経営（Strategic Market Management）の枠組みを提唱しているが,本節ではアーカーが戦略市場経営の中で示した外部分析と内部分析という戦略的分析の内容を紹介しながら説明し,その後SWOT分析による戦略課題の設定について述べることとする。

1. 外部分析

外部分析（External Analysis）とは,組織の外側にある関連要素を分析することである。そのねらいは,組織が直面している機会と脅威を認識し理解することである。機会とは,適切な戦略を構築して対応することによって,将来の売上・利益の向上が見込まれるような傾向や事象のことである。脅威とは,戦略的対応を欠いたならば,現在の売上・利益が低下してしまうような傾向や事象である。また外部分析によって戦略的な疑問点や問題点を把握し,浮き彫りに

することも，外部分析の今1つのねらいである。外部分析は，顧客分析，競合分析，市場分析，および環境分析に分けられる。

(1) 顧客分析

顧客分析（Customer Analysis）は，大きく顧客セグメント，顧客モチベーション，顧客ニーズの分析からなる。ここで顧客とは，潜在的に購買の意思と能力がある顧客のことを指すが，顧客分析は外部分析の第1歩であり，マーケティング戦略，さらには企業戦略の出発点である。

顧客セグメント分析とは，いわゆる市場細分化のことである。市場細分化とは，顧客はそれぞれ個性をもっており同質的ではないが，ある基準からみると，それぞれの個性を超えた共通の特徴をもっていることがある。そのような共通点に着目して同じようなニーズをもち，同じような反応を示す市場部分（セグメント）に識別し，分解することである。逆にいえば，他のセグメントとは異質な反応を示すセグメントを識別し，分解することである。

市場細分化は，顧客の消費需要が同質ではない，つまり異質集合であるとの認識に立って進められるマーケティング戦略の手法の1つであるが，今日におけるマス・マーケティング（Mass Marketing）からワン・トゥ・ワン・マーケティング（One-to-One Marketing）へという流れの中では，市場細分化は重要な概念であり，顧客分析の出発点であるといえる。

顧客セグメントをどのような基準で行うかは，意外と難しい。難しいという意味は，どのような基準で分類（細分化）するかという選択性の問題と分類するに当たっての変数は考えられる限りいくらでも列挙できるという際限性の問題があるということである。細分化する際の基準は，実務界では軸という言葉で表現されることが多いが，その軸は，一般には地理的軸，人口統計的軸，心理的軸，購買行動軸に分けられることが多い。このような細分化で重要なことは，どのように分類すれば意味のある細分化といえるのか。細分化を行う際の軸の発見こそが，セグメンテーションの中心的課題であるといえる。市場細分化については，第3節において詳述する。

セグメントの顧客グループを識別したならば，次に顧客モチベーションを把握する。同じセグメントの顧客グループであっても，顧客の購買決定の背景に

あるニーズや目的は異なっていることが多いからである。どのようなモチベーションが実際の購買決定に結びついているか，しっかりと把握することが大切である。顧客分析の第3は，顧客ニーズが現在どの程度満たしているか，未充足ニーズはないかを識別することである。持続的競争優位をもつ製品の開発は，顧客の未充足ニーズを明らかにし，それに対応することによって初めて実現されるのである。

(2) 競合分析

競合分析とは，競争業者（競合相手）の分析（Competitor Analysis）である。競合分析は，1つは誰が競合相手であるかを識別，特定することである。現在の競合相手だけでなく，潜在的な競合相手も含まれる。今1つは，競争業者とその戦略を理解することである。

①競合相手の特定

競合相手を特定する方法は，顧客は購買者としてどのような選択を行っているかという顧客の視点から，および関連製品でどれだけ激しく競争しているかという観点から競合相手を識別することである。さらに，類似した競争戦略を取っている，類似した特性をもっている，類似した資産と能力をもっている，というような類似性の観点から競合相手を特定するという方法もある。これら類似した競合相手グループを戦略グループと呼ぶと，戦略グループの間で移動障壁が存在することが多い。たとえば，持続可能な競争優位を確立している戦略グループは，競合他社に対して障壁となるような資産と能力によって，競合から守る，あるいは回避するような戦略を取っている。戦略グループ間の移動障壁を識別することができれば，環境変化が戦略グループに与えるインパクトやグループ構成の変化を予測することができる。同一の戦略グループに属する企業は，環境変化にすべて一様に影響され，かつ一様に反応するからである。

②競合相手の理解

競合相手を識別し特定できたならば，次には競合相手を理解することである。競合相手を理解することは，いくつかのメリットが得られる。第1に，競争業者の現在の戦略的強みと弱みを理解することによって，対応に値する機会と脅威を示唆してくれる可能性がある。第2に，将来の競合相手の戦略を洞察

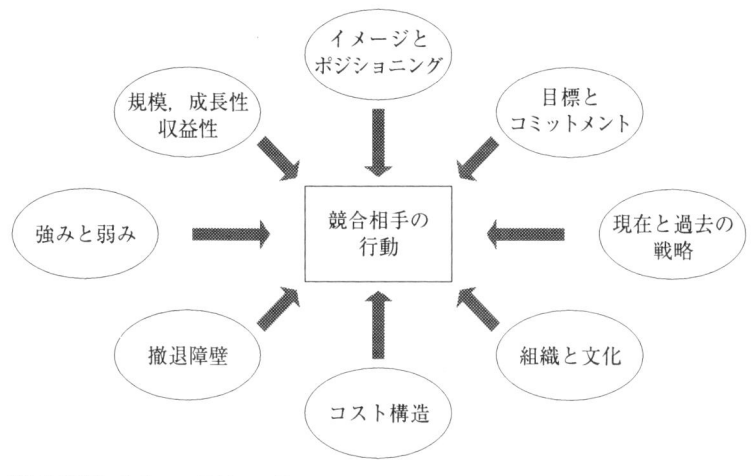

図4-2 競合相手の行動に影響を与える要素

```
       イメージと
       ポジショニング
                        目標と
 規模,成長性              コミットメント
  収益性
                  競合相手の
 強みと弱み  →     行動      ←  現在と過去の
                                戦略

 撤退障壁                    組織と文化
       コスト構造
```

(資料出所) Aaker, 2001, p.63

することによって，脅威と機会への予測を可能にする。第3に，戦略代替案についての意思決定は，重要な競合相手が取るであろう反応を予測する能力によって決まる。最後に，競合分析の結果として，綿密に監視するに値するいくつかの戦略的不確実性の認識に帰着するかも知れない。競合相手の行動は，図4-2に示すように8つの要素によって影響を受けるとされる。

（ⅰ）規模，成長性，収益性

競合相手グループの規模，市場占有率の成長とレベル，および収益性などによって測定される財務的業績は，競合相手の行動に影響を及ぼす。

（ⅱ）イメージとポジショニング

競合相手の製品，品質，技術革新，環境対応等の面におけるイメージ戦略およびそのポジショニング戦略によって，競合相手の行動は影響を受ける。

（ⅲ）目標とコミットメント

競合相手の目標に対する知識は，現在の業績が満足できるものなのかどうか，あるいは戦略の変更がありそうかどうかを予測することができる。競合相手に親会社があれば，その親会社の目標も多いに関係する。

（ⅳ）現在と過去の戦略

競合相手の現在および過去の戦略は吟味すべきである。過去に失敗した戦略は，その経験によって再度同じような戦略は取らないだろうし，また競合相手の新製品や市場における行動パターンは，その将来の成長方向性を予測するのに役立つ。

（ⅴ）組織と文化

競合相手の経営者の経歴や経験等を知ることによって，将来どのような行動を取るか洞察することができる場合がある。また組織の文化は戦略に対して広範囲な影響を及ぼすことが多い。

（ⅵ）コスト構造

競合相手のコスト構造を知ることによって，特に競合相手がローコスト戦略を取っている場合には，競合相手の将来の価格戦略とその持続可能性についての兆候を見つけ出すことができる等情報が得られる。

（ⅶ）撤退障壁

撤退障壁は，企業がある事業領域から撤退できるか否かという点で重大な要素であり，競合による事業へのコミットメントの重要な指標となる。

（ⅷ）強みと弱み

競合相手の強みと弱みを知ることによって，競合相手がさまざまなタイプの戦略をどの程度追求できる能力があるかどうかの洞察を得ることができ，また戦略代替案を識別，あるいは選択するに当たってのプロセスへの重要なインプットとなる。

競合相手の強みと弱みの分析には，革新力，製造，財務，経営，マーケティング，顧客基盤といった領域が含まれるが，これらの要素を細かく分析することによって，競合相手の強みと弱みを明確に把握することが必要とされる。

(3) 市場分析

市場分析（Market Analysis）は，現在および潜在的な市場規模と成長性，市場収益性，コスト構造，流通システム，市場トレンド，主要成功要因を含む。

①市場規模と成長性

市場規模は，市場全体の売上規模でみるとどの程度であるかを知ることは重

要である。現在の市場規模だけでなく，潜在市場を分析することも有益である。しかし潜在市場の分析によって成長の潜在性が明らかであるような場合であっても，この潜在性は資金不足，ノウハウ不足，政府規制等によって，幻影となりうることもあり得ることに留意すべきである。

　市場規模が測定されたら，次はその成長性を予測する。市場における売上予測は不確実性が大きく働く領域であるが，人口統計データ，関連器具の販売状況等の先行指数を用いたり，あるいは製品ライフサイクルにおける売上の推移等を参考にして行うことになる。

②市場収益性

　ある市場あるいはある産業（業界）の収益性は，業界構造によって決まる。これを提唱したのが，マイケル・ポーター（Michael E. Porter）である。業界の収益性を左右する要素として，競争業者（業者間の敵対関係），新規参入業者（新規参入の脅威），供給業者（売り手の交渉力），買い手（買い手の交渉力），および代替品（代替製品・サービスの脅威）の5つをあげる（ポーター，1980，邦訳，p.18）。これら5つの競争要因は，業界の収益性を説明するに当たって重要な意味をもち，5つの競争要因が強ければ強いほど，収益性が下がることになる。

③コスト構造・流通システム・市場トレンド

　市場のコスト構造を理解することによって，現在および将来の鍵となる成功要因を見出すことができる。コスト構造の分析に当たっては，1つには製品の生産段階ごとにどこで付加価値がつくのかを分析することである。競合相手は価値連鎖（Value Chain）の中の付加価値が高い段階で，低コストで操業できる企業になろうと努力するからである。今1つの分析は，経験曲線戦略（Experience Curve Strategies）がどの程度採用可能かを明らかにすることである。

　流通システムの分析においては，流通チャネルの選択肢，流通チャネルのトレンド，チャネル内パワーの存在とキャプテンが含まれる。流通チャネルについては，直接流通チャネルか仲介業者を通じた間接流通チャネルか，あるいはこれらの併用かというチャネルの選択性は，鍵となる成功要因に大きな影響を与える。また流通チャネルは，業界によってパワーの所在地が異なることから，

誰がチャネル・キャプテンかを見極めることが重要である。

さらに市場のトレンドを認識することは有益なことであり，戦略の収益性と鍵となる成功要因の両方に影響を及ぼすからである。

④鍵となる成功要因

以上述べた市場分析によって，鍵となる成功要因を明らかにする。鍵となる成功要因とは，市場で成功裡に競争するための基礎を提供する資産あるいは能力のことである。この成功要因は，戦略上絶対に必要となる資産あるいは能力であり，これを欠く場合は相当な弱みとなるものと，競合相手より優れた資産あるいは能力であって，その企業の優位性の基礎となるものの2種類がある。自社が現在最も重要な資産あるいは能力はどれか，また将来最も重要になるのはどれかを識別することになる。

(4) 環境分析

環境分析（Environmental Analysis）は，企業および市場を取り巻く環境を分析することで，技術，政府規制・政治，経済，文化，人口動態の5つの領域に分けて行われる。

①技　術

市場あるいは産業の外部で生じている技術のトレンドあるいは技術的事象は，それを活かせる企業にとっては機会となるし，また新たな代替技術の出現は脅威となる可能性をもたらすことになるかもしれない。新技術の創出，技術のライフサイクル等を分析することも重要となる。

②政府規制

政府規制の追加または廃止等は企業戦略を左右し，企業にとって脅威になったり，機会となったりする可能性がある。また国際政治の動向は，特に多国籍企業にとっては極めて大きな影響を与える。

③経　済

経済成長，インフレーション，失業等の経済状況は，企業の戦略策定の評価に影響を与える。また多国籍企業が参加している産業では，外国為替相場の予測は重要であり，国際収支その他の要因の分析を行うこととなる。

④文　化

　文化のトレンドは，企業に脅威と機会の両方をもたらす。ライフスタイルの変化は，製品ラインと価格決定戦略に対して重要な意味をもつし，消費者が経済的，文化的に自立すれば，流行に従うファッションの減少を招くことになるであろう。

⑤人口動態

　人口動態のトレンドは，市場の基底をなす力であり，予測可能なものもある。人口動態変数には，年齢，所得，教育，地理的位置等がある。高年齢層の増加は，そのセグメントに適した製品開発が必要となるであろうし，異なる地域への人口移動は証券会社，不動産会社，さらには保険会社のようなサービス企業にとって重要なかかわり合いがでてくる。

2. 内部分析

　内部分析（Internal Analysis）は，前述したとおり組織内部の重要な戦略的側面を詳細に理解することである。組織における戦略上の強みと弱み，制約を認識し，最終的には強みを生かし，あるいは弱みを補正するなどしてその組織にふさわしい戦略を立案することが，内部分析の主要目的である。内部分析は，自社分析といわれるように，大きく業績分析と戦略代替案の決定要因に分かれ，業績分析には，さらに財務業績の分析，非財務業績の分析が含まれる。

(1) 業績分析

①財務業績の分析

　財務業績の分析は，自社の財務要素を分析することであり，事業単位の見通しを立てるための重要なステップである。代表的な財務要素としては，売上，市場シェア，収益性があげられる。

　売上や市場シェアは，市場が今どこに立脚しているかを知る基本尺度になる。またそれは顧客満足と大いに関係する。顧客が自社の製品・サービスに満足すれば，あるいは新しい顧客がロイヤルティをもてば，売上や利益の増加が見込まれる。市場シェアの増加は，規模の経済や経験曲線効果（Experience Curve Effect）により持続可能な競争優位を獲得することにつながり，逆に売上

の減少は顧客基盤の弱体化や規模の経済の逸失をもたらすことになる。

　収益性は，財務業績の分析における重要な尺度である。収益性の分析でよく用いられる指標の1つが，資産利益率（ROA：Return On Assets）である。資産利益率は以下のように算出される。

$$資産利益率 = 売上利益率\left(=\frac{利益}{売上}\right) \times 資産回転率\left(=\frac{売上}{資産}\right)$$

　つまり，資産利益率は，売上利益率と資産回転率に分解することができる。前者は，売上に対してどの程度の利益をあげているかということであり，販売価格とコスト構造に依存する。また後者は，資産がどの程度有効に活用されているかということであり，在庫管理と資産稼動率に依存する。したがって資産利益率は，この2つの側面から分析することとなる。

②非財務業績の分析

　非財務業績の指標としては，顧客満足度やブランド・ロイヤルティ，製品・サービスの品質，ブランド・企業イメージ，相対コスト，新製品開発活動，経営者・従業員の能力と力量が含まれる。これらは，現在および将来の持続可能な競争優位の基礎となり，かつ長期的な利益を図るための資産および能力であるといえる。

　顧客満足度とブランド・ロイヤルティは，企業にとって最も重要な資産である。ブランドを選んだ顧客グループの規模と強さ，競合相手との相対的比較等の分析が求められる。製品・サービスの品質は，顧客の期待，ニーズからみてどの程度の価値があるのか，競合相手のそれと比較・検討する。顧客がブランドや企業をどう見て，どう感じるかというブランド・企業イメージも重要な戦略的資産であることから，定期的にモニターすることが必要である。相対コストの分析は，戦略がコスト優位や対等なコストに基づく場合には，特に重要である。また新製品開発活動においては，継続的な新製品コンセプトの創出，新製品開発に至るまでのプロセス管理，市場への影響度，特許取得件数等を明らかにする。さらに企業の戦略を実行するのは人であるから，経営者・従業員といった人的資源の能力と力量は，戦略の遂行，組織ニーズ等からみて妥当であるか検討する。

(2) 戦略代替案の決定要因

複数の戦略代替案から1つを選択するに際して，どのような特性が重要であるか，あるいは戦略代替案の採用を不可能にしているのはどのような特性に基づくものか，という戦略代替案の決定要因を考慮することも内部分析の今1つのアプローチである。このような戦略代替案の決定要因として，過去および現在の戦略，戦略上の問題点，組織的能力と制約，財務的能力と制約，組織上の強みと弱みがあげられる。

自社分析において過去と現在の戦略の正確な状況を把握することの重要性はいうまでもないことであり，そこにおける戦略上の問題を検討することとなる。組織的能力と制約においては，会社の組織構造，システム，人などの内部組織を戦略の実行と適合の点から考慮することとなる。また財務的資源に当たっては，投資の原資を確保する企業の能力を考慮してその制約を検討することとなる。さらに重要なことは，自社の資産と能力に基づく組織上の強みと弱みを認識することである。具体的には，自社の革新性，製造，財務，マーケティング，顧客基盤，さらには経営陣等について組織上の強みと弱みを分析することとなるが，単に組織上の強みと弱みを認識するだけではなく，競合相手の強みと弱みも分析し，自社の強みと競合相手の弱みを利用し，自社の弱みと競合相手の強みを意味のないものにする戦略の立案へと進めていくことである。

3. SWOT分析と戦略課題の設定

上述したように，外部分析によって市場の機会と脅威を識別し，また内部分析によって自社の強みと弱みを見極めるという作業はSWOT分析と呼ばれる。SWOT分析では，単に過去や現在のトレンドや事象を分析するだけでなく，外部分析による市場の機会と脅威の識別と内部分析による自社の強みと弱みの見極めを行ったうえで，これら4つを組み合わせて適合化することにより，戦略課題を設定することとなる。市場の機会の魅力度，脅威の深刻度と発生確率，また自社の強み，弱みの保有の度合によって，これらを組み合わせた戦略課題は多様化し，細かな対応が求められることとなるが，一般的な戦略課題の設定は表4－1のように例示することができよう。

表4−1 SWOT分析による戦略課題の設定

	自社の強み	自社の弱み
機会	魅力的な市場機会に対し，自社の強みを発揮した事業にはどのようなものがあるか	市場の機会は魅力的であるが，自社には弱みがあるので，その弱みをどう改善すれば，機会を活用できるか
脅威	脅威はあるが，自社の強みでこの脅威を乗り越える方策にはどのようなものがあるか	脅威に対し，自社には弱みがあるため，不測の事態をどのように防御し，あるいは回避するか

　SWOT分析においては，外部分析による機会と脅威の識別という視点と内部分析による自社の強みと弱みという視点のどちらか一方に偏してはならず，両方の視点から同時に，あるいは両方の視点を適切に組み合わせることが必要である。ある特定の環境は機会となるからとか，あるいは自社には独自技術の強みがあるからという理由で，一方に片寄った要素にとらわれて戦略を立案することはバランスに欠ける議論である。また市場の機会は，すべての企業に平等に訪れるわけではない。市場環境の変化が多くの企業にとって市場の機会となる場合であっても，ある企業は大きな市場機会となるかもしれないが，ある企業にとっては小さな市場機会しかならないかもしれない。逆にある企業にとってはむしろ市場の脅威にすらなる可能性もある。さらに，市場の機会と脅威には二面性がある。たとえば規制緩和は規制に守られている業界や企業にとっては脅威のようにみえる。しかし規制緩和によって従来規制されていた業務が新たに展開することができたり，あるいは他業界へ参入することも可能となるなど，機会という側面も併せてもっていることもある。

　このような現象は自社の強みと弱みについてもいえる。一般に流通チャネルがしっかりと構築されていることは強みと解釈することができ，流通チャネルがないことは弱みと認識されるだろう。しかし，既存の流通チャネルがしっかりと構築されているがゆえに，むしろそれが足かせとなって環境変化に適応するような新しい流通システムの設定に踏み切ることができないこともあろうし，逆に流通チャネルがないがゆえに，既存の流通業者の行動にとらわれるこ

となく,新業態の流通システムを作りだすことができるということもあり,実際にそのような形で成功している企業も見受けられる。

つまり,外部分析,内部分析とも単に過去や現状のトレンドや事象を整理して認識するということだけでなく,外部分析と内部分析によって得られた要素を一方に片寄ることなくバランスよく組み合わせながら適合化を図り,脅威と考えられていた要素を機会に変える,あるいは弱みと認識していた要素を強みに転換していくという見方や視点を変えた発想の切り換えによって,市場機会を発見し,戦略課題を設定していくことが求められるといえる。

第3節 市場細分化,ターゲティング,ポジショニング

マーケティング・マネジメント論では,市場を細分化し,それによって区分された市場セグメントに対し適切なターゲットを設定し,そのターゲットにおいて競合製品との比較で顧客の心の中で望ましいポジショニングを設計し,それに適応した製品,価格,流通チャネル,プロモーション活動等についてのマーケティング・ミックス活動計画を策定するというアプローチをとる。この一連の流れにおける「細分化」(Segmentation),「ターゲティング」(Targeting),「ポジショニング」(Positioning) は,その頭文字をとって,STPアプローチと呼ばれる。本章では,細分化-ターゲティング-ポジショニングというSTPアプローチとその相互関係について述べる。

1. 市場細分化
(1) 市場細分化の概念

市場細分化の概念は,マス・マーケティング (Mass Marketing) に対し,市場そのものから遡って考えるというマーケティングの視点転換を迫るものとして発展してきた。マス・マーケティングは,1つの製品をすべての購買者に対し,大量生産,大量流通,大量プロモーションを行って大量消費を呼び込むものである。つまり,マス・マーケティングは商品の均一化,ブランド化を行い,ナショナル・ブランドのマーケティングとして展開するものとして発展してき

た。市場の成長期に当たっては，品質の均一化・安定化，大量生産による単位当たりのコスト削減，大量流通による流通カバレッジの拡大等が成功の条件とされたことから，マス・マーケティングは市場の成長期において積極的に展開された。

　しかし，市場が成熟化してくると，顧客ニーズの多様化，個性化が顕在化するとともに，競争激化等により不特定多数の顧客を平均的な顧客として一元的にとらえることに限界が生じ，マス・マーケティングを行うにしても，不特定多数の顧客がどのようなニーズ，特性，行動様式をもつ顧客であるかを把握することが極めて重要となってきた。そもそも顧客のニーズや特性等は同一的，同質的ではないのである。そこで，顧客一人ひとり違ったニーズ，特性，行動様式に合わせて，それぞれの顧客ごとに個別的に対応するマーケティングが求められ，このようなマーケティングをカスタマイズド・マーケティング (Customized Marketing)，もしくはワン・トゥ・ワン・マーケティング (One-to-One Marketing) と呼んでいるが，このようなマーケティングはそれぞれのニーズに合わせて1つずつ違ったテイラーメード型の製品をつくるということであることから，確かに個々の顧客のニーズに適合するかもしれないが，このような特注品はコストがかかり，したがって高価なものとなることから，これを購買できる顧客は高所得者など特定の顧客層となり，市場としてみると限定されたものとなってしまう。

　しかしながら，確かに顧客一人ひとりはそれぞれの個性，ニーズ，購買行動等が異なるけれども，ある特徴に注目すると類似点や共通点を見つけ出すことができる。そこで，不特定多数の顧客を共通的なニーズをもち，マーケティング・ミックスに対して類似の反応を示すような同質的市場部分にグループ分解し，その特徴を明確化することが市場細分化であり，分解された市場のそれぞれが市場セグメント (Market Segment) である。市場セグメントは，類似したニーズや欲望を共有する顧客グループであり，分解された市場セグメントのうち，自社が狙っている市場をターゲット・セグメント (Target Segment) と呼び，このような市場細分化によってセグメントを特定し，そのセグメントにアプローチするのがセグメント・マーケティング (Segment Marketing) である。

このように，マス・マーケティングとカスタマイズド・マーケティング，もしくはワン・トゥ・ワン・マーケティングの中間線上に位置して展開するセグメント・マーケティングを行うための基礎となる考えが市場細分化である。別の言葉でいえば，市場ニーズを同一ととらえた単一製品の大量生産，大量販売による経済の効率化追求と個々の市場ニーズ満足の徹底的追求という2つの相反関係の妥協点を図ることが市場細分化の哲学であり，この意味では市場細分化はある程度の経済効率が追求される範囲内で同質的なニーズをもつ市場セグメントを導き出す過程であり，その結果が細分化市場となるのである（嶋口，1984，pp.159-160)[3]。つまり，市場細分化とは市場を同質的な部分に細分化して分割するという考えであり，したがって細分化された市場内では共通なニーズをもち，製品の認識，価値観，購買行動等は同質的であるが，他方細分化された市場間ではこれらの要素は異質的である，というのが市場細分化の基本原理であるといえる。

(2) 市場細分化の基準

細分化された同一セグメントでは同質的，セグメント間は異質な反応を示すような細分化の基準，即ちどのような細分化変数によって市場を細分化するかは極めて困難な作業であるとともに，市場細分化の有効性はこの変数の発見と抽出によって決まるといっても過言ではない。

市場細分化についての基準アプローチは，2つの方法によって収斂されている。1つは，細分化に際して既存製品から出発する方法，つまりある特定の製品を取り上げ，その製品の多様なブランドの購買者間に差異があるか否か，ないしはどのファクターが重要か，などを研究する方法である。今1つは，あらかじめ想定された重要と思われる細分化基準で市場を区分し，それらの細分市場間に差異が出るような情報を各細分市場ごとに集め分析する方法である（嶋口，1984，p.162)。

市場細分化の基準については，上記2つのアプローチのいずれか，あるいは組み合わせながら実に多くの方法がとられているが[4]，消費財市場においては一般に表4－2のような細分化の基準が紹介されている。ここで示した細分化基準は，地理的変数，人口統計的変数，心理的変数，購買行動変数という大き

表4-2 主要変数による細分化基準と例示的項目（消費者市場）

変数	例示的項目
地理的変数	
地　　　域	関東，関西，北海道，九州…
都 市 規 模	5万人未満，10万人未満，50万人未満，それ以上
人 口 密 度	都市，郊外，地方
気　　　候	北部，南部，太平洋側，日本海側，など
人口統計的変数	
年　　　齢	6歳未満，6～12歳，13～15歳，16～18歳，19～22歳，23～30歳，……60歳以上
性　　　別	男，女
家 族 数	1～2人，3～4人，5人以上
家族ライフサイクル	若年独身者，若年既婚者子供なし，若年既婚者末子6歳未満，若年既婚者末子6歳以上，高年既婚者子供あり，高年既婚者18歳以下の子供なし，高年独身者，その他
所　　　得	年収300万円未満，300万円～500万円，500万円～800万円，800万円～1,000万円，1,000万円～1,500万円，それ以上
職　　　業	事務職，技術職，専門職，営業職，管理職，公務員，自営業，職人，工具，運転手，農民，定年退職者，学生，主婦，無職
教 育 水 準	中学卒，高校卒，大学卒，大学院卒，など
社 会 階 層	最下層，下級階級，中流階級，上流階級，最上流階層
心理的変数	
ライフスタイル	文化志向，健康志向，自然志向
性　　　格	社交的，権威主義的，野心的
購買行動変数	
購 買 機 会	定期的機会，特別機会
ベ ネ フ ィ ッ ト	経済性，便宜性，迅速性
使 用 者 状 態	非使用者，旧使用者，潜在的使用者，初回使用者，定期的使用者
使 用 頻 度	少量使用者，中程度使用者，大量使用者
ロイヤリティ	無，中間，強，絶対
購 買 準 備 段 階	無知，知識あり，関心あり，願望あり，購買意欲あり
マーケティング要因感受性	品質，価格，サービス，広告，セールス・プロモーション

（資料出所）コトラー＆ケラー，2006，邦訳，p.137をもとに作成

く4つの変数による基準に分けられている。以下，各変数による細分化基準の内容を概説する。

①地理的変数による細分化

　これは，市場を関東と関西といった地域，都市規模，人口密度，気候等という変数によって細分化するものである。地域の違いによって市場の反応は異なり，確かに関東と関西では味の好みが異なり，また気候条件（たとえば北海

道と沖縄における違った気候条件）が異なれば，その地域の消費者のニーズが違ってくるのはむしろ当然であろう。このような地域区分に従ってそれぞれの地域のニーズや特徴に合わせて製品，流通チャネル，広告，販売活動等に関するマーケティングを展開しようとするのが，エリア・マーケティング（Area Marketing）という考えであり，その地域概念は国内だけでなく，多国籍企業等は市場単位を国単位でとらえて，それに取り組んでいる。

　このように，地理的な変数により細分化は変数に属する項目の抽出がしやすいため，比較的容易に行うことができるというメリットがあるが，細分化の1つの目的である個別需要単位のニーズを満足させるという課題にはそぐわない場合も生じるといわれている。もちろんそのことによって，地理的変数による細分化の重要性を損なうものではない。

②人口統計的変数による細分化

　これは，年齢，性別，家族構成，所得，職業，教育水準，社会階層等の変数に基づいて細分化するものである。人口統計的変数は顧客のグループ分けに最もよく使われるが，その理由として，1つには消費者のニーズ，欲求，使用割合と製品やブランドの選好は人口統計的変数と密接に連動して変化すること，今1つには，人口統計的変数が他の変数より測定しやすいことがあげられている。

　性別による差別化は，衣料品，化粧品，雑誌の市場では以前からよく行われているが，男性と女性では態度や行動の志向が異なるからである。市場を年齢とライフサイクル別にグループ分けすることも行われている。これは，年齢やライフサイクル・ステージの異なるグループに対して，それ相応の製品を提供したり，マーケティング・アプローチを変えたりするもので，消費者のニーズは年齢とともに変化するという前提に立っている。また社会階層は，自動車，衣料品，レジャー活動，小売店等に対する選好に強い影響を及ぼす。しかし，社会階層の好みは年月とともに変化することにも注意しなければならない。この他に，所得，職業，教育水準等の変数によって細分化することが行われる。

③心理的変数による細分化

　これは，ライフスタイル，性格という特性に基づいて顧客グループ分けを行

うものである。同一人口統計的変数による細分化グループ内でも，まったく異なる心理的特性を示すことがある。

　ライフスタイルとは，個人やグループの生活価値観に基づく生活のパターンや生活の仕方であり，それに応じて市場を細分化する方法がライフスタイルによる細分化である。ライフスタイルによる細分化は，消費者の製品選択およびブランド選択の理由を説明し，包括的マーケティング戦略，とりわけ広告制作のための情報提供，媒体戦略，新製品機会の示唆などに役立つとされるが，他の細分化基準（使用頻度別，人口統計別等）で区分されたターゲットの性格をさらに質的に求めるような場合に，その有効性が一層発揮されるといわれている。

　また性格という変数を利用することにより，商品に消費者の個性に応じた属性を与え，化粧品，タバコ，保険，酒などの商品では人それぞれの性格に基づいた市場細分化戦略が用いられている。

④購買行動変数による細分化

　これは，購買者を製品に関する知識，態度，使用形態，反応に基づいてグループ分けをするものである。

　購買機会による細分化は，購買者が購入を考える機会，実際に購入する機会，購入した製品を使う機会によってグループ分けするもので，企業が製品の使用法を確立する時に役立つ。また製品に求めるベネフィットを基準にして購買者をグループ分けすることも行われる。例えば，練り歯磨き市場では，経済性（安価），薬効性（虫歯予防），美白効果（白い歯），センス（味がよい）という4つのベネフィット・セグメントがあるとされている。企業は，ベネフィットによる細分化を行うことにより，自社が訴えたいセグメント，そのセグメントの特性，主要な競合ブランドを明らかにすることができ，また新たなベネフィットを掘り出して，それを提供するブランドを打ち出すことができる。

　さらに，よく利用される変数として購買者の特定ブランドに対するロイヤルティで細分化する方法もある。購買者はブランド・ロイヤルティの状態によって，（ⅰ）確固たるロイヤルティを示す消費者（Hard-core-loyals），（ⅱ）ロイヤルティの対象が複数ある消費者（Split loyals），（ⅲ）ロイヤルティの対象が

移り変わる消費者（Shifting loyals），（iv）ロイヤルティがなく移り気な消費者（Switchers），の4つのタイプに分けられる（Kotler & Keller, 2009, p.224）。

このようなブランド・ロイヤルティの程度によって消費者をグループ分けすることによって，確固たるロイヤルティを示す消費者を分析すれば，自社製品の強みが明らかになるし，他方自社ブランドから別のブランドに移っている消費者に着目すれば，自社のマーケティング上の弱みを知ることができ，それを改善することができる。

(3) 効果的な細分化基準の評価

前述したように，市場細分化はいくつかの変数を用いることによってアプローチすることができるが，すべての細分化が効果的であるとは限らず，その有効性は評価されなければならない。市場セグメントが効果的であるためには，以下の5つの主要基準によって評価される（Kotler & Keller, 2009, p.228）。

①測定可能性（Measurable）　セグメントの規模，購買力，特性が測定できる。

②利益確保可能性（Substantial）　セグメントが製品やサービスを提供するのに十分な規模と収益性をもっている。セグメントは，それに適合したマーケティング・プログラムを使って追求するに足る規模の同質集団でなければならない。

③接近可能性（Accessible）　セグメントに効果的に到達し，製品やサービスを提供することができる。

④差別化可能性（Differentiable）　セグメントが概念的に区別でき，マーケティング要素とプログラムが違えば，それに対する反応も異なる。2つのセグメントがある市場提供物に同じような反応を示すならば，この両者は別々のセグメントを構成することにはならない。

⑤実行可能性（Actionable）　効果的なプログラムがセグメントを引き付けて，製品とサービスを提供するために設計できる。

上記のような基準により市場細分化の有効性を評価することによって,市場細分化は実際の戦略や政策の中で効果的に遂行されることとなろう。

2. ターゲティング
(1) 市場セグメントの評価

市場を細分化したならば,次の課題は細分化された市場セグメントのうち,どの市場セグメントを標的市場として選択するか,つまりターゲティングである。標的市場(Target Market)とは,企業が対応しようと決めたニーズまたは特性を共有する購買者の集団である。ターゲティングは市場セグメントを評価することからはじめなければならない。市場セグメントの評価を行うには,セグメントの全体的な魅力と企業の目的および経営資源という2つの要素に注目する。

市場セグメントの全体的な魅力とは,規模,成長性,収益性,規模の経済性,低リスクといった点で,どの程度の魅力的な特性をもっているかということである。セグメントの規模が大きければ,生産力を強化して販売量の拡大を図れるという機会が増えるし,また生産量が確保されれば,1単位当たりのコストが低減できるといった規模の経済性が達成できる。また,現状では市場規模が小さいとしても,将来においては大きくなる可能性がある,つまり市場としての成長性が見込まれるならば,魅力ある市場セグメントとなり,そのセグメントに先行的に参入し先発者優位を獲得するという戦略の下で,その市場セグメントを高く評価する場合もある。

望ましい規模と成長性があっても,収益性の点で魅力に欠けるセグメントもある。たとえば,そのセグメントで既に強力で攻撃的な競合他社が存在しているような場合には,市場シェア獲得競争が激しく,その結果価格競争に巻き込まれて収益性が低下したりすることから,あまり魅力がないということになる。また,そのセグメントに自社製品の代替品が多数存在する,あるいは潜在的に存在するという場合も価格を抑えざるを得ないという状況になってしまう。

このように,市場セグメントの全体的魅力を考えるに当たっては,市場セグ

メントの規模の大きさ，成長性の他に，現在および将来における当該セグメントの競争状態や価格競争の見通しを予測するなど収益性の点からもアプローチする必要がある。

　市場セグメントが魅力的であるといっても，そのセグメントを選択することが自社の目的や経営資源からみて妥当かという点からも考慮しなければならない。標的とするセグメントが企業の長期的目的や本来の使命に合わないとすれば，魅力的なセグメントであるとしても，そのセグメントに参入すべきでないだろう。また，そのセグメントで成功するだけの研究開発能力，生産能力，技術者，ネットワーク，資金力，ブランド力等経営資源が十分かどうか判断しなければならないし，この点における自社の強み，弱みも見極めなければならない。標的とするセグメントで競合他社との競争に勝てるだけの強みがあり，優れた価値を提供し，競争優位に立てる状況であるならば，そのセグメントへの参入という選択は妥当な結論であるといえる。

(2) 市場セグメントの選択と組み合わせ

　各市場セグメントを評価したら，次にはどのセグメントを標的として選択するかという課題である。セグメントの選択に当たっては，細分化した市場の中から1つのセグメントを選択する場合もあるし，いくつかのセグメントを選択して組合わせるという場合もある。その組み合わせのパターンは，1つの製品事業の場合におけるセグメントの組み合わせと複数の製品事業の場合におけるセグメントの組合わせがあり，アプローチの仕方が異なる。

　1つの製品事業の場合における組み合わせとしては，1つの製品事業の中で1つの市場セグメントを標的市場として選択する方法と1つの製品事業の中で複数の市場セグメントを組合わせる方法とがある。前者を集中型マーケティング（Concentrated Marketing），後者を分化型マーケティング（Differentiated Marketing）と呼ばれることがある。

　次に，多様な製品事業を展開している場合，それぞれの製品についてどのように市場セグメントを選択し組み合わせるかについては，2つの方法が考えられる。1つの組合わせパターンは，いずれの製品事業においても共通した市場セグメントを追求する方法である。今1つの組合わせパターンは，各製品事業

においてそれぞれ適切な市場セグメントを選択する方法である。

このように，標的市場選択パターンの分類の仕方にはいくつかの方法があるが，コトラー＆ケラー（2006，邦訳，pp.327-328）は，これらの組み合わせを整理して，図4－3のように5つの組み合わせパターンを提示している。

図4－3　標的市場選択の5つのパターン

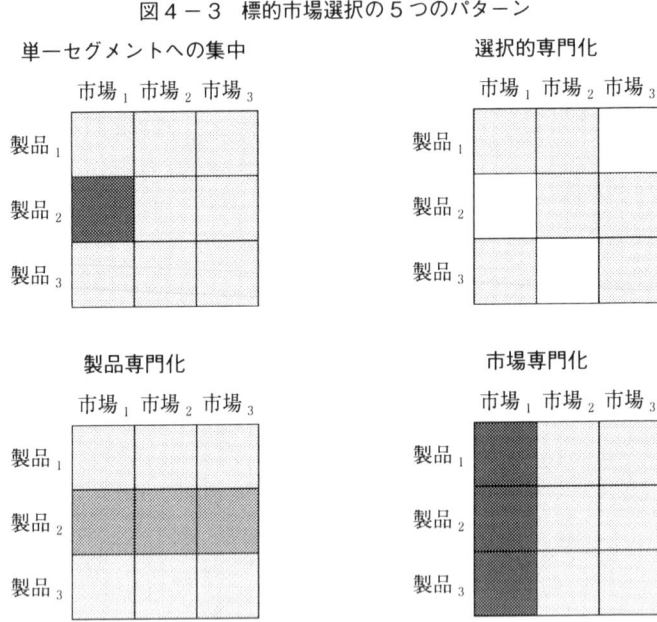

単一セグメントへの集中

選択的専門化

製品専門化

市場専門化

市場のフルカバレッジ

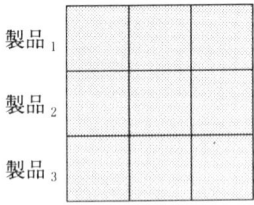

（資料出所）コトラー＆ケラー，2006，邦訳，p.327

①単一セグメントへの集中

　これは，1つのセグメントを選択しそこに特化する方法で，前述した集中型マーケティングに相当するものである。この方法は，特定の市場セグメントに経営資源を集中することによって，当該セグメントにおいて競争優位の獲得をめざそうとするものである。特定セグメントにおける消費者ニーズについて多くの豊富な知識を得て，それを新製品開発に反映させることで，市場において強力な存在感の確立を図る。また，生産，流通，プロモーションを専門化することにより，経済的に事業活動を行うことができる。当該セグメントにおいてトップ企業になれば，企業の投資収益性は高くなる。

　しかし，集中型マーケティングはリスクも高い。競合企業が当該セグメントに参入すれば競争が激化したり，あるいはセグメントにおける需要状況の悪化等環境が変化したりするような場合には，市場リスクの分散を図ることが難しい。そこで，このような理由から多くの企業はセグメントに事業を分散させる行動をとる傾向が強い。ただこのような複数のセグメントに参入する場合に当たっては，自社の経営資源の制約を十分に分析し，規模の経済性だけでなく，範囲の経済性も考慮すべきであるとされている。

②選択的専門化

　これは，企業の目的に照らして魅力的で適切な複数のセグメントを対象に選択する方法で，いわばマルチセグメント戦略といえる。この方法は，セグメント間での相乗効果はほとんどみられないが，それぞれのセグメントに高い収益性の確保が期待され，また企業リスクが分散されるというメリットもある。

③製品専門化

　これは，いくつかのセグメントに販売できる1種類に特化する方法である。たとえば，靴メーカーが子供向け市場，大学生向け市場，中高年向け市場別に，さまざまな靴を提供するような場合である。特定製品分野で高い評価を築けるという反面，ハイテク製品のような場合に，画期的な新製品が出現したときには，それにとって代られるというリスクもある。

④市場専門化

　これは，特定の市場セグメント，つまり特定の顧客集団に特化し，それに対

して多数のニーズを満たすことに集中する方法である。市場セグメントが同一で特定化していることから，チャネルが共通であるうえに，プロモーションが複数の製品について同時に行うことができるので，効率的なマーケティング活動を展開できる。一方，この顧客集団の需要が減少した場合には，売上低下というリスクが生じる。

⑤市場フルカバレッジ

これは，すべての市場セグメントを対象とし，そこで求められているあらゆる製品を提供する，つまり市場のフルカバレッジ戦略である。主として巨大企業によって採用されている。フルカバレッジ戦略は，無差別型マーケティングと差別型マーケティングという2つの戦略で市場がカバーされる。

無差別型マーケティングは，市場セグメント間の違いを無視して，単一の製品やサービスで市場全体の獲得をめざすものである。企業は，最大多数の購買者にアピールする製品やマーケティング・プログラムを設計する。製品ラインが少ないため，生産，流通にかかわるコストを抑えることができるが，すべての消費者が満足する製品やブランドを開発することは難しい。そこで，無差別型マーケティングは低価格の市場セグメントをねらう場合を除いては，あまり効果的でないといわれている。

差別型マーケティングは，複数の市場セグメントをターゲットに定め，それぞれのセグメントに対して異なる製品を設計し提供するものである。市場セグメントごとに製品を開発し，個別のセグメントごとに異なるマーケティング活動を行うことにより，当該セグメントにおける消費者のニーズに適合した製品を適切なマーケティング・ミックスで提供できるため，全体の売上拡大が期待できる。しかし一方で，このような方法で市場セグメントごとに製品開発を行い，マーケティング活動を展開することは，コストの増加という問題が発生する。

3. ポジショニング

(1) 概 念

ターゲティングを終えたならば，次にはマーケティング・ミックスを考える

前に，標的となる顧客が自社製品を選択したくなるようなポジショニングを明確に規定する。

ポジショニングとは，企業の提供物やイメージを標的市場の心の内に特有の位置を占めるよう設計する行為である（Kotler & Keller, 2009, p.268）。ポジショニングは，製品からはじまるが，製品に対して行うものではなく，潜在的ベネフィットが最大になるよう，消費者の心に内にブランドをうまく位置づけることが目的である。消費者は企業側の働きがけがあろうとなかろうと製品に対して心の内にポジショニングをするので，自社製品のポジショニングを偶然まかせにすることはできない。標的市場で自社製品が最も有利になるようなポジショニングを計画しなければならないし，計画どおりのポジショニングを獲得するためのマーケティング・ミックスを設計しなければならない。この意味で，ポジショニングは，マーケティング・ミックスの方針を最終的に決定づけるといえる。

(2) ポジショニングと差別化戦略

ポジショニングは製品自体による差別化を起点とするが，製品自体による差別化だけが製品差別化ではなく，製品差別化には製品とともに提供されるサービスやスタッフを通じての差別化を図る場合もあれば，チャネルや広告によって差別化を行う場合もある。コトラー＆ケラー（2006, 邦訳, pp.398-401）は，差別化変数として，製品，サービス，スタッフ，チャネル，イメージをあげている。

①製品による差別化

製品による差別化とは，製品の属性や物理的特徴などによって差別化を図ることである。差別化の要素としては，形態，特徴，性能，適合品質，耐久性，信頼性，修理可能性，スタイル，デザインがあげられる（コトラー＆ケラー，2006, 邦訳, p.465）。

形態とは，製品の大きさ，形状，あるいは物理的構造といった要素であり，これら要素で差別化する。

特徴とは，製品の基本的な機能を補う多様な特徴であり，消費者がその製品のどこが気に入ったのか，満足度をさらに高めるためにはどのような追加的特

徴がほしいのか，などを消費者にたずねることによって，製品の特徴を見極めることができる。

性能品質とは，当該製品の主要な特徴が機能する水準のことである。相対的な製品品質と投資収益率の間には強い正の相関関係があるといわれているが，だからといって企業は必ずしも可能な限り最高の性能水準を設計する必要はない。標的市場と競合他社の性能水準に応じて，適切な性能を設計すべきであるとされる。

適合品質とは，生産された製品すべてが等しく同一性であり，約束された仕様を満たしている程度のことである。買い手は製品の適合品質が高いことを期待しているので，適合品質が低い場合は，その製品が一部の買い手を失望させてしまうことになる。

耐久性とは，自然な状態あるいは過酷な使用状態で，その製品が機能すると予測される耐用期間のことである。一般に買い手は，耐久性に優れている製品には高額を支払うが，価格があまりにも割高であったり，あるいは技術革新が激しく技術が急速に陳腐化してしまうような製品には高額を支払うことにはならないとされる。

信頼性とは，製品がある一定期間内に誤作動しない，あるいは作動しなくならない見込みのことである。信頼性は製品の中枢部分の1つであり，買い手は信頼性の高い製品に対しては割増価格を支払うだろう。

修理可能性とは，製品が誤作動したり，あるいは作動しなくなった場合における修理の容易さのことである。顧客自らが修理しづらい場合には，企業側が顧客に修理方法や解決のためのアドバイスを与えたり，技術サポートを提供するなどの対応が求められる。

スタイルとは，製品の外観と買い手に与える印象のことである。特に食品，化粧品，トイレタリー等の製品では，スタイルが美的価値として製品差別化の重要な要素の1つとなる。もちろん，スタイルがいくら優れているといっても，それ自体が高性能であることを意味するものではないので，ほかの差別化要素と同様に，バランスを保つことが求められる。

デザインとは，顧客の要求に対して製品の外観と機能に影響を及ぼす特徴の

まとまりをいう。デザインは上記で述べてきた品質すべてを統合したものであり，製品とサービスを差別化し，ポジショニングするための強力な武器となる。
②サービスの差別化

　企業の供給する製品には，サービスを伴う有形財，有形財とサービスの混合型などサービスが含まれていることが多い。したがって製品差別化は，製品とともに提供されるサービスによっても差別化することができ，物理的な製品が容易に差別化できない場合，評価されるサービスの付加とサービスの質の向上が競争に勝つキーポイントとなる。サービスによる差別化の要素としては，主に注文の容易さ，配達，取付，顧客トレーニング，顧客コンサルティング，メンテナンスと修理があげられる（同上邦訳，p.468）。

　注文の容易さとは，顧客がその企業に注文するのにどれだけ容易かということである。たとえば，その企業にわざわざ行かなくても，インターネットや携帯電話などで注文できるというような場合である。

　配達とは，製品やサービスがいかにうまく顧客のもとへ届けられるかということである。この場合，単に届けるだけでなく，顧客が求めるスピード，正確さ，配慮等に応えることが差別化戦略のポイントとなる。

　取付とは，予定された場所で製品を作動させるための作業のことである。特に重量設備，組立設備等の場合は，買い手は十分な取付サービスを期待しているし，配送と取付をワンセットにした特徴のあるサービスを提供して，他社との差別化に取り組んでいる企業もみられる。

　顧客トレーニングとは，売り手の販売する機器，設備を適切かつ効率的に使用できるように，顧客の従業員に対して訓練や研修を行うことである。特に最新型の機器やプラント等は使い方，動かし方，トラブルが生じた場合の対処方法等についてのしっかりとした教育が必要となる。

　顧客コンサルティングとは，売り手が買い手に提供するデータ，情報システム，アドバイス・サービスのことである。たとえば，製品売上状況を分析したデータを示して，アドバイスしたり，効果的な販売促進のための資料を提供するなどである。

　メンテナンスと修理とは，顧客が購入した製品を良好な作動状態に保つため

のサービス・プログラムのことである。製品によっては，しっかりとしたメンテナンスの実施がその製品の価値を継続的に高める方法である場合があり，また最高の修理サービスの提供が受けられるか否かで，売り手の選別が行われることもあり，売り手の中にはこの点を差別化戦略の1つとして位置づけている企業もある。

③スタッフによる差別化

スタッフによる差別化とは，よく教育された従業員を通じての人的要素による差別化であり，製品やサービスはすぐに模倣される可能性があるが，従業員の独特のノウハウ等は模倣されにくく，かつ長時間高く評価されるものである。

よく教育されたスタッフには，コンピタンス（要求される技能と知識をもっている），礼儀正しさ（親しみやすく，丁寧かつ親切である），安心感（信頼できる），信頼性（一貫性のある正確なサービスを行う），迅速な対応（顧客の要求や問題へ迅速に対応する），コミュニケーション（顧客を理解し，わかりやすく伝える努力をしている）という特性をもっている。

④チャネルによる差別化

これは，流通チャネルのカバレッジ，専門技術や専門知識，パフォーマンスを適切に設計することであり，チャネルによる差別化によって，競争優位を獲得しようとするものである。

たとえば，開放型流通チャネル政策を選択し，全国どこでも製品をたやすく購入できるようにすれば，製品の入手の容易さという属性による差別化が可能となるし，他方，選択的流通チャネル政策あるいは排他的流通チャネル政策によってチャネルを厳選ないしは特定し，そのチャネルに対し専門知識や情報を提供したり，あるいは品揃え形成活動を統制することによって，消費者の購買時の利便性や選択可能性を高めることにより，効果的な製品差別化をもたらすことができる。

⑤イメージによる差別化

イメージとは，人々がその企業や製品をどのようにとらえるかということであり，購買者は企業イメージおよび製品イメージにさまざまな反応を見せる。

イメージには，シンボル，メディア，雰囲気，イベントなどが含まれ，これらの要素を用いて購買者に製品の属性を伝達することにより，製品差別化を図ることができる。

(3) 差別化要素のプロモーション対象数

顧客が多数の商品の中から最終的にある製品を選択する時の決定打となる要因をKBF（Key Buy Factor：購買決定要因）といっている。そこで各企業は標的顧客に対して，このKBFに影響を与える差別化要素（たとえばベネフィットや特徴）をいくつプロモーション対象とすべきかを決定しなければならない。

この点については，1つの中心的なベネフィットだけをプロモーションすべきであると主張する意見が多い。ポジショニング・メッセージは一貫した1つの要素とし，各ブランドは1つの属性を選び出し，その属性では「ナンバーワン」であると売り込むべきであるという。ナンバーワンのポジショニングとしては，たとえば「最高の品質」，「最高のサービス」，「最低価格」，「最高の価値」，「最先端の技術」等があり，これらの特性のうちどれか1つに熱心に取組み，一貫してそれを提供し続ける企業は，おそらくその強みで最も有名になり，顧客の記憶に残ることであろう。

しかし実際には，顧客は1つの要因でだけで商品を選択しているかというと，そうともいえないだろう。また，もし2社以上の会社が同一の属性についてそれぞれ自社が最高であると主張する場合もあるであろう。そこで，2つの差別化要素を設定し，それに基づいてポジショニングする，つまりダブルベネフィット・ポジショニングが必要であるという意見もある。たとえば，「どこよりも迅速に対応する」と「最高のメンテナンス」という2つのベネフィットを訴求したり，「最高の品質」と「最高の持久力」を有するというポジショニングの仕方である。

さらに，自社のポジショニング戦略を拡大しようとして，3つの差別化要素，つまりトリプルベネフィット・ポジショニングを追求している企業もみられる。たとえば，この商品は洗浄力，脱臭力，保湿力の3つのベネフィットを有しているというような場合である。この場合，問題となるのは，1つのブランド商品でこの3つのベネフィットすべてを兼ね備えていると，いかにして消費

者に納得してもらうか，という課題である。もちろん，この課題をうまく解決している例もみられるが，企業が自社ブランドについて多くのベネフィットを訴求しすぎると，その真実性を疑い，かえって不信感を買ったり，あるいはポジショニングが不明朗になったりして，ポジショニングに失敗する恐れが生じることなる。

(4) ポジショニングの伝達とマーケティング・ミックスの関係

ポジショニングを選択したら，標的とする消費者に自社が望むポジショニングを伝達し，広めていくための手段を講じなければならない。企業はより良い品質とサービスを基盤としてポジショニングすることを決定したら，そのポジショニングにふさわしい内容を提供しなければならず，企業のマーケティング・ミックスはポジショニング戦略を支援するものでなければならない。製品，価格，流通，コミュニケーションというマーケティング・ミックスの設計には，ポジショニング戦略の詳細な戦略計画を踏まえて行う必要がある。したがって，高品質のポジショニングを占めている企業は，製品戦略では高品質の製品を製造し，価格戦略では高価格を設定する。また流通戦略では質の高いチャネルを選択して提供し，コミュニケーション戦略では高級なメディアを使って広告するという一貫性のある戦略をとらなければならない。

このような企業は，これを実施するためより多くのサービス担当者を雇用して教育訓練し，サービスで評価の高い小売業者を確保し，優秀なサービスを伝達するような販売および広告メッセージを考案する。こうした戦略が一貫した信頼できる高品質，優秀なサービスのポジショニングを構築する唯一の方法である。

さらに，企業は希望のポジショニングを選択し，構築したならば，一貫したパフォーマンスとコミュニケーションでそのポジションを維持するようにしなければならず，それと同時に自社のポジショニングを絶えず注視し，かつ観察し，時の経過とともに変化する消費者のニーズや競合他社の戦略に適合していくことが必要である。

第4節　製品ライフサイクルとマーケティング戦略

1．製品ライフサイクルの概念
(1) 製品ライフサイクルの考え方と4つの段階

　製品ライフサイクル（PLC：Product Life Cycle）とは，人（ヒト）の一生が誕生からはじまって思春期 → 青年期 → 壮年期 → 熟年期 → 老年期を経て，最終的には死を迎えるというライフサイクルを描くように，製品も市場に導入され，それが市場に受け入れられたとしても，やがては市場から姿を消す，つまり製品にも寿命があり，その寿命には一定のサイクルがあるという考え方である。

　一般に，製品ライフサイクルは，売上高，利益，単位当たりコストについて図4－4に示すようなS字型曲線として描くことができるとされる。そしてこの曲線は時間の経過とともに，導入期，成長期，成熟期，衰退期という4つの段階に分けられる[5]。

　導入期（Introduction Stage）は，製品が市場に導入され，しばらくの間売上

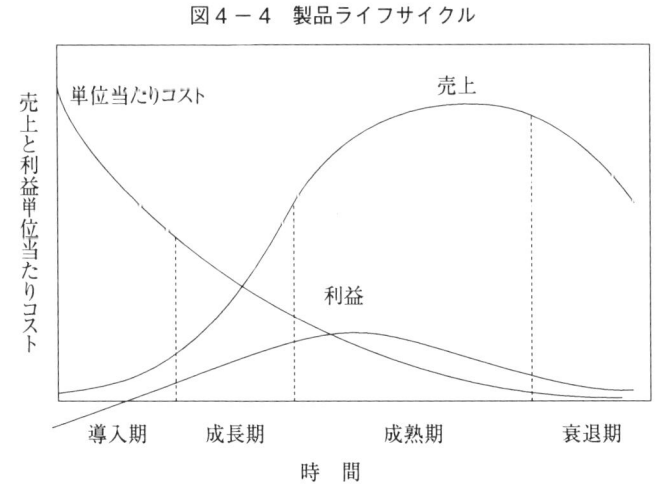

図4－4　製品ライフサイクル

（資料出所）コトラー＆ケラー，2006，邦訳，p.403 によって作成

は低調であるが,やがて売上がゆっくりと成長する期間である。この段階は製品の市場導入に伴う費用を多く要するため,利益はマイナス,あるいは少ない。成長期 (Growth Stage) は,製品が急速に受け入れられ,売上が大きく伸び,利益も向上する時期である。成熟期 (Maturity Stage) は,製品がすでに潜在的な買い手のほとんどに受け入れられてしまったために売上はピークに達しており,次第にその成長率が衰える時期である。この期間は,利益は安定するか,または競争激化により減少する。衰退期 (Decline Stage) は,製品の売上が低下傾向を示し,利益も減少する時期である。

　製品ライフサイクルを4つの段階に分けているが,このモデルには2つの想定がおかれている (高嶋・桑原,2008,p.75)。第1は,製品ライフサイクルが示す4つの段階は,その順番が共通しており,製品によって順番が変わることがないということである。したがって各段階ごとに,次にはどのような段階がくるのか予測できることになる。第2に,売上成長率は各段階を通じて連続的に変化するが,それぞれの段階の中では市場の状態は同じような傾向を示して安定していると考えるのである。つまり各段階ごとに共通してみられる市場の状態,特徴をとらえることで,それぞれの段階に合わせた適切な戦略を打ち出すことができることになる。

　このように製品ライフサイクルは,一方では4つの段階ごとにその違いに注目するとともに,他方では各段階間で取るべき戦略を転換する必要性を強調し,各段階に応じたマーケティング活動を行うというモデルとなっている。もちろん,すべての製品が図4-4に示したものとまったく同じような曲線を描くことはあり得ないし,現実はさまざまな形の曲線を描いたサイクルとなるだろう。しかしそれでも,製品ライフサイクルがたとえラフな形であっても,何らかのパターンを描くことが認められれば,各段階ごとにどのようなマーケティング戦略を構築すればよいかを示唆してくれるので,その点ではこの製品ライフサイクルのモデルは十分な意義があるといえる。

(2) 市場の変化の要因

　上述したように,製品ライフサイクルは市場の状態が時間の経過によって変化するという考え方に基づくが,なぜそのように変化するだろうか。その要因

は，供給者側，および需要者側の双方が変化するからである。

　供給者側，つまり生産者側においては，まず業界内の産業構造が変化する。導入期においては，最初に製品開発をした企業は独占状態であるが，その後成長期になって多くの企業が参入し，成熟期になるとこれら企業は競争の過程で淘汰され，業界が寡占に向かう中で，参入障壁が形成されるという産業構造の変化がみられるようになる。このような産業構造の変化が企業の競争優位獲得のための，さまざまなマーケティング活動を要請することとなり，その影響を受けて市場の状況は変化するといえよう。次に，生産者側の製品差別化戦略の変化があげられる。製品の市場導入期や成長期の間では，各企業が新製品における技術革新や生産プロセスの革新を図るため，製品属性についての差別化が行われる。しかし，各企業が成熟期を迎える時期になると，差別化をもたらす技術革新の頻度が低下し，規模の経済性や生産プロセスの革新において優位性を確保しようとする行動をとり，高い市場シェアを獲得するようになり，こうした行動が市場の状況を変化させることとなる。

　需要者側，つまり消費者側も時間の経過とともに変化する。まず消費者個人における変化があげられる。製品が市場に導入されはじめた頃は，消費者のほとんどはその製品に対する情報をもち合わせていないが，時間の経過とともに製品知識が蓄積されて，製品の理解度が変化する。このような消費者個人の製品に対する認識の変化が市場の状態を変化させる。次に，消費者の購買行動における意思決定プロセスが変化する。同一の消費者であっても，時間の経過とともに購買行動は変化する。消費者は製品に対する知識の修得や購入経験の積み重ねによって，購買に際しての意思決定プロセスを変えていく。消費者は新製品が導入された場合，それは自分のニーズをどのように満たしてくれるか，どのようなブランドが自分のニーズに適しているか等，時間をかけながら情報を収集して購買の意思決定を行うだろう。他方，購買経験を積んで製品の基本的特徴や使用方法を知っている状況の下では，その後に登場した製品については購買の意思決定は単純化，簡素化されるだろう。このような購買行動に関する意思決定プロセスの変化もまた市場の状況を変化させるといえる。

2. 導入期の特徴とマーケティング戦略
(1) 導入期の特徴

　製品の導入期（Introduction Stage）においては，製品に対する消費者の認知があまり進んでおらず，今までの購買行動を変えることに消極的であるため，売上の成長は緩やかである。従って導入期の段階では市場規模が小さいので，売上は少なく，また流通とプロモーションに多くの費用を要するため，利益はマイナスか，あっても少ない。

　しかし消費者の中には新製品ということでの付加価値を認め，積極的にこれを受け入れる消費者層もみられる。このような消費者は革新者と呼ばれ，新製品に対する抵抗感を抱くどころか，冒険心にあふれ，新しいアイディアを試そうとする。このような革新者は少数であるが，市場導入期の最も初期の段階で現れる。これに続いて，新製品を採用する顧客層が出るようになり，これは早期採用者と呼ばれる。この早期採用者は地域や職場などのコミュニティーにおけるオピニオン・リーダー的存在であり，新しい製品やアイディアを早期に採用し，周囲の追随者に情報発信をするという特徴をもっている。

　このように導入期においては，革新者や早期採用者が製品の購買者であるから，市場規模は小さく，市場の拡張も遅い。したがって，導入期の市場は製品開発を行った企業がしばらく独占し，上述のような購買者層やこれらに続く追随者が少しずつ拡大していくにつれて，他の企業が追随して現れるというのが，一般的な傾向である。

(2) 先発優位性

　新製品の導入に当たって考慮しなければならないことは，市場導入の順序である。一般に先発者の方がその後の競争の中で優位に立てるといわれている。他者に先発して新製品を市場導入することのメリットは，経験曲線効果（Experience Curve Effect）により有利なコスト競争を展開できる，切り換えコストが発生するため先発ブランドへの固執が生じる，供給業者や流通業者との排他的取引を先行して行うことができる等があげられている。

　しかし，先発優位性は必然的なものではないといわれている。先発者の中には失敗しているものもみられ，これら先発者は，（ⅰ）新製品があまりにも未

完成，(ⅱ)ポジショニングが不適切，(ⅲ)強い需要が生まれる前の市場導入，(ⅳ)製品開発コストをかけすぎたことによるイノベーターの資源の枯渇，(ⅴ)自社よりも大きな参入企業と競争するために必要な資源の不足，(ⅵ)管理能力の欠如，(ⅶ)不健全な現状への自己満足等の点でいくつかの弱点があり，逆に成功した模倣者は先発者よりも価格を下げ，製品改良を重ね，さらには激変する市場の力を先発者の追い越しに利用するなどして，成長していたと指摘されている（コトラー＆ケラー，2006，邦訳，p.406）。

もっとも，このような状況がみられるからといって，先発者の優位が減じるものではないだろう。上記の例は先発者の戦略が不十分であったり，あるいは実行上の力不足を露呈したものであり，先発者が抜け目ない多様な戦略を構築し，それを的確に遂行することによって，後発参入者に対して市場導入期におけるリーダーシップを維持することができるといえよう。

(3) マーケティング戦略

導入期のマーケティング戦略は市場拡大である。特に新製品や新技術は，消費者の製品知識に対する認知が少なく，また購買するときにリスクを知覚しやすいため，市場拡大のためには製品認知とリスクの問題を解決しなければならない。

マーケティング・ミックスを中心に具体的な戦略をあげると，製品戦略ではその製品特性や本質サービスを顧客に認知し，理解してもらうことである。そのためには，プロモーション戦略は製品試用の促進を目的とした大規模な販売促進活動を行い，広告においては早期採用者とディーラーに対する製品認知作戦をとることになる。流通戦略については，プロモーションがプッシュ戦略を行うことから，広範囲な流通業者を活用することができないので，選択的流通チャネル，あるいは閉鎖的流通チャネル政策を採用することとなる。

問題は価格戦略である。価格戦略は，一般に高価格政策がとられることになる。導入期においては，製造コストやマーケティング・コストが高く，これを回収するにはこれらコストを上乗せして価格を設定するため，高価格となるのである。特に，革新者や早期採用者は，一般に新製品に対する価格弾力性（Price Elasticity）が小さく，少しくらい高い価格でも購買するという行動をとるので，

この顧客層に対しては高価格を設定し，導入期における初期の製品開発費やプロモーション費等さまざまなコストを早期に回収してしまうという戦略がとられる。このような価格戦略を上澄み吸収戦略と呼んでいる。その意味は，一番美味しい上澄みの部分を先に取ってしまうということである。

これに対し，成長期を早めに迎えるためには，価格弾力性の高い顧客層に市場を拡大させる必要があるとして，短期的な生産コストを下回る低価格を設定する方法も考えられる。このような価格政策は市場浸透戦略と呼ばれている。市場を急速に成長させて，規模の経済性が達成される段階で利益を確保するという価格戦略である。この市場浸透戦略は市場が大きく，顧客が価格に敏感であって，販売数量の増加が見込まれる場合に有効である。

3. 成長期の特徴とマーケティング戦略
(1) 成長期の特徴

新製品が導入されて消費者に受容されるようになると，市場は成長期（Growth Stage）に移行する。成長期は売上が急速に上昇し，それに伴い利益も向上する。早期採用者が購入を続ける一方，新規購入者がそれに続いて製品を買いはじめ，特に口コミなどでよい評判が広がった場合は市場拡大に拍車をかけることになる。また，市場拡大に伴う利益機会を獲得しようとするため，新たな競争企業が市場に参入し競争が激化する。

その一方で，競争相手が増えると流通経路の数が増え，流通が拡大する。この成長期では企業は価格を低下させる方法を一般的に採用するが，それは需要がどの程度速く増加するかによって決まる。広告や販促といったプロモーション費用については，市場への啓蒙を続けながら競争に勝ち抜くために導入期と同じか，あるいは市場の広がりとともに高いレベルで維持，増加することとなる。このような政策をとったとしても，売上が急速に上昇するため，プロモーション費の対売上高比率は低下する。

このように，成長期には売上高の大きさにくらべプロモーション費が相対的に小さくなり，また単位製造原価が下がるため，利益は増加する。

(2) 新規参入企業への対応

　導入期においては，市場拡大の可能性が不確実であるため，市場への参入に慎重な企業が多かったが，成長期になるとこれまでの慎重な態度から脱し，新たなビジネスチャンスをとらえようとして，競争相手が市場に参入してくるようになる。

　これら後発的参入企業は先発企業の技術を模倣したり，その製品を改良することができるため，初期の研究開発費をあまりかけないですむことができる。また成長期への市場拡大の状況を把握することによって，市場における売上の見通しが立ち，それにより生産量の予測がしやすくなり，生産部門への効率的な投資を行うことができる。さらに消費者に対しては，導入期において先発企業が製品の特徴等を理解してもらうような活動を行っていることから，後発的参入企業はそれらの広告や販促活動をある程度省略することができるので，コスト面でも有利となる。

　このような状況の下で，先発企業がその地位を維持，発展させるためには，先発ブランドとしてのイメージや経験効果を最大限活かして，競争相手よりも高い成長率を追求し，市場シェアを高める必要がある。そのためには，自社のブランドを浸透させてブランド選好を獲得することが不可欠となる。ブランド選好のためには，成長期に入っても技術革新を行い，製品技術の優位性に基づく製品差別化を行うことが重要となる。

(3) マーケティング戦略

　成長期におけるマーケティング戦略は，市場シェアの拡大のためにブランド選好を確立するという基本戦略を念頭においてマーケティング・ミックスを構築することが求められる。

　製品戦略は，製品がもつ本質的機能に加えて，2次的機能，あるいは補助的サービスを付加していく。成長期では本質的機能だけでは競合他社との差を訴求することは難しいので，他社と違った2次的，あるいは補助的な部分での製品差別化政策が必要となる。価格戦略は，販売数量の拡大に伴い製造コストが相対的に低下するので，製品を市場により一層浸透させる価格，つまり低価格政策をとることになる。低価格政策によって，さらに市場シェアの拡大も期待

できる。

　流通戦略は，導入期で採用された店頭における説得や推奨の役割が低下し，不特定多数の消費者に販売する必要があるため，開放型チャネル政策を採用するのが一般的である。またプロモーション戦略は，プッシュ型からプル型へと変えていくことが必要である。導入期においては，流通業者による消費者への情報提供という役割があったから，プッシュ型プロモーションが有効であったが，成長期では消費者に対しては広くマスコミなどを利用したプル型プロモーションを活用することによって，市場シェアの拡大を図ることが重要となる。従ってこのことから，成長期においては流通業者へのマージンを減らすことも考慮に入れながら，その分をマス広告の方への配分を増やすという政策もとられることになる。

4. 成熟期の特徴とマーケティング戦略

(1) 成熟期の特徴

　ある時点になると，製品の売上増加率は低下し，製品ライフサイクルは成熟期（Maturity Stage）に入る。成熟期は売上の成長率が鈍化し，やがて売上がわずかな増減を伴いながら横ばいになる段階である。成熟期は，さらに成長成熟，安定成熟，衰退成熟の３つに期間に分けられるとされている。成長成熟期は売上の成長率が低下しはじめ，新たに満たすべき流通チャネルはなくなる。次の安定成熟期には市場飽和のため，１人当たりの売上が横ばいになる。大半の潜在的消費者がすでに製品を試みているため，将来の売上は人口増加と買い替え需要に支配される。さらに衰退成熟期には売上の絶対的レベルが減少しはじめ，顧客が他の製品カテゴリーに流れはじめる。

　前述したように，成熟期における売上増加率は鈍化することから，多くの生産者は販売すべき製品を大量にかかえることになる。このような過剰生産状態の連続は競争激化を招く。競合他社は値下げをはじめ，広告や販促費を増加し，研究開発の予算を増やすなどして，製品改良に取組む。また過剰生産能力から価格競争も発生しやすく，プライベート・ブランド供給のための取引も行われはじめる。

こうした競争激化により，成熟期では競争力の弱い競合他社はその製品事業から撤退し，市場シェアの獲得あるいは維持を重視する基盤のしっかりとした企業がその市場を奪っていく。最終的にその産業を支配するのは，品質，サービスおよびコストの面で競争優位を形成する少数のトップに位置する大企業であり，そうした企業が市場全体に製品を提供し，主に大量生産と低コストによって利益をあげる。これら支配的企業の回りに，特殊な市場に特化したニッチ企業が取り巻くという状況がつくられる。

(2) マーケティング戦略

成熟期における市場では需要が多様化する。したがってこの成熟期におけるマーケティング戦略は，需要の多様化にいかに対応するかが重要となる。その方法として差別化があげられる。差別化は競争を回避する方法であり，それには模倣されない製品差別化と製品差別化に限定されないほかのマーケティング要素にかかわる差別化が含まれる。前者には製品の属性からみた製品差別化が考えられる。すなわち，製品品質，耐久性，信頼性，スタイルといったパフォーマンスを改良したり，製品の実用性，安全性，利便性を高める新しい特徴を付け加えることである。消費者の購買意欲を活性化するために，新しい味，色，成分，パッケージの製品を導入することもこの製品差別化に含まれる。後者については，サービスの差別化，広告やチャネルといったマーケティング要素を通じての差別化があげられる。

次に成熟期においてもなお成長を図るためには，購買者数の増加，購買者の使用量の増加，あるいはその両方を達成することが重要となる。購買者数の増加のためには，現在購買していない購買者を購買者へ転換させることによる購買者数の拡大，新しい市場セグメントへの参入による購買者数の拡大，および競合他社の顧客を奪うことによる購買者数の拡大という方法が考えられる。また購買者の使用量を増加させるためには，(ⅰ) 製品の使用機会を増やす，(ⅱ) 1回当たりの製品使用量を増やす，(ⅲ) 製品を新しい用途に使うなどの方法がある。

マーケティング・ミックスについては，業界における競争の展開状況の相違やマーケティング・ミックスを構築する企業が業界トップのリーダー企業か2

番手以後の企業なのか等，市場における地位によって大きく異なる。

5. 衰退期の特徴とマーケティング戦略
(1) 衰退期の特徴
　ほとんどの製品は時の経過とともに重要が減退し，それに伴って売上も下がってくる。売上が低下する理由は，技術革新，消費者嗜好の変化，競争の激化などさまざまである。売上の衰退はゆっくりと進むかもしれないし，急速に起きるかもしれない。いずれの場合も売上はゼロにまで下降してしまうこともあれば，低いレベルで安定し，数年間その水準を維持することもある。これが衰退期（Decline Stage）の特徴である。

　売上と利益が低下してくると，市場から撤退する企業が出てくる。市場にとどまった企業も需要減少に対応して販売製品の数を減らしていく。比較的小さな市場セグメントやあまり重要でない取引経路を打ち切ったり，あるいは販促費を減らして価格をさらに引き下げることも行われる。

　衰退期において製品を維持する強い理由がない限り，その製品事業を継続することは企業にとって大きな負担となる。というのは，衰退期の製品はマネジメントの手間がかかりすぎ，価格調整や在庫調整が頻繁に必要となる等の損失が発生するからである。他方で，健全な製品の収益性を上げるために使えば，もっと有効に使えるはずの広告と営業活動が奪われてしまう。さらに衰退期の製品を持ち続けると，代替製品の考案が遅れ，この結果過去の主力製品が多くて未来の主力製品が少ないといったアンバランスな製品ミックスを生み出し，将来の企業の基盤を弱めることになる。

(2) マーケティング戦略
　衰退期において取り得るマーケティング戦略は衰退期にある製品を見極めたうえで，以下の戦略が考えられる。

　第1の戦略は需要量をもう一度増大させるために，イノベーションを行うことである。コモディティ化した商品を画期的な新技術を用いて製品を大きく変え，従来の製品と完全に異なる製品であるとして消費者に訴求するのである。しかしイノベーションによって市場需要を再び活性化できればよいが，イノ

ベーションを意図するといっても，衰退期を克服するだけのイノベーションはそう簡単に達成されるものではない。したがって，このイノベーションという戦略はいつでも選択できる方法とはいえない。

　第2の戦略は製品ポジショニングの変更を行うことである。この戦略はその製品の別の使用目的を付与し，まったく別の市場に販売するものである。たとえば，すでに需要が存在しない家庭用白黒テレビのブラウン管をビルの監視用モニターとしてポジショニングし直すことにより需要の拡大を図るというものである。製品ポジショニングの変更によってとらえられる市場はニッチ市場になりやすいことから，一般に需要は小規模であり，その拡大にも限度がある。

　第3の戦略はブランド・ロイヤルティの高い顧客に焦点を絞って，製品供給のほかに，メンテナンスや修理部品の供給を行い続けることである。高いブランド・ロイヤルティをもっている顧客は，現在使っている製品は使い慣れていることから他の代替製品にスイッチすることに抵抗感をもつ等，需要の価格弾力性が低いことが多く，高価格政策を採用しやすい。また製品ラインの絞り込みやマーケティング支出を減らすことによって，相当の利益を確保しやすい。この戦略は衰退期において最も有利な市場セグメントが存続する時，そこに経営資源を集中するという政策である。

　第4の戦略は製品事業の継続を断念し，当該製品市場から撤退することである。自社の目標とする売上が伸びず，利益も確保できないという理由で撤退するのは市場原理からみて合理的であるようにみえるが，実際には難しい問題がある。それは撤退障壁の問題である。生産者は当該製品事業から撤退したいと思っても，流通業者としては顧客ニーズがあり，まだ売上に貢献している製品であるとして，当該製品事業の継続を要求する。しかもその流通業者とは別の製品で取引関係が構築されており，その流通業者のチャネルを切り換えることができない場合は，自社の都合だけで撤退という意思決定を下すことは難しい。それが撤退障壁である。そこで撤退する場合であっても，取引先など関係者に対しては，一定期間の終了まではその製品を継続して提供し，顧客には迷惑をかけないような方法を講じるなどして理解を得る方法が取られることが多くみられる。

6. 製品ライフサイクルに対する批判

　製品ライフサイクルは，既述したとおり製品の寿命は限られており，製品が市場に導入され，市場から姿を消すまでいくつかの段階を経過し，各段階によって売上や利益は上昇したり下降したりするという概念である。

　しかし，製品ライフサイクルの概念については，以下に示すような批判が提起されている（ポーター，1980，邦訳，pp.220-221）。

①ライフサイクルの中の各段階ごとの期間は，業界によって大きな差がある。そしてその業界が現在どの段階にあるかがはっきりとわからないことが多いため，計画手法としての価値が低くなっている。

②業界の成長は必ずしもＳ字型のパターンをとるとは限らない。成熟段階を飛び越えて，成長からいきなり衰退段階へ移行することもある。また衰退期のあとで再び生き返り，成長することもある。さらにはゆっくりした導入期を飛び越えて，いきなり成長期に入るような業界もいくつかみられる。

③企業は，製品イノベーションや製品のポジショニングを変えることによって，成長段階のカーブの形を変えることは可能であり，いろいろなやり方で成長段階を長引かせることができる。ライフサイクルのパターンを必然のものと考えてしまうと，それは企業にとっては自らを縛る好ましくない予言になってしまう。

④ライフサイクルの各段階ごとの競争は，業界によってその性格がさまざまに異なる。たとえば，いくつかの業界では導入段階から参入企業は少数に限定され，それ以降もずっとそのまま推移するものもある。また導入段階では少数のメーカーしかなかったものが次第にメーカーの数が増えてくるような業界もあれば，参入企業の数が最初から非常に多い業界もある。このように業界間での競争パターンがさまざまに異なることから，ライフサイクルの考え方がはたして戦略的な意味をもつのかという疑問がでている。

　上記の批判は，製品ライフサイクルの考え方が業界変化の必然的なパターンのうちの１つについてしか説明できておらず，現実には業界はさまざまな道筋を通って変化していくから，製品ライフサイクルの示すパターンがいつも当てはまるわけではないという点である。

確かに上記の批判には合理的な点があり，製品ライフサイクルが示すS字型曲線は分かりやすい反面，単純すぎてそのまま活用するのは無理であるという問題点もある。しかしこのような限界があるにしても，製品ライフサイクルの概念は，製品ライフサイクルの全過程を計画化することの重要性を示すという意味があり，さらに厳密なタイミングまでは示せないとしても，段階間でのマーケティング活動の切り換えについての指針を導き出すうえで，有効な概念であるいえよう（高嶋・桑原, 2008, p.95）。

【注】

1) コトラー＆ケラーは，ホリスティック・マーケティング・コンセプト（Holistic Marketing Concept）という新しいマーケティング・コンセプトを提唱している。ホリスティック・マーケティング・コンセプトとは，全体観的マーケティング，あるいは全体的マーケティング・コンセプトと和訳されるが，それはリレーションシップ・マーケティング，統合型マーケティング，インターナル・マーケティング，パフォーマンス・マーケティングという4つの構成要素を包括した全体的マーケティングである（Kotler & Keller, 2009, pp.19-20）。

2) Aaker（1984）Strategic Market Management は，これまでのマーケティング戦略論に新たなアプローチを迫る先駆的研究といえるが，その後版を重ね，2007年9月に改訂第8版が出版されている。改訂第8版では，個々の項目の記述内容が変更されているところがみられるが，基本的な内容はあまり変わっていない。なお，アーカーは上記書に先立って1976年に出版された Developing Business Strategies において，既に戦略市場経営について論じており，本書は2001年に第6版が出版されている。

3) 嶋口は，このように市場細分化の意義を述べるが，市場細分化そのものがマーケティング戦略上の市場ターゲット設定に必ずしも直接結びつくものではないとして，市場細分化の有効性をマーケティングの有効性に結びつけるための意図的な努力が必要となると指摘する。その具体的な内容として，市場細分化そのものの性格のほかに，自社資源状況，所与の特性，製品ライフサイクル上の位置，競合他社のマーケティング戦略等をあげている（1984, p.161）。

4) たとえば，アーカーはセグメント定義のアプローチ例として顧客特性（地理的特性，組織タイプ，ライフスタイル，性別，年齢，職業など）と製品に関連したアプローチ（ユーザータイプ，使用度合，求められる便益，価格センシティビティ，用途，ブランドロイヤルティなど）に分けて，セグメント定義上の変数を提示している（Aaker, 2008, p.25）。

5) すべての製品がこのような形をとるものではなく，この例として，「成長急落成熟パターン」，「サイクル・リサイクル・サイクル・パターン」，「波型パターン」という

製品ライフサイクルのパターンが示されている。またスタイル,ファッション等の製品カテゴリーについては,さらに異なったライフサイクルを描くとされ,ファッション製品は,独自性,模倣,大流行,衰退という4つの段階を経るとされる(コトラー & ケラー,2006,邦訳,pp.403-404)。

第5章
流通の仕組みと流通活動

第1節　流通の概念

1．流通の社会的役割

　市場経済における製品市場では，企業が自ら生産した製品を家計に販売するが，この場合，企業は労働，土地，資本といった生産要素を用いて製品を生産する生産者であり，企業が生産した製品を購入，消費する家計は消費者となる。流通は，このような生産と消費の間に介在して，生産と消費の懸隔を架橋し，その橋渡しをすることである。それは，経済活動の中で流通に課せられた社会的役割であり，これを流通課業と呼ぶならば，流通とは流通課業を遂行することである（田村，2001，p.5）。

　今日，われわれが生活に必要な多種多様な商品を必要なときに必要なだけ入手することができるのは，生産―流通―消費という経済システムの中で，流通が生産と消費の間に介在し，両者の橋渡しを行って需給を結合するという機能

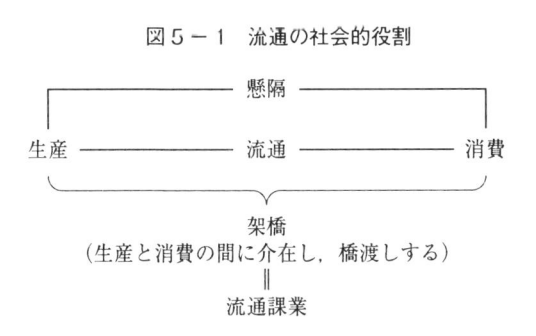

図5－1　流通の社会的役割

```
           ┌──────── 懸隔 ────────┐
    生産 ────────── 流通 ────────── 消費
        └──────────┬──────────┘
                架橋
       （生産と消費の間に介在し，橋渡しする）
                   ‖
                 流通課業
```

を有効に遂行しているからである。

　生産と消費の橋渡しが行われず，需給がうまく結合されなければ，われわれの生活がたちまち行き詰まってことは，想像するに難くないし，また実際にそのような経験もしてきた。

　では，流通が介在する生産と消費とはどのようなものであるか，通常，以下のように説明されている。

①生　産

　生産とは，自然に働きかけて採取，採掘，栽培等をしたり，あるいはこれらを原材料にして製品を製造する活動であり，これらの活動を行うのが生産者である。通常，生産というと加工，あるいは製造する工業を想定するが，採取（水産業），採掘（鉱業），並びに栽培（農業），あるいは飼育（酪農）という活動も生産活動に含まれる。生産活動の主体は企業であり，その生産活動は，産出した財を市場で販売して利益を得ることを目的として行われる。市場において交換を目的として生産される財は，商品と呼ばれる（石原，2002, p.26）。

②消　費

　消費とは，衣食住の基本的欲求やレジャー等の社会的欲求等を充足するために必要な商品を購入することである。消費の単位は，人間としての個人であり，その個人は消費者と呼ばれる。消費とは，使ってなくなってしまうことではなく，例えば，食料品を食べるという商品使用行為によって，自らの身体と生命をつくり出すと積極的に解すべきである。つまり，消費という行為は，消費する側の生命と生活を支えるための生産的行為であるといえる。消費者を「生活者」と呼ぶこともあるが，これは消費者を，生活を創る人と位置づける生産形成的発想によるものである。

　消費の単位は，個人としての消費者に限られるものではない。企業も消費活動を行う。企業は，その生産活動のために種々の財（製品）を購入するからである。企業が購入する財は産業財（Industrial Goods, 生産財ともいう）と呼ばれ，消費者がその消費のために購入する消費財（Consumer Goods）と区別される。産業財とは，機械・設備などの資本財と原材料などの生産財の両方を含めた財である。企業のこのような消費活動は，通常，産業用使用と呼ばれ，産業用使

用を行う企業を産業用使用者といい，個人としての消費者と区別して用いられることが多い。

2. 流通部門における流通活動の担い手

　経済における生産の領域を生産部門，流通の領域を流通部門，消費の領域を消費部門と呼ぶこととすると，それぞれの部門はその担い手と活動という2つの視点からみることができる。

　流通部門は流通業者によって担われ，かれらは専ら流通活動そのものを遂行する。生産部門は主体からみれば生産者によって担われ，活動面からみると，生産活動が主たる業務であるが，生産者が行う広告宣伝活動，あるいは取引先・消費者に対する営業活動は流通活動であるといえる。また，消費部門における主体は消費者である。消費者は消費活動を主として行っているが，流通活動も行っている。例えばウインド・ショッピングを通じて商品の情報を収集したり，自ら自動車を運転して商品を購入，あるいは受取を行う活動は流通活動としてとらえることができる（田村，2001, pp.3-4）。

　このようにみると，流通部門は，担い手からみると，その主体は流通業者であるが，流通活動という側面からみると，流通部門における流通活動には流通業者の活動だけでなく，生産者や消費者の活動の一部にまたがっていることになる。流通活動は生産者や消費者も遂行しており，流通業者だけが行うものではない（図5-2参照）。言い換えれば，流通部門における流通活動は流通業者の独占物ではなく，生産者や消費者による活動行為によって代替され得るのである（田村，2001, p.23）。実際に，産地直売，インターネット通販等では，生産者自らが流通活動を遂行して，生産と消費の橋渡しを行っている。この点は，流通機能の機関代替性として後述する。

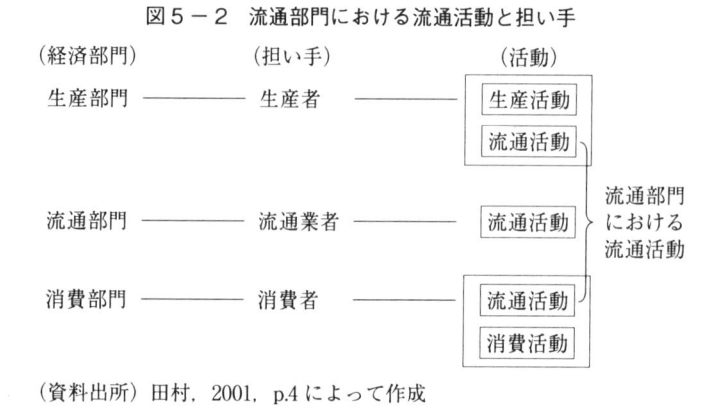

図5-2　流通部門における流通活動と担い手

```
（経済部門）    （担い手）        （活動）
生産部門 ——————  生産者 ——————  ┌生産活動┐
                                └流通活動┘┐
                                          │
流通部門 ——————  流通業者 ————  ┌流通活動┐ ├流通部門
                                          │における
                                          │流通活動
消費部門 ——————  消費者 ——————  ┌流通活動┐┘
                                └消費活動┘
```

（資料出所）田村，2001，p.4 によって作成

3. 生産と消費の懸隔の架橋と流通フロー

　流通部門は，生産と消費の間に介在し，両者の橋渡しをしてそれを繋ぐ部門であるから，生産部門と消費部門と密接に関係している。生産部門は，生産を行う生産者の集まりであるが，彼らはその製品を市場において販売したいと思っている。一方，消費部門は消費者の集まりであるが，自らは製品を生産することなく，生活に必要な製品を購入したいと思っている。市場経済においては，生産者と消費者はこのような相互依存関係に立っているが，それは両者の間で一方では販売したい，他方では購入したいという商品交換の主体が存在していることを示しているだけであって，そのような関係が存在するというだけでは現実の商品交換は生じない。その理由は，生産と消費の間に，以下のような懸隔があるからである（田村，2001，pp.6-8）。

①所有懸隔

　商品の所有権が生産者と消費者で分離していることから生じる懸隔である。つまり，商品の所有権を生産者が所有し，消費者はそれを所有していないということである。消費者は，その商品を消費するためには，その商品の所有権を取得して，自己の所有物としなければならない。人的懸隔ともいう。

②空間懸隔

　生産場所と消費場所が離れていることにより生じる懸隔である。生産者は，

水源・気候等の自然環境，労働力・地価・原材料・部品調達等の社会環境等の諸要因を考慮して生産拠点を決定する。一方，消費者は就業機会や種々の生活条件等の諸要因によって居住場所を決める。この結果，両者の間に空間懸隔が生じる。

③時間懸隔

　生産時点と消費時点が時間的に相違していることにより生じる懸隔である。米は一般に秋に収穫されるが，消費は1年間にわたって行われるというのが典型例である。生産リードタイムも時間懸隔を生じさせる。消費者が必要とする製品を完成させるためには，生産に必要となる一定の時間を要するからである。

④情報懸隔

　生産者の消費部門に対する，あるいは消費者の生産部門に対する情報が不確実性であることにより生じる懸隔である。生産者は商品生産に対する消費者需要についての情報を十分にもっていない，また消費者も商品の供給先等生産部門についての情報が不足しているからである。

⑤価値懸隔

　商品とその提供様式の価格について，生産者の提供価格と消費者の納得価格が相違し，合意が欠如していることにより生じる懸隔である。生産者は競合他社との競争や利益確保の観点から価格を設定するが，消費者はコストと対比したベネフィットの大きさによって納得価格を設定するだろう。両者は一致することもあるが，一致しないことも多くみられる。

　上記のような懸隔がある状態では，生産から消費の流通を生じさせることは難しい。それを克服するためには，両者に間にまたがる懸隔を架橋する必要がある。それが流通フローである。流通フローとは，生産部門から消費部門へ移動する諸要素の流れである。その諸要素とは，所有権，商品，資金（貨幣），情報などであり，これら諸要素が移動する流通フローによって，懸隔が架橋されるのである。

　流通フローは，いくつかの要素に区分されるが，基本的な要素フローは，以下のとおりである（田村，2001，p.9）。

①生産部門から消費部門への商品の所有権の移動（商流）
②生産部門から消費部門への商品それ自体の移動（物流）
③消費部門から生産部門への商品の対価としての資金（貨幣）の移動（資金流）
④生産部門と消費部門の間の双方向的な情報の移動（情報流）

　所有権が移動することにより，所有懸隔は架橋される。価値懸隔も所有権の移動により架橋される。商品が輸送されることにより空間懸隔が，また商品が保管されることにより時間懸隔が，それぞれ架橋される。いずれも場合も商品それ自体の移動により，懸隔が架橋される。資金の移動は，所有権の移動とは逆に消費部門から生産部門へと反対方向に商品の対価として，貨幣が移動するものであるが，資金の移動と所有権の移動とは一対の移動をなしているとみることができる。情報は生産部門と消費部門との間で所有権の移動，商品それ自体の移動にかかわる情報が双方向に移動することにより，情報懸隔が架橋される。

　このように，生産部門と消費部門の間の懸隔が架橋されるよう，所有権が生産部門から消費部門へと移動することを商流，同様に商品それ自体が輸送，保管等により生産部門から消費部門へと移動することを物流，資金（貨幣）が商品の所有権移動の対価として消費部門から生産部門へ移動することを資金流，情報が生産部門と消費部門の間で双方向に移動することを情報流という。ただ，資金流は，所有権の移動に伴って，その対価として資金（貨幣）が移動することから，ここでは，商流の中に含めることとする[1]。

第2節　流通機能と機関代替性

1. 流通機能

　生産と消費の間の懸隔を架橋するためには，流通フローが必要となることは前述したが，しかし，上記に掲げた流通フローは，自動的には生じない。流通フローを生じさせるためには，それに対応した流通活動が必要となる。またそれを担当する流通機関がいる。流通活動の内容は多様であるが，一般には以下のような基本類型が考えられ，これらは流通機能と呼ばれる（矢作，1996，p.28

及び田村，2001，p.9)。流通機能には主に以下に述べるような種類がある。
① 所有権機能

商品の所有権を移転するための売買活動が中心となる。具体的には購買と販売からなる。価格その他の取引条件の交渉もこれに含まれる。
② 物流機能

商品（貨物）の輸送，保管，荷役，包装，在庫管理，流通加工等の活動からなる。
③ 補助機能

補助機能とは，所有権機能と物流機能を促進する活動である。具体的には，(a) 売買代金の決済や代金の支払・回収などにかかわる資金機能，(b) 売買活動による所有権移転と商品の引渡しに生じる，及び購入後における商品の保管に伴う危険負担機能（前者は資金機能と関係し，後者への対応は保険制度と関係することになる）。(c) 取引活動に関する情報を売主，あるいは買主に知らせる情報伝達機能に分けられる。

また，流通機関が流通フローに参加するためには，以下のような流通機能を遂行することが必要となる（田村，2001，p.21)。

すなわち，商流に参加する流通機関は所有権機能と危険負担機能の遂行が必要となる。物流に参加する流通機関は輸送，保管等の物流機能の遂行が必要となる。情報流に参加する流通機関は情報伝達機能の遂行が必要となる。また，すべての流通機関は資金流に参加することになる。

ここで注意すべきことは2つある。1つは，流通フローの参加の状態によって，必要とされる流通機能が付加されるということである。例えば，商流と物流の2つに参加する流通機関は，上記の例でいえば，所有権機能，危険負担機能及び物流機能の3つの機能を遂行することが必要となる。今1つは，流通機関には専ら流通活動そのものを遂行している流通業者だけでなく，生産者や消費者も含まれていることである。この点については，前述したとおりである。

2．流通機能の機関代替性

流通機能の機関代替性とは，流通機能の担当者を異なる流通機関に代えるこ

とができるということである(田村,2001,p.23)。

　一般に,卸売業者や小売業者といった流通業者は,専ら流通機能を遂行する流通機関であるが,機関代替性があるかぎり,彼らのみが流通機能を遂行するわけではなく,この意味で,流通機能の遂行は流通業者の独占物ではないのである。

　すなわち,流通機能の遂行は流通業者のみによって遂行されるとは限らない。生産者も消費者も流通機関として流通機能を遂行する可能性がある。例えば,生産者は生産活動を行うとともに,製品の販売や原材料・部品の購入等に当たって営業活動等の流通活動を行っており,また消費者も消費活動のほかに,彼らが行うウインドショッピングや商品カタログ等によって情報を収集したり,買った商品を自宅まで運ぶという活動は一種の流通活動といえる。これらの活動は,生産者や消費者による流通機能の遂行であり,そのための費用も支出している。つまり,流通業者の行っている流通機能は,卸売業者や小売業者といった流通業者相互間だけでなく,生産者や消費者の機能行為によって代替することができるのである。

　流通チャネルの構造は,大きく直接流通と間接流通に分けられる。図5－3は,直接流通と間接流通に分けて流通チャネルの基本類型を示したものである。

　間接流通とは,1つ以上の流通業者の段階が介在する形態である。図5－3では,3段階チャネルは小売業者が1つ入っている形態で,4段階チャネルは卸売業者と小売業者の2つが入っている形態を示している。間接流通では,生産者と消費者の間に流通業者が中間業者として介在し,その機能行為によって

図5－3　流通チャネルの基本類型(消費財流通の場合)

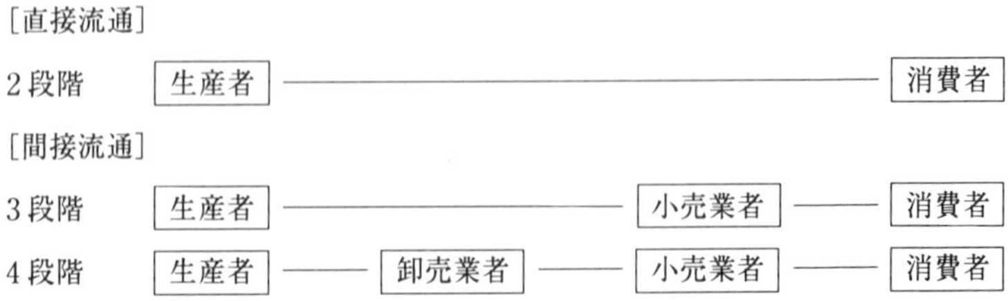

[直接流通]

2段階	生産者			消費者

[間接流通]

3段階	生産者		小売業者	消費者
4段階	生産者	卸売業者	小売業者	消費者

双方の取引の円滑な進行が実現されるが，この場合，流通業者が生産者と消費者の流通機能を代わって行うことになる。

他方，直接流通とは2段階のチャネルであり，生産者と消費者が直接取引を行い，その間に流通業者が介在しない形態である。この場合，生産者と消費者はそれぞれ生産活動，あるいは消費活動だけでなく，取引の成立のためにすべての流通機能を遂行することになる。例えば，生産者は消費者に直接販売するために，流通業者が行なっているような所有権機能，物流機能，危険負担機能，情報伝達機能等の流通機能を担当することになる。つまり，生産者は企業の組織内において，生産機能のほかに流通機能をもつことになり，流通機能は企業内部の管理階層によってコントロールされることになる。製造業者による流通チャネルの組織化などはその典型例であり，この例のように，生産者の機能行為によって機関代替されるのである。

流通機能の機関代替は，流通機関の機能統合と分化をもたらし，また新しい流通機関が登場したり，流通経路の構造が変動することも生じることがある。

第3節 商流と取引

1. 商流と売買取引

(1) 商流の領域

第1節で述べたように，生産部門から消費部門への商品の所有権の移動を商流と呼び，所有権の移動によって所有懸隔が架橋される。所有権の移動は，機能面からみると，所有権を移転するための売買取引活動となってあらわれる。

売買取引は，売主が買主へ商品の所有権を移転し，買主が売主に対してその代金の支払を行うことを内容とするので，売買代金の決済，代金の回収等にかかわる資金流を含むことになる。また，売買取引の成立後，商品の引渡しまでに生じた損害を誰がどのように負担するかという危険負担についても，それは所有権を移転するための活動の一部であると考えられるから，商流の範囲にとなる。さらに，委託販売，交換（バーター取引），買主に対する信用の供与も広く商流の中に含めることができる。

このように，商流には，売買取引に伴う所有権の移転という直接的な機能だけでなく，売買取引にかかわるさまざまな附随的な機能が含まれることになるが，これら附随的な機能は所有権の移動という機能が果たされることにより生じるものであるから，商流の中心は所有権の移動，つまり売買取引ということになる。

(2) 売買取引関係

売買取引は，法的にみれば売買契約という概念であらわされるが，ここでは売買契約という法律上の行為を売買取引，あるいは単に取引という言葉で表現することとする。

売買取引における所有権移転は，所有権を取得する行為（購買）と所有権を譲渡する行為（販売）という2つの面からアプローチすることができる。今日における企業取引（ここでは，企業間売買取引を意味する）は，さまざまな外部の企業との取引関係のもとで売買取引が行われている。

図5－4は，生産者における原材料・部品等の購買から，自社で生産した製品の販売までの取引関係を描いた概念図である。

この図から明らかなように，今日における企業間売買取引は他の組織（外部の企業）との購買を通じた売買取引，及び他の組織との販売を通じた売買取引から成り立っている。例えば，生産者が製品を開発し，それを新製品として販売する場合には，まず製品をつくるための原材料や部品を供給業者から調達しなければならない。また，製品をつくるために新たに生産設備が必要となるときには，機械製造メーカー等から生産設備を購入することも必要となるであろう。これらは，すべて購買による売買取引である。もちろん，購買に当たっては，購買先の信用のリサーチ，価格の妥当性，品質のチェックと確認，納期，代金支払の時期と方法等さまざまな交渉と調整が行われるが，これも売買取引の中に含まれる。

図5-4 生産者の売買取引の例

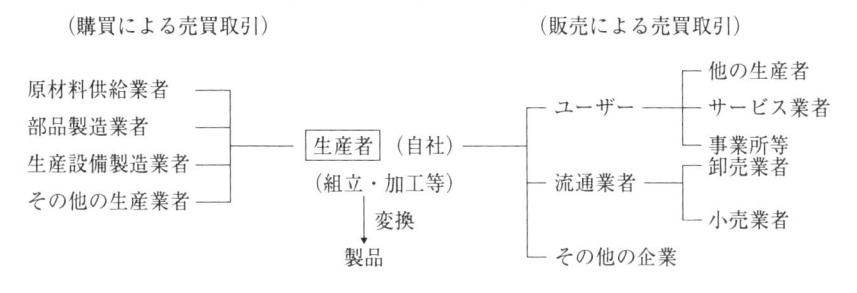

(購買による売買取引)　　　　　　　　　　　(販売による売買取引)

```
原材料供給業者 ─┐                              ┌─ 他の生産者
部品製造業者   ─┤              ┌── ユーザー ──┼─ サービス業者
生産設備製造業者─┼─ 生産者（自社）─┤              └─ 事業所等
その他の生産業者─┘  （組立・加工等） │              ┌─ 卸売業者
                    ↓変換        ├── 流通業者 ──┤
                    製品          │              └─ 小売業者
                                  └─ その他の企業
```

　また，製品が完成し，それを市場に送り出す場合には，製品の形態（産業財か消費財かなど）等によって，その製品を直接使用するユーザーに販売することもあるだろうし，また流通業者にその製品を取り扱ってもらい，これら流通業者を通じて市場に販売することもあるだろう。直接ユーザーに販売する場合と流通業者に取り扱ってもらい，彼らを通じて販売する場合とでは，具体的な取引活動の内容は異なることになろう。直接ユーザーに販売する場合は，一般的に相手側が直接的な使用者であることが多いので，技術的側面や価格，保証，納期，代金決済，危険負担の問題等が主な交渉・調整の対象となるであろう。

　他方，流通業者に取り扱ってもらい，彼らを通じて販売する場合は，委託販売等の場合を除いて，一般には，生産者→（販売）→流通業者→（再販売）→購入者という販売形態がとられるように，生産者の製品は購入者に再販売されるために，流通業者に販売されるのである。つまり，流通業者への販売で完成されるものではなく，購入者に販売されてはじめて，最終的な販売が完了するということになる。したがって，この場合には，生産者としては再販売が実現されるために，流通業者との間で製品の品質，販売価格（再販売価格を含めて），代金支払等のほかに，流通業者への営業支援，商品を取り扱うことのメリット等について，交渉・調整が行われることになる。

　以上述べたように，今日の企業間売買取引は外部にあるほかの組織（外部の企業）との取引関係の存在のもとで成り立っているといえる。

2. 売買取引における取引関係の選択
(1) 組織取引と市場取引

　前頁に掲げた図5－4では，売買取引関係は，企業（生産者）が必要とする原材料や部品等を購買したり，あるいは製品を販売するに当たって外部の組織との取引関係の存在を前提として説明した。しかし，これら取引のすべてが外部の組織との取引によらなければならないというわけではない。自社工場が必要とする原材料や部品の調達を外部の組織に頼らず自社で内製化（内部調達）することもあるだろうし，また，製品の販売を流通業者に取り扱ってもらうのではなく，直営店を設け，あるいはインターネットを通じて，自ら購入者に対して直接販売することもあるだろう。実際に，このような生産活動や取引活動を行っている企業は少なからずみられる。

　つまり，企業は購買による売買取引，あるいは販売による売買取引において，購買又は販売という活動（それは所有権の移転を伴う取引活動である）を自社内（あるいは自社グループ内）で自ら行うか，あるいは外部の組織にゆだねるかという取引関係の選択ができることになる。前者を組織取引（企業内部の組織で購買取引や販売取引が行われることから，組織取引という），後者を市場取引（自社の外側にある企業の組織，つまり市場を利用して，購買取引や販売取引を行うことから，市場取引という）と呼ぶが，組織取引は外部の組織との取引を自社に内部化することから，統合と呼ばれることもある。組織取引は統合を伴うことになる。

　統合とは，従来，別々の企業が遂行していた機能を1つの企業が統合的に遂行することである。この統合が異なる流通段階で行われるとき，それは垂直統合と呼ばれる。例えば，生産者による卸売や小売の段階への統合である。また，同じ流通段階で別々の企業が遂行する異なる機能を1つの企業がそれを統合化するとき，水平統合が生じる。例えば，複数の卸売段階がより少ない卸売段階に統合化されるような卸売部門内部の統合である。

　このように，企業は売買取引に当たって，組織取引によるか，それとも市場取引によるか，2つの方法が存在するので，それを選択することになる。

(2) 取引関係の選択

　組織取引か，市場取引か，この2つの方法のどちらが優れているかは，その

企業が置かれているさまざまな外的・内的環境条件によって異なるであろう。一般に，組織取引か，市場取引かの選択・決定は取引コストと内部化費用の大小で決まるとされる。この点に関して，ウィリアムソン（O. E. Williamson）に代表される取引コストの経済学では，以下のように述べている（和田・恩蔵・三浦，2012，p.249）。

　ウィリアムソンによれば，取引コストとは，製品・サービスの取引にともない取引参加者が負担しなければならない費用のことで，具体的には，情報収集費用，取引契約に係わる費用，取引契約の実行・確認に係わる費用，危険負担にともなう費用等がある。取引コストが生じる理由には，取引当事者の「制約された合理性」と「機会主義的行動」があるとする。「制約された合理性」とは，完全な情報を持たず，完全に合理的な意思決定もできない状況のことをいい，このもとにおかれている取引当事者は，取引契約等の複雑さが増してくると，その複雑さを克服するために多大なコストを必要とする。また，「機会主義的行動」とは，それぞれの取引当事者が自分の組織に有利になるように取引を進めようとする「駆引き」的行動のことをいうが，このような機会主義的行動を取引相手が取りそうだというまさにその可能性が取引を複雑にし，取引コストを高める。取引相手が機会主義的行動，つまり駆引きをしてくる可能性があるなら，相手が提案する取引条件や内容の真意は何かを探索する必要があるだろうし，また取引が締結された後も，決められた内容どおりに実施されているかどうか監視しなければならないだろう。特に，メーカーと卸の間の取引のように取引当事者が少数になってくると，こうした傾向はますます顕著になり，これも取引の複雑さを増して取引コストを増加させる。

　以上にあげた2つの要因が取引を複雑にし，取引コストを増加させる。そこで，市場取引ではなく，組織取引を行えば，取引活動は企業内に内部化され，情報も容易に入手でき，機会主義的行動も減るので，取引コストは減少するという点では，組織取引の有利性は認められる。しかし，組織取引においても，企業内部で行う組織化（例えば，販社の設立等）に伴う投資負担やその管理のための費用が必要となる。したがって，取引コストと組織内部化の費用を秤にかけて，取引コストが大きいならば組織取引を，取引コストが小さいならば市場

取引を，それぞれ選択すればよいということになる。

3. 中間組織
(1) 中間組織の形態

　組織取引は，前述したように，企業内部での取引であるため，逐次的な適応ができること，機会主義的行動の可能性が小さいこと，情報の偏在をコントロールできること，組織内に信頼関係が生まれること等のメリットがあるが，他方で，管理のためのコストや固定費の負担等内部化費用がかかる。これに対応しようとしたのが中間組織（準市場，準組織といわれることもある）である。中間組織とは，広義には，市場取引でも組織取引でもない，いわば両者の中間に位置し，制度的には独立した企業間の取引形態であるといえるが，そこには組織取引でみられるような命令や権限に似た関係が存在する性格をもっているところに特徴がある。

　図5−5は，ウェブスター (Webster) の市場と組織のスペクトラム（変動範囲）における取引形態の分類を参考に矢作敏行教授が作成したものを一部加筆したものである。この図によれば，市場取引と組織取引を両極として中間組織が位置づけられ，その分類として，反復取引，長期取引，パートナーシップ，戦略

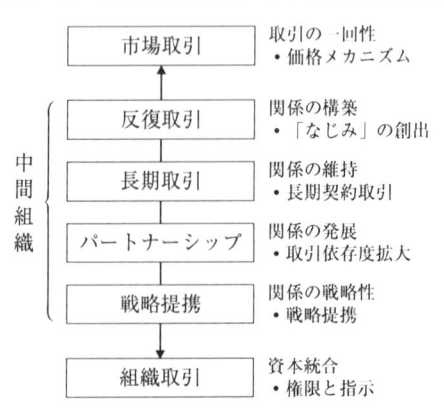

図5−5　市場と組織のスペクトラムと中間組織

市場取引	取引の一回性・価格メカニズム
反復取引	関係の構築・「なじみ」の創出
長期取引	関係の維持・長期契約取引
パートナーシップ	関係の発展・取引依存度拡大
戦略提携	関係の戦略性・戦略提携
組織取引	資本統合・権限と指示

（反復取引，長期取引，パートナーシップ，戦略提携が中間組織）

（資料出所）矢作，1996, p.54

提携がある（矢作，1996，pp.55-59）。

　市場取引は，取引の1回性を原則として，その場かぎりの交換を特徴とする。スポット取引等がその典型である。1回ごとに完結するその場かぎりの関係であるから，機会主義的行動となりやすいので，取引コストは多く発生する。この市場取引に対して，取引が1回かぎりでなく，反復して行われるような反復取引になると，取引当事者間で「なじみ」といった人間関係が構築され，取引関係が安定するので市場取引にくらべ，取引コストは削減される。また，このような反復取引が長期間継続される長期取引では，通常，取引当事者間で継続的取引（売買）契約が結ばれることが多いので，契約という公式的な取引関係にもとでその関係は一層安定する。

　パートナーシップは，取引当事者間関係の相互依存性・長期継続性が大幅に高められた取引形態である。初期のパートナーシップの原型として，ウォルマートとプロクター＆ギャンブル（P＆G）社のQRの取り組みがあげられる。パートナーシップは，取引当事者の継続的取引を前提にし，共同計画の構築等相互依存関係が極めて高められた取引形態といえる。

　パートナーシップに経営戦略が加味されたのが戦略提携であるといわれている。戦略提携は多くの場合，製販提携として具体的にあらわれるが，戦略提携による製販提携は，中間組織の中でも，関係の相互依存性・長期継続性，ネットワーク組織化，関係特定的資産の形成がもっとも進展した段階であり，取引当事者間（例えば，メーカーと小売企業間）で長期的な共通課題（提携課題）の実現をめざして経営資源の相互補完・共有による，競合他社に対する競争優位の確立を図る戦略的な協働関係組織であるといわれている。

(2) 中間組織の長所と限界

　中間組織は，市場取引と組織取引の中間に位置する取引形態で，そこには，取引当事者間の相互依存，長期継続の取引関係がみられる。この中間組織には，以下に述べるような長所と限界があると指摘されている（嶋口・石井，1995，pp.156-158 および石井・栗木・嶋口・余田，2004，pp.288-292）。

①長　　所

　中間組織は，一般に，企業内部の組織取引にくらべ，次のような長所がある。

（ⅰ）環境への適応性

中間組織は，戦略提携のような高度に発達した取引当事者間の垂直的協働関係の形態であったとしても，制度的には，独立した企業組織間の取引システムである。それぞれの組織は，独自の経験と学習を蓄積していることから，異化効果が働いて多様な環境変化に対して適応する能力が高い。

（ⅱ）管理・運営コストの低さ

組織取引は，企業内部で取引が統合されることから，そのための管理・運営コストが必要になるが，中間組織は独立した企業組織間の取引であるから，内部組織で必要となる管理・運営コストは不要になる。

（ⅲ）自立性の発揮

中間組織は，取引当事者がそれぞれ独立企業体として運営されており，自立性・参加意欲が高い。また，それぞれのノウハウ等も相互利用できる。

このような長所があることから，中間組織という取引形態が利用されるのであるが，その反面，以下のような限界もある。

②限　界

（ⅰ）それぞれの企業が取引相手を規制するための直接的な権限や命令をもっていないため，各企業組織がそれぞれの資源を使うことが起こる。

（ⅱ）中間組織で生じた望ましい革新が，組織間システム全体に拡散しないことがある。各企業間の相互依存的・長期継続的で密接な関係から生まれた知識，ノウハウ等は局部的にとどまり，それが，それぞれの企業全体の中で共有されず，したがって，別の企業と取引を行う場合にその知識，ノウハウ等が生かされない。

（ⅲ）安定的な取引関係を求めるあまりに，組織内に統合した場合と同じように経営資源を固定化してしまうと，中間組織のメリットはなくなる。

（ⅳ）取引当事者は密接な関係があるといっても，企業内部の組織ではないので，より有利な条件があれば，その関係性はいつでも解消される可能性がある。また，他方において取引先の一方の失敗に対して，他方は支援できない。

第4節 物流とロジスティクス

1. 物流の概念と物流活動
(1) 物流機能と物流主体

　流通懸隔の中には，①生産場所と消費場所が離れていることにより生ずる懸隔（空間懸隔）および②生産時点と消費時点が時間的に相違していることにより生じる懸隔（時間懸隔）があり，このような懸隔は商品が生産部門から消費部門へ移動することによって架橋される。このように，商品それ自体の移動により懸隔を架橋するという物流機能を遂行することが物流の役割である。

　上記のような物流活動を行う主体としては，大別すると，以下の2つのグループに分かれる。
　①荷主グループ
　②物流専業グループ

　荷主グループは，生産者，卸売業者，小売業者等であり，商品の所有権をもっている。また，物流専業企業には，陸運業者，鉄道会社，海運会社，航空会社等荷主から商品の輸送活動の委託を受けるグループと，倉庫会社のように荷主から商品の保管の委託を受けるグループとがある。輸送会社や倉庫会社は商品の所有権を有している荷主から物流活動を委託されて，その業務を遂行することから，物流活動の代理行為者と位置づけられる。しかし，実際の物流活動は物流専業企業に実行してもらうにしても，荷主はその物流活動に責任を負うものであるから，荷主は物流機能を担当していることになる。

　物流活動は，大きく，荷主が自社で行う，物流専業企業に完全委託する，あるいは荷主自らの実行と物流専業企業への委託の併用，と3つの形態が考えられるが，このうち，どの形態を選択するかは，その荷主の物流戦略と大いにかかわってくる。今日においては，荷主は本業に徹し，それ以外の業務のうち，委託可能な業務は外部に委託する，つまりアウトソーシングをする傾向が多くみられ，このことは物流業務においても例外ではなく，物流活動の外部委託，すなわちアウトソーシングはますます増加するとみられている。

(2) 物流活動の構成要素

　物流活動は，次の要素によって構成されている。

①輸　送

　空間懸隔を架橋するためには，商品を場所的に移動することが必要であり，この物流活動を担うのが輸送である。

　輸送方式は，主として自動車輸送，鉄道輸送，船舶輸送，航空輸送のいずれかによって行われるが，陸上輸送の場合，かつては鉄道輸送が中心であったが，わが国の場合，今日では，完全に自動車輸送，特にトラック輸送が中心になっている。トンキロ（輸送量×距離）ベースでみると約6割，トン（輸送量）ベースでは約9割がトッラク輸送によって占められている。これは，トラックの大型化，性能向上，あるいは高速道路網の整備拡大という社会的な要因もあるが，トラック輸送は，ドア・トゥ・ドア輸送が可能であること，顧客ニーズに合わせた小回りのきく機動性があること，近距離輸送では輸送料金が割安であること，荷造包装が比較的簡単であること等のメリットによるところが大きいといえる。

②保　管

　保管は，生産と消費の間の時間懸隔を架橋するための物流活動で，輸送と並ぶ重要な機能をもっている。保管は，文字どおり，商品を物理的に保存することであるが，商品を備蓄したり，取り崩したりすることによって，その商品の取引相場を安定させる，という価格調整機能ももっている。

　保管は，倉庫によって行われる。倉庫では，商品の安全な管理や劣化の防止，保管スペースの効率的な使用等物流管理が課題になるが，これ以外に，保管商品の仕分け，入出庫・ピッキング，流通加工等輸送や出荷作業のための準備機能や商品統合機能が付加されてきており，さらに近年，これらの機能はコンピューターによる情報処理技術と結びついてきており，この意味で，倉庫は従来型倉庫から，いわゆる「流通倉庫」（流通センター，ロジスティクス・センターと呼ぶこともある）として機能するよう転換してきている。

③荷　役

　荷役（にやく）は，商品の輸送・保管の活動にともなって発生する搬出入作

業である．具体的な作業としては，持ち込まれた商品の受け入れ（納品荷役），倉庫内での商品の横もち移動（運搬荷役），出荷のための商品の取り出し，荷揃え（品揃え荷役），輸・配送のための車への積みつけ（出荷荷役）がある．

　荷役活動は，フォークリフト，コンベア，クレーン等の機器を使って作業することが多く，人手に依存する割合が高い．そのため，荷役の合理化，機械化，省力化が大きな課題になっており，物流業界では，コンテナやパレットによって一定の単位にまとめ，輸送，保管，荷役を一貫して行うユニットロード・システム（Unit Load System）に取組んでいる．

④包　装

　日本工業規格（JIS）によれば，包装とは，「物品の輸送・保管などにあたって，価格および状態を保護するために，適切な材料，容器などを物品に施す技術および施した状態をいい，これを個装，内装，外装の３種に分ける」と定義される．また，販売のために行われる商業包装と物流過程における商品の保護や荷役の便宜の目的で行われる工業包装とに分けることができる．

　包装作業は，従来は人手によるところが多かったが，現在では製造工程の中で包装されたり，自動包装機が採用されている．また，包装材料については，近年，ポリエチレン等の化学素材が多く使われ，紙や布の場合もビニール・コーティングがされるなど，新しい包装材料が開発されている．

⑤流通加工

　流通加工とは流通段階で行われる商品の加工のことであり，切断（カット），小分け，再包装，詰め合わせ，塗装，組立，値札付け等があげられる．例えば，ステンレスやガラスを工務店の注文に応じてカットする作業や小売店で行う食肉・鮮魚の解体・小分け等の作業は，代表的な流通加工である．

　流通加工は手間のかかる仕事で，その多くは人手に頼っているため，物流の中でもコストのかかる活動の１つであるため，その効率化が課題となっているが，それ自体が物流活動の付加価値を高める側面をもっているため，差別化戦略の一環としてその役割は高まっている．

2. 物流チャネル

　生産者から消費者に商品が物理的に移動するルートを物流チャネルという。この物流チャネルは商流における流通チャネルと同様に重要な役割を占めているが、そのチャネル構造は商流におけるものとは異なる。物流チャネルは大きく、企業間物流チャネルと施設間物流チャネルとに分けることができる。以下、それぞれについて説明する。

(1) 企業間物流チャネル

　流通チャネルにおいてそれぞれの企業がチャネルの構成メンバーとなるが、これら企業の取引主体を生産者、卸売業者、小売業者、消費者とすると、企業間物流チャネルは生産者から消費者に商品が直送される場合と、生産者と消費者の間に卸売業者、あるいは小売業者といった中間業者が介在し、彼らを経由して商品が配送される場合がある（このほかに、仲買人等が介在する場合もあるが、ここでは省略する）。前者を直送型物流チャネル、後者を中間業者経由型物流チャネルと呼ぶことにしよう。中間業者経由型物流チャネルには、小売業者のみが中間業者として介在する場合（小売業者経由型）と卸売業者と小売業者の双方が介在する場合（卸売業者・小売業者経由型）とがある（図5-6参照）。

　直送型物流チャネルは、生産者から消費者に商品が直送される形態である。この場合、生産者と消費者が直接取引した場合とは限らない。消費者が生産者の代理店（独立企業）と取引し、取引の相手方は代理店であるが、商品は生産

図5-6　企業間物流チャネル

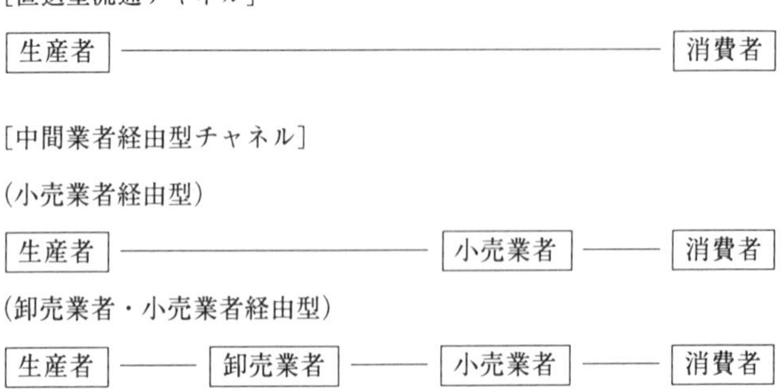

[直送型流通チャネル]

| 生産者 |———————————————————————| 消費者 |

[中間業者経由型チャネル]

（小売業者経由型）

| 生産者 |————————————| 小売業者 |————| 消費者 |

（卸売業者・小売業者経由型）

| 生産者 |————| 卸売業者 |————| 小売業者 |————| 消費者 |

者から消費者に直接配送される場合を含むものである。つまり，商流における所有権移転の流通チャネルと物流チャネルとは異なるのである。

直送型物流チャネルの例として，生鮮食料品の産地直送，あるいはウインドベーカリーによる自家製パンの直接販売などがあげられる。

中間業者経由型物流チャネルの場合では，小売業者経由型の例として，大規模消費財メーカーが総合スーパー等小売業者と取引し，商品を直接小売店舗等に納品する場合，あるいは自動車メーカーがディーラー（特定メーカーの系列となっている場合がほとんどである）と取引し，ディーラーに車を配送し，ディーラーが消費者に納車する場合などがあげられる。

また，卸売業者・小売業者経由型の例として，洗剤やケア商品等を販売する日用品メーカーが販売会社（ないし卸売業者）の物流機能を活用し，そこを経由して小売業者に配送し，小売業者が消費者に販売（再販売）する場合などがあげられる。この場合，中間業者である卸売業者と小売業者は輸送，保管，荷役，包装，流通加工，在庫管理・調整等の物流活動をそれぞれの役割において分担することになる。まさに，卸売業者，小売業者は商取引の主体として所有権移転機能を遂行する流通チャネルの役割を担うとともに，併せて物流チャネルにおけるノードである結節点として物流機能を遂行する活動主体でもある。

このように，企業間物流チャネルとして大きく2つの形態があるが，それは固定化されたものではなく，時代の要請等により変化し，また同一商品であっても，複数の物流チャネルが利用されて商品が流通することもあることに注意しなければならない。

(2) 施設間物流チャネル

施設間物流チャネルとは，ノードにおける施設間の商品の流通を対象とする。施設とは，工場，倉庫，流通センター，保管施設，加工センター，店舗，及び消費者でいえば自宅・事務所等がその代表例となるだろう。

図5－7は，消費財の施設間物流チャネルと農産物の施設間物流チャネルの例を示したものである。

消費財の物流においては，製造メーカーが工場で製品を製造し，それを市場に送り出すため，倉庫に一時保管し，市場ニーズに応じて卸売業者に出荷する。

図5-7　施設間物流チャネル

[消費財の施設間物流チャネル（例）]

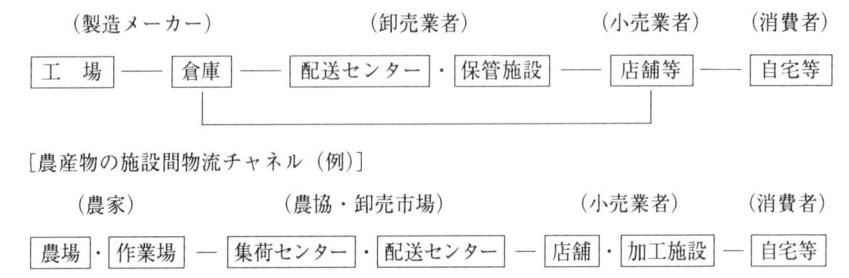

（製造メーカー）　　　（卸売業者）　　　　（小売業者）　（消費者）

| 工　場 |―| 倉庫 |―| 配送センター |・| 保管施設 |―| 店舗等 |―| 自宅等 |

[農産物の施設間物流チャネル（例）]

（農家）　　　　　（農協・卸売市場）　　　（小売業者）　（消費者）

| 農場 |・| 作業場 |―| 集荷センター |・| 配送センター |―| 店舗 |・| 加工施設 |―| 自宅等 |

　卸売業者はメーカーから出荷された製品を検品の上，配送センター等に入庫，保管する。小売業者は小売店頭の在庫状況等をみて，卸売業者に発注し，卸売業者は小売店舗別にコンテナ等に仕立てて，商品を小売流通センターに配送，あるいは小売店舗に直送する。小売業者は在庫棚の商品補充を行い，店頭陳列の上，消費者に販売することになる。卸売業者を経由しない場合は，メーカーの倉庫から小売業者に向けて商品が店舗（または小売流通センターを経由して）に配送され，小売店頭に陳列の上，販売されるという物流ルートをたどることになる。

　上記の場合，生産者である製造メーカーは，輸送業務及び輸送に伴う商品の包装，倉庫内に保管する場合の荷役，在庫管理といった物流活動を行うことになる。また卸売業者・小売業者も配送，保管に伴う荷役，在庫調整，コンテナ仕立て業務，ピッキング，あるいは流通加工等の物流活動をそれぞれの役割分担に応じて遂行する。

　農産物の物流についてキャベツの場合を例に説明すると，生産者である農家は農地（畑）で収穫したキャベツを作業場において仕分け，選別等を行った上で，農協・卸売市場の集荷センター等に出荷し，場内施設等に一時保管され，セリにかけられて，配送センター等から小売店舗等に納品される。キャベツは消費者が買いやすいように，小売業者の加工施設で必要に応じ小口にカットされ，あるいはラップに包むなどして小売店頭で販売される。ここでも，農家，農協・卸売市場，小売業者はそれぞれの役割に応じて，配送，保管，荷役，在

庫管理，包装，流通加工等の物流活動を行うことになる。

(3) 企業間物流チャネルと施設間物流チャネルの違い

　以上のように，物流チャネルは企業間物流チャネルと施設間物流チャネルに大別されるが，企業間物流チャネルと施設間物流チャネルとは必ずしも1対1で対応するものではない。例えば，生産者は工場や倉庫といった施設だけでなく，中間業者がもつ配送センター等の物流施設をもっている企業もある。水産業者の中には魚介類の貯蔵を行うための保管施設をもつとともに，自らパック詰めを行う加工センターや小売業者・消費者に直接配送するための倉庫・配送センターを設置，運営しているところもある。

　また，卸売業者においても，配送，保管，在庫調整等のための倉庫・配送センターだけではなく，生産機能をもった流通加工センターをもっている企業もみられる。さらに，小売業者は本来，商品を仕入れ，店舗陳列し，それを販売（再販売）することが主たる業務であるが，大規模小売業者は自ら流通センターを設置，運営し，生産者から商品の一括仕入れ，保管，個店配送といった卸売機能の一部を遂行したり，調理施設または加工センターを設置し，流通加工を行っている企業もある。これらの活動は，まさに物流面からみた機関代替性が具体的にあらわれたものである。

　このように，生産者，卸売業者，小売業者という業種（企業）が本来的に果たす機能を遂行するための企業間物流チャネルとこれら企業が有している物流施設とは直ちに対応するものではない。企業間物流チャネルが生産者→卸売業者→小売業者となっていても，施設間物流チャネルでは，工場→倉庫→店舗，あるいは，倉庫→配送センター→調理加工施設というような物流施設間だけの商品の流通もあり，企業間物流チャネルと施設間物流チャネルとは別なのである。つまり，企業間物流チャネルは，取引の主体，いわば企業からみた商品の流通であるのに対し，施設間物流チャネルは商品の発着を施設単位からみた商品の流通であるといえる。したがって，両者の物流チャネルは必ずしも一致せず，別個のものとなる。

3. ロジスティクスの概念と3PL

(1) ロジスティクスの概念

　ロジスティクス（Logistics）という用語は，フランス語のlogistiqueから派生された言葉で，宿営を意味する動詞logerに由来し，戦略（Strategy），戦術（Tactics）と並ぶ軍事の3つの構成要素の1つである。つまり，この言葉は，もともと，軍隊が戦場で野営することを意味する軍事用語で，現に戦っているか，または戦おうとしている前線に対し，兵員・武器・爆薬・部品・食料等を適時，適量，適所に補給する軍隊の後方支援業務である。

　わが国では，ロジスティクスを「兵站」という言葉をあてている。兵站とは，広辞苑では，「作戦軍のために，後方にあって車両・軍需品の前送・補給・修理，後方連絡線の確保などに任ずる機関」と書いてあり，軍隊における後方支援の意味合いが強い。しかし，ロジスティクスというのは，後方支援というよりはもっと広い意味で，前述した兵員・食料品・武器・弾薬等の単なる補給だけでなく，そのための基地の設営や兵士の休養のための準備まで含めた戦略的概念である。

　軍事用語であったロジスティクスをビジネスの世界で最初に導入したのは，1960年代におけるアメリカであるといわれており，当初はビジネス・ロジスティクスとかマーケティング・ロジスティクスと呼ばれ，その後，単にロジスティクスというようになった。

　もともと，物流，あるいは物的流通というのは，アメリカのフィジカル・ディストリビューション（PD：Physical Distribution）の和訳である。アメリカにおけるフィジカル・ディストリビューションという概念は，経済の領域を示す言葉であり，企業で実際に行われる物流という概念ではなかった。しかし，企業経営における商品の流通に適応する新しい思想，あるいはアプローチの必要性が生じ，そこで登場したのが，本来的には軍事用語であったロジスティクスであった。つまり，ロジスティクスは，経営のある領域に対してどのようにアプローチしていくかという一種の経営における新しい管理技術として導入され，そして定着していったのである。今日では，アメリカだけでなく，ヨーロッパの国々でもロジスティクスという用語と概念は完全に普及している。

物流を社会経済的な視点からみて社会全体の商品の流れやその取扱を取り上げるのをマクロの物流，企業経営的な観点からみて個々の経営活動の一環として物流活動を取り上げるのをミクロの物流と呼ぶならば，ロジスティクスはミクロの物流の対象となる。

日本では，1970年代にはロジスティクスという概念が紹介され，1980年代には企業経営の中に一部導入されたが，それが企業経営に体系的，組織的に実践されるようになったのは，概ね1990年代からである。わが国ではアメリカからロジスティクスという概念が導入される以前においても，物流管理という形で物流活動をコントロールしていたが，その後ロジスティクスの考え方や手法を取り入れて，企業経営の一環として企業物流をマネジメントするようになった。従来の物流管理とロジスティクスの違いは以下のように説明されている（宮下・中田，2004，pp.182-184）。

①マネジメントの目標

物流管理においては，合理化・効率化・コスト削減が中心課題であったのに対し，ロジスティクスは市場適合・サービス水準のアップ・企業戦略への貢献が中心課題となる。

②領　域

物流管理活動においては，商品の生産時点からそれが市場に流れるまでの過程を対象としていた。商品がいかに生産され，それをいかに流していくかという「プロダクト・アウト」的な考え方であった。これに対し，ロジスティクスは市場に照準を合わせ，調達から販売に至るすべての流れを対象とする「マーケット・イン」的な考え方に基づいている。

③活動内容

物流管理においては，輸送，保管，荷役など個々の活動を改善，高度化していくことが主たる活動内容であったが，ロジスティクスは商品の流れの全体を1つの体系としてとらえ，その全体をどうマネジメントするか，という体系管理を行う活動である。したがって，物流管理においては，物流作業や物流機器，輸送機関等に関する技術が論じられたが，ロジスティクスでは情報が重視され，かつ経営戦略の1つの柱として位置づけられている。

(2) 3PL とロジスティクス・サービス

　3PL (Third Party Logistics) は，米国で 1980 年代から 90 年代にかけてサプライチェーン・マネジメントが進展し，企業の物流業務やサプライチェーンのロジスティクス機能を高めるため，物流・ロジスティクス業務の外注化の一環として登場してきたものである[2]。日本では 1990 年代に入って 3PL の概念が導入され，物流企業の新しい取組みとして注目されるようになった。

　日本で 3PL が注目されるようになった背景は，政府の政策，荷主の動向，および物流企業の新事業開拓という 3 つの観点から指摘できる。即ち，政府は 90 年代に入り運輸・物流分野の規制緩和政策を推進し，これは先進国の規制緩和の流れに沿うものであった。また荷主側では，競争力強化へ向けて経営資源を自社の得意分野に集中させる，いわゆる「選択と集中」の戦略をとり，本業回帰傾向が強まり，物流の合理化，効率化の必要性を認識しつつも，これを自社で取組むのではなく，物流業務等本業以外の分野については外部の専門業者へ委託するというアウトソーシングを進める動きが強くなってきた。

　一方，物流企業としては，政府の規制緩和政策の下で新規参入の増加による事業者間の競争激化という環境の中で，競合他社との差別化のために特徴のある新しい物流サービスを展開する必要性に迫られていた。このような政府の規制緩和政策の下で荷主の物流分野でのアウトソーシングの高まり，そして物流企業の新たなサービスの開拓という環境要因の中で発展してきたのが，3PL であるといえる。

　3PL の概念については，確定的，統一的な定義は存在しないが，1997 年 4 月閣議決定された「総合物流施策大綱」では，3PL とは，「荷主に対して物流改革を提案し，包括して物流業務を受託する業務」と述べているが，とくに政府としてこうした定義に基づいて規制を行っているわけでもないし，3PL そのものを規制する法律も存在しない。

　3PL におけるサードパーティとは誰を指すのかについては議論があるが[3]，筆者はつくり手・売り手であるメーカーをファーストパーティ，買い手である商業者等をセカンドパーティとみて，これら荷主側の物流・ロジスティクス機能を担う第三の勢力，つまり物流企業をサードパーティとし，この物流企業の

中にはキャリア(実運送手段をもつ物流業者)と利用運送業者(実運送手段をもたない物流業者)を含むととらえ,3PLとは,これらサードパーティが荷主に対し物流改革,物流合理化を提案し,物流業務を一括して受託し,荷主に代わってロジスティクス・サービスを提供する物流業務である,と定義している。

しかし,このように定義したとしても,物流企業が3PLとして実際に提供するサービス内容,受託範囲,レベル等は物流企業により異なり,かなり幅があるのが実情である。これは,前述したように3PLが政府の規制緩和政策,荷主側の物流アウトソーシングの高まりの中で,物流企業が自主的に開発してきた新しいロジスティクス・サービスであるということに起因している。

それでは,日本の物流企業や荷主は3PLをどのようにとらえているか,国土交通省『日本における3PLビジネスの育成に関する調査報告書』(2004年)を要約すると,物流企業,荷主とも,3PLとは,荷主企業の物流改善・効率化を目的とする物流サービスである,提案・コンサルティングを含む物流サービスである,および荷主の物流コストの低減を目的とする物流サービスであるという点に共通の認識を示している。また,物流企業はこのほかに,3PLは在庫管理,流通加工などを含む幅広いサービスであるという特徴をあげるのが多くみられる。

上記調査結果から,3PLとは従来の物流サービスと異なり,以下のような特徴をもっているとまとめることができる(図5-8)。

①荷主の物流改善・効率化を目的とする物流サービスである

3PLは,荷主の指示に従って運送,保管,荷役等の作業を行うこと自体が目的ではなく,荷主の物流改善・効率化を目的としている。これは,荷主が求めている物流コストの低減という要請にもこたえることにもなる。

②物流改革のための提案,コンサルティングを含んだ物流サービスである

3PLは,単に物流作業を受託するのではなく,荷主の物流合理化,効率化のために提案したり,コンサルティングを行うことなどによって物流改革を実現するものである。

③幅広い,多様なロジスティクスを提供する物流サービスである

3PLは,運送,保管等の単一物流サービスを提供するだけではなく,在庫管

図5-8　3PLの特徴・要素

```
      荷主の物流改善        物流改革の提案
       ・効率化           ・コンサルティング
            ↘         ↙
              [3PL]
                ↑
         幅広い，多様な物流サービス
```

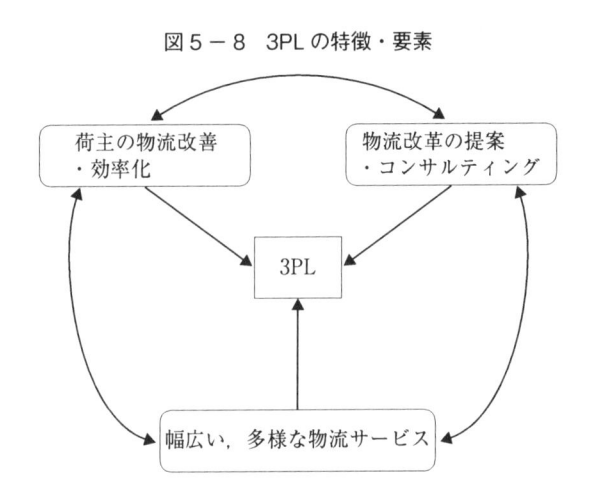

理（VMI：Vender Managed Inventoryを含む），流通加工，設備の据付け等を含めた幅広い，多様なロジスティクス・サービスを提供するものである。

　3PLの特徴を以上のようにまとめることができるが，ここに掲げた3つの要素は個々に独立して存在するのではなく，これら3つの要素が統合され，最適に組み合わされて提供されているところに3PLの特徴があることに注意する必要がある。

(3) 国際フォワーダーの提供する3PLサービス

　3PLは，国境を越えた国際物流の分野においても行われ，これを国際3PLと呼ぶこととする。国際3PLを行う担い手（事業主体）の1つとして，国際フレイト・フォワーダー（International Freight Forwarder，ここでは単に国際フォワーダーという）がある。日本の国際フォワーダーには，輸送系事業者，倉庫系事業者，利用運送系（フォワーダー系）事業者，メーカー系子会社，商社系子会社などに分かれ，それぞれの事業形態の特徴を生かして幅広い，多種多様なロジスティクス・サービスを提供している。

　国際フォワーダーが行う国際3PLも先に説明した3PLの一般的な特徴・要素と変わることはないが，国際フォワーダーは荷主に対して，①国際物流オペレーションにかかわるサービス，②国際物流情報システムにかかわるサービ

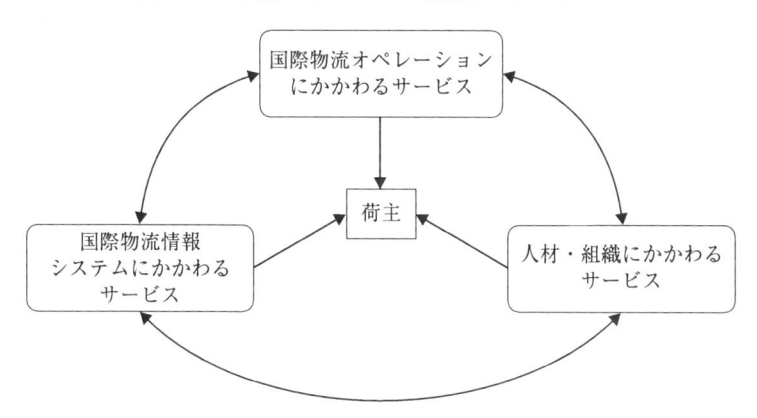

図5-9 国際フォワーダーが提供する3PLサービス

```
        国際物流オペレーション
         にかかわるサービス
           ↕
           荷主
          ↗   ↖
国際物流情報        人材・組織にかかわる
システムにかかわる      サービス
   サービス
```

ス，③人材・組織にかかわるサービスを提供している（図5-9）。

　国際物流オペレーションにかかわるサービスとは，国際複合輸送，保管，在庫管理，流通加工，荷役，梱包等実際のオペレーションにかかわるサービスである。国際物流情報システムにかかわるサービスとは，荷主との情報・データの交換により情報共有化を行い，現場の効率的な運営のための情報管理，および輸配送管理システム，倉庫管理システム，生産性・労務管理システムといった基本的な物流情報システムを提供するサービスである。また人材・組織にかかわるサービスとは，提案・コンサルティングを行い，物流診断，物流コストの分析を実施し，通関・輸出入業務にかかわる法的対応その他幅広い知識，ノウハウを提供するサービスである。これらのサービスは，個々バラバラに提供されるのではなく，最適に組み合わされ統合化された形で提供されてはじめて有効な3PLサービスとして効果が発揮される。

4．サプライチェーン・マネジメント（SCM）
(1) サプライチェーン・マネジメントの意義

　サプライチェーン・マネジメント（SCM：Supply Chain Management，供給連鎖管理）とは，大雑把な言い方をすれば，生産のための原材料・部品の調達から加工・組立等の生産過程を経て，最終顧客に至るまでのすべての流れを一本

のチェーン（鎖）とみなして，そのチェーンを通じて全体最適な流れを実現しようとするマネジメントの考え方である。このようなサプライチェーン・マネジメントは，必ずしも物流・ロジスティクス部門だけに適用されるマネジメント手法ではなく，経営全般の部門にかかわる概念である。と同時に，それは1つの企業内にとどまらず，企業間，業種間の壁を取り払い，サプライヤー，メーカー，物流専業者，卸売業者，小売業者等異なった組織間でのパートナーシップに基づき，全体最適を目指したサプライチェーン統合であり，この統合こそがサプライチェーン・マネジメントの本質であるといわれている。

サプライチェーン・マネジメントは，米国がロジスティクス（正確にはロジスティック・マネジメント）をさらに発展させてきた概念であり，日本では1980年代に紹介され，1900年代に入って，その取組みがみられるようになった。

(2) サプライチェーンとサプライチェーン・マネジメントの特性

サプライチェーン・マネジメントを考える前に，サプライチェーン（SC：Supply Chain，供給連鎖）とは何かをとらえる必要がある。菊池（2006, pp.38-39）は，サプライチェーン定義に関する先行研究をレビューし，サプライチェーンとは以下のように要約できると述べる。

①モノの流れる範囲は，供給源からエンドユーザーまでであること。
②モノの流れは，上流と下流の双方を含むこと。
③価値を付加するプロセスや活動にかかわる組織のネットワークであること。
④製造や物流拠点のネットワークであること。
⑤企業連携であること。

このことから，サプライチェーンは顧客に価値を付加するモノ，サービス，情報を提供する供給源からエンドユーザーまでの上流，下流にかかわる企業間のビジネスネットワークや流通チャネルの供給連鎖であるとする。そして，サプライチェーンを構成するものは，原材料や部品提供業者（サプライヤー），製品組立メーカー，卸売業者，小売業者，物流専業者はもちろんのこと最終消費者も含まれ，このサプライチェーンには，メンツァー（J.T. Mentzer）の定義を引用し，次の3つの類型が考えられるとする（図5－10）。

図5-10 サプライチェーンの3つの類型

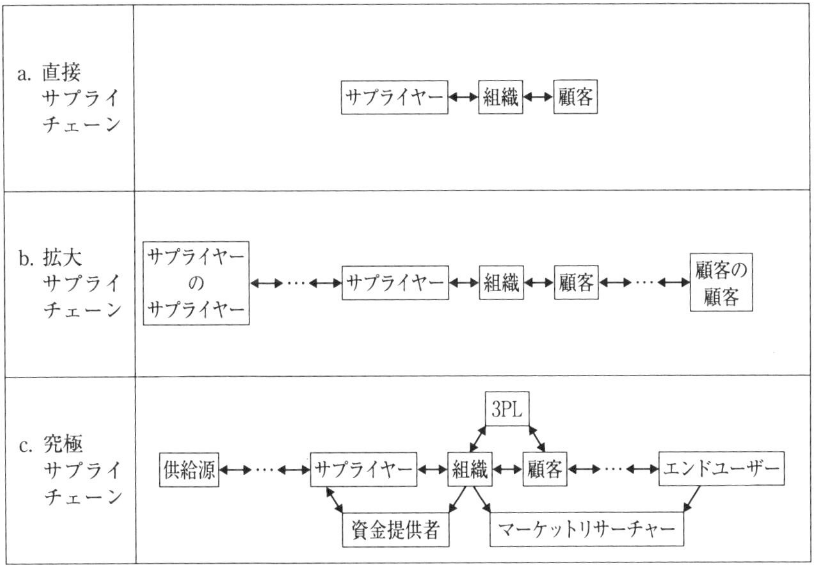

a. 直接サプライチェーン	サプライヤー ↔ 組織 ↔ 顧客
b. 拡大サプライチェーン	サプライヤーのサプライヤー ↔ … ↔ サプライヤー ↔ 組織 ↔ 顧客 ↔ … ↔ 顧客の顧客
c. 究極サプライチェーン	供給源 ↔ … ↔ サプライヤー ↔ 組織 ↔ 顧客 ↔ … ↔ エンドユーザー（上に3PL，下に資金提供者，マーケットリサーチャー）

（資料出所）菊池，2006，p.38

a. 直接サプライチェーン

　直接サプライチェーンを構成するものは，製品，サービス，資金，情報の上流・下流フローに関与する1企業，1サプライヤーおよび1顧客である。

b. 拡大サプライチェーン

　製品，サービス，資金，情報の上流・下流フローに関与する直接サプライヤーの先の複数のサプライヤーおよび直接顧客の先の複数の顧客が含まれる。

c. 究極サプライチェーン

　供給源であるサプライヤーから最終顧客までの製品，サービス，資金，情報のすべての上流・下流フローに関与するすべての組織が含まれる。

　次に，サプライチェーン・マネジメントについては，これまでの先行研究から，その特性を以下のように述べる（菊池，2006，pp.44-45）。

　①サプライチェーン・マネジメントは，供給源からエンドユーザーまでの範囲を対象としている。すなわち，サプライチェーン・マネジメントの範囲は社

内機能はもちろんのこと，サプライヤーから最終顧客までであり，サプライヤーのサプライヤー，顧客の顧客であるエンドユーザーも含む。

②サプライチェーン・マネジメントの流れの対象は，主としてモノ，サービス，情報であるが，このほかに資金も含む。

③サプライチェーン・マネジメントの目的は，最小の資源で，レベルの高い顧客価値を創出し，顧客の満足を得ることによって競争優位性を確保することである。

④サプライチェーン・マネジメントは，サプライチェーン間の機能，活動および関係の統合である。サプライチェーン・マネジメントの統合は，大きくは企業間の統合であり，その具体的な中味はプロセスにかかわる機能，活動および関係の統合である。

⑤サプライチェーン・マネジメントは，マネジメント原理，原則を含めて，マネジメント活動である。

以上のことから，菊池はサプライチェーン・マネジメントとは，「顧客に価値を付加するモノ，サービスおよび情報を提供するサプライヤーからエンドユーザーまでの企業間統合である」と述べ，企業間統合こそサプライチェーン・マネジメントの本質であるとする。

(3) ロジスティクスとサプライチェーン・マネジメントの相違

米国では，ロジスティック（ロジスティクス・マネジメント）においても，生産者から消費者に至るまでのチャネル間の商品の動きを効率化するため，QR（Quick Response，米国のアパレル業界ではじめられた生産から消費に至るまで最適な品揃えを目指すサプライチェーン戦略）やECR（Efficient Consumer Response，米国の食料品雑貨業界で始められた生産から小売店頭までの商品と情報の流れを効率化するサプライチェーン戦略）などによって，社外取引先を含めた企業間サプライチェーンの拡大を行ってきたが，サプライチェーン・マネジメントは，このような取組みをさらに発展させたものである。

米国のCLM（Council of Logistics Management，全米ロジスティクス管理協会。2005年1月にCSCMP（Council of Supply Chain Management Professionals，サプライチェーン・マネジメント専門家会議）と名称変更している）は，2003年にロジステ

第5章　流通の仕組みと流通活動　213

ィクス・マネジメントとサプライチェーン・マネジメントの定義を以下のように行っている（菊池，2006，p.23）。

［ロジスティック・マネジメントの定義］

　ロジスティック・マネジメントは，顧客の必要要件に対応するため，産出地点と消費地点の間の財，サービスとそれに関連する情報の効率的，効果的な前方と後方の流れと保管を計画，実行し，および統制するサプライチェーン・マネジメントンの一部である。

［サプライチェーン・マネジメントの定義］

　サプライチェーン・マネジメントは，調達と購買，組立加工とロジスティクス・マネジメント活動にかかわるすべての活動の計画と管理を含む。重要なことは，それはまた，サプライヤー，中間業者，サードパーティプロバイダーおよび顧客であるチャネルパートナーとの協調と協働を含む。本質的には，サプライチェーン・マネジメントは，企業内，企業間の供給管理と需要管理を統合することである。

　このCLM（現CSCMP）の定義によれば，ロジスティクス・マネジメントとサプライチェーン・マネジメントは以下のような相違があるといえる（菊池，2006，p.54）。

①ロジスティクス・マネジメントは，サプライチェーン・マネジメントの一部分であり，企業内，企業間の主としてモノの流れと保管のマネジメントである。当然のこととして，モノが上流に流れ，保管されることも含まれる。

②サプライチェーン・マネジメントは，ロジスティクス・マネジメントよりも広く，企業内，企業間の供給管理と需要管理の統合にその本質がある。そして，サプライチェーン・マネジメントは活動と関係の管理からなっている。

5. サプライチェーン・マネジメントのフレームワーク

　サプライチェーン・マネジメントのフレームワークについては，さまざまな所説があるが，サプライチェーン・マネジメントの代表的学者の一人であるメンツァーらのサプライチェーン・マネジメントのフレームワークは以下のとおりである（菊池，2006，pp.87-88）。

メンツァーらは，サプライチェーン・マネジメントのフレームワークとしてサプライチェーンをパイプラインで表現している。図5－11は，パイプラインの側面図を示し，各方面のフロー（製品，サービス，財務資源とこのフローについての情報ならびに需要と予測の情報フロー）をあらわしている。

　このモデルは，マーケティング，販売，研究開発，予測，生産，購買，ロジスティクス，情報システム，財務，顧客サービスという伝統的なビジネス機能は，供給源からエンドユーザーまでのフローを管理し，最終的に顧客に価値を提供して顧客を満足させるというものである。それはまた，サプライチェーン内の個々の企業の競争優位性と収益性を達成するというサプライチェーンの全体像を示している。メンツァーらのサプライチェーン・マネジメントのフレームワークは，供給源からエンドユーザーまでの製品の流れにかかわる企業内お

図5－11　サプライチェーン・マネジメントモデル

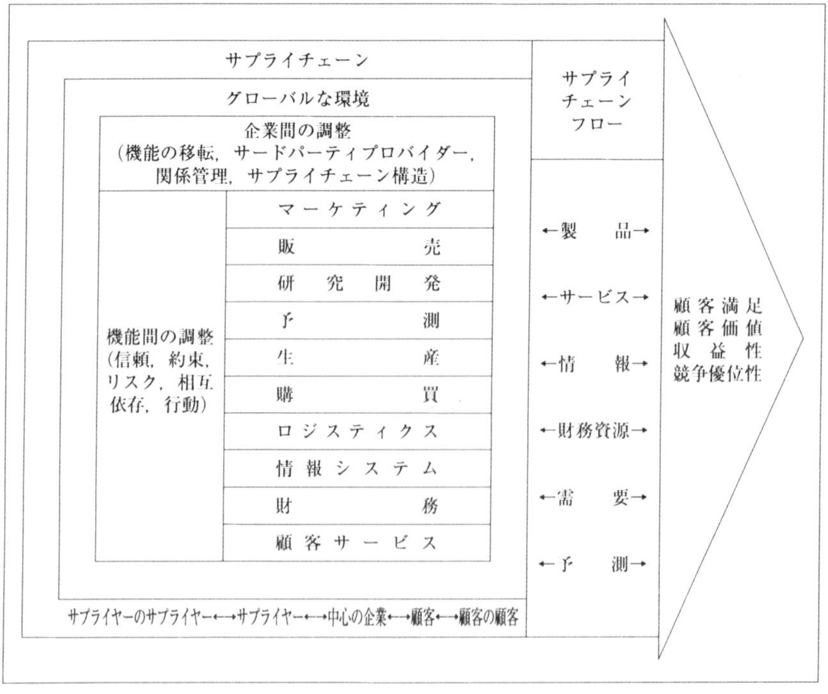

サプライチェーン		
グローバルな環境	サプライチェーンフロー	
企業間の調整（機能の移転，サードパーティプロバイダー，関係管理，サプライチェーン構造）		顧客満足顧客価値収益性競争優位性
機能間の調整（信頼，約束，リスク，相互依存，行動）	マーケティング / 販売 / 研究開発 / 予測 / 生産 / 購買 / ロジスティクス / 情報システム / 財務 / 顧客サービス	←製　品→ / ←サービス→ / ←情　報→ / ←財務資源→ / ←需　要→ / ←予　測→
サプライヤーのサプライヤー←→サプライヤー←→中心の企業←→顧客←→顧客の顧客		

（資料出所）菊池，2006，p.88

図5−12 サプライチェーン・マネジメントのフレームワーク

区分			サプライヤー	中心の企業	顧客
経済的プロセス統合	機能・活動	デマンドプロセス		需要計画	
				マーケティング／販売	
		サプライプロセス		購買	
				生産	
				ロジスティクス	
				製品開発	
		リターンプロセス		回収	
				リバースロジスティクス	
				再利用，リサイクル廃棄	
社会的プロセス統合	関係	対顧客関係プロセス		顧客関係管理	
		対サプライヤー関係プロセス		サプライヤー関係管理	

(資料出所) 菊池，2006，p.89

よび企業間の機能調整に重点を置くものである。

　菊池（2006，p.89）は，サプライチェーン・マネジメントは経済的プロセス統合と社会的プロセス統合からなると独自の見解を示している（図5−12）。

　経済的プロセス統合とは機能，活動であり，機能，活動にはデマンドプロセス，サプライプロセスおよびリターンプロセスがある。デマンドプロセスには需要計画，マーケティング／販売があり，サプライプロセスには購買，生産，ロジスティクス，製品開発がある。そして，リターンプロセスには回収，リバースロジスティクス，再利用，リサイクル廃棄といった機能，活動がある。

　一方，社会的プロセス統合は関係であり，関係には対顧客関係プロセスと対サプライヤー関係プロセスがあり，前者は顧客関係管理であり，後者はサプライヤー関係管理である。

　このように，サプライチェーン・マネジメントについては理論面からの考察が深められてきているが，サプライチェーン・マネジメントの具体的な活動は，今日において，特に3PLにおける国際複合一貫輸送，VMI（Vendor

Managed Inventory，ベンダー在庫管理），バイヤーズコンソリデーション（Buyer's consolidation），クロスドッキング，海外部品調達管理，非海外居住者在庫オペレーション等にみられるように，グローバルサプライチェーン・マネジメント（グローバルSCM）においてその進展がめざましい。

第5節　情報流と流通情報システム

1．情報流の役割と流通情報システム
(1) 情報流と情報伝達

　第1節で述べたように，生産者が商品生産にかかわる消費者需要についての情報を十分にもっていない，また消費者も商品生産や商品供給者等生産部門についての情報が不足していることにより生じる懸隔（情報懸隔）が架橋されるよう，生産部門と消費部門の間で双方向的に情報が移動することが情報流であり，またそのような機能を遂行することが情報流の役割である。情報流は，商流と物流を動かす中枢神経の役割を果たしている。

　情報流においては，情報伝達機能が重視される。生産者は消費に関する情報をもとに企画，生産した商品についての情報を消費者に伝達して消費意欲を喚起する。それに対して，消費者から購入の意図が情報として伝達される。つまり，情報を伝達することは，流通の不可欠の要素であるといえる。

　情報の伝達には，2方向の情報伝達と1方向の情報伝達に区分することができる（鈴木，2010，p.51）。2方向の情報伝達は，1組の売り手と買い手の間における伝達であって，売り手から買い手へ，買い手から売り手へ伝達される。取引の形態を想定すれば，まず売り手または買い手が，あるいは時には双方が取引相手を探索する。取引先として適当であると判断すれば，接触し，売りたい，あるいは買いたい財についての情報を提供する。取引がまとまる可能性があると，取引（交換）条件について交渉が行われる。交渉が成立すると，その条件に従って買い手は注文し，売り手は買い手からの注文を引き受けたことの確認を買い手に伝達する。

　これに対して，1方向の情報伝達は，広告，市場調査等にみられるもので，

これらは，売り手から買い手への一方的な情報伝達である。しかし，1方向と2方向の情報伝達は，例えば広告等のように，売り手から買い手に一方的に情報伝達されているようでも，広告効果測定を通じて買い手の評価が売り手に還元されていることから，必ずしも明確には区分できない。

(2) 流通情報

流通機関の間で伝達・蓄積される流通活動に関する情報（流通情報）については，次の4つに分類することができる（鈴木，2010，pp.53-54）。

①取引情報

取引情報とは，所有権移転に関する情報である。取引情報には，交渉情報，受発注情報，所有権情報，代金支払情報がある。交渉情報とは，特定の商品の買い手ないし売り手を探索し，交渉条件について交渉し，説得することに伴う情報である。受発注情報は，買い手が購入を決意し，売り手にその意思を伝えるための発注情報，および売り手がそれを受諾したことを示す受注情報である。販売契約あるいは購買契約が成立し，実行されて所有権が移転したことを確認する情報が所有権移転情報である。そして，所有権移転にかかわる支払，受領の情報，金融機関への支払指示情報あるいは金融機関からの入金情報，売掛金・買掛金に関する情報が代金支払情報である。

②物流情報

入庫・出庫，現在高（店頭・倉庫）等の在庫情報や発送・着荷に関する情報，輸送業者との間の輸送指示・着荷等の輸送情報が物流情報である。

③販売促進情報（広告情報）

商品についての情報をほとんどもたない対象層に対して，広告等によって広く販売を促進するための情報である。広告，カタログ，実演販売あるいはパブリシティ等多様な方法で商品や付帯サービスに関する情報を伝達する。

④市場情報

流通する商品の最終市場に関する情報である。これには，取引情報のうちの買い手から売り手への情報と重複する部分と市場調査機関により調査され，生産者に伝達する情報があり，ここでいう市場情報とは後者の情報である。

市場情報は，需要情報と競争情報に分けられる。需要情報は，最終需要者の

需要に関する情報であり、需要の地域、品目、質、量、時期、ロット等についての時系列的情報である。競争情報は、個別のブランドの競争を中心に、流通各段階における水平的競争、異形態間競争に関する情報等が含まれる。

(3) 流通情報システム

　流通分野においては、例えば、卸売業者がメーカーと取引交渉したり、あるいは小売業者が卸売業者に商品を発注するというように、流通部門に関与するメーカー、卸売業者、小売業者等複数の流通機関が情報を伝達し、交換する。その情報伝達・交換のためのシステムを流通情報システムと呼んでいる。消費財における流通情報の処理・伝達システムの構造は、以下に述べるように3つの情報交換の関係セットから説明できるとされる（矢作, 1996, pp.122-124)。

図5－13　流通情報システムの構造

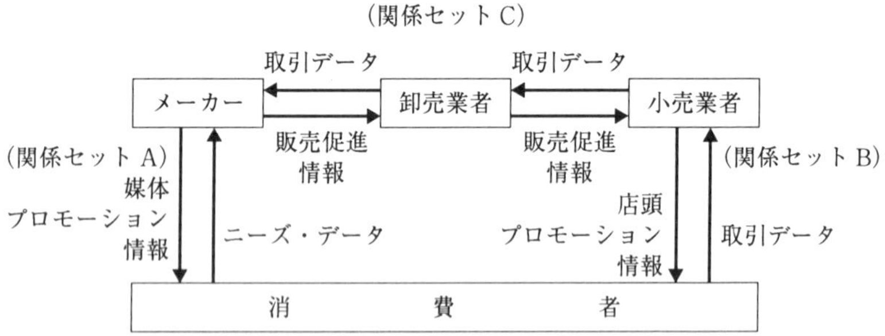

(関係セットC)

```
                     取引データ        取引データ
        ┌───────┐ ←──── ┌───────┐ ←──── ┌───────┐
        │メーカー│         │卸売業者│         │小売業者│
        └───────┘         └───────┘         └───────┘
(関係セットA)    販売促進          販売促進         (関係セットB)
   媒体              情報              情報
   プロモーション                     店頭
   情報         ニーズ・データ    プロモーション    取引データ
                                      情報
        ┌─────────────────────────────────────┐
        │          消　　費　　者              │
        └─────────────────────────────────────┘
```

(資料出所) 矢作, 1996, p.123

①メーカーと消費者との情報交換システム (関係セットA)

　メーカーと消費者が直接交換する情報には、2種類ある。1つは、消費者からメーカーへの情報の流れで、メーカーの製品開発や販売促進に役立てるための消費者ニーズ・データの情報である。ほかの1つは、メーカーから消費者への情報の流れで、広告、ダイレクトメール、メディアを利用した販売促進情報 (媒体プロモーション情報) である。

②小売業者と消費者との情報交換システム（関係セットB）

小売業者と消費者との間の交換情報にも2種類ある。1つは，小売店頭を中心に商品属性情報を小売業者から消費者へ伝達する情報（店頭プロモーション情報）である。小売業者の商品属性情報の提供により，取引が成立すると，取引データが消費者から小売業者へ流れる。これが，今一つの交換情報である。この取引データは，POSデータ等が典型例としてあげられるが，販売活動の結果もたらされるフィードバック情報といえる。

③メーカー，卸売業者，小売業者間の情報交換システム（関係セットC）

消費財における情報交換システムでは，流通が多段階となる傾向があり，基本的には，メーカーから卸売業者，小売業者に向かって流れる情報は，広範囲な専門的販売促進情報である。他方，小売業者，卸売業者からメーカーに向けて伝達される情報は取引データである。しかし，これらの構成員はそれぞれ異質の情報をもっているので，流通活動における各構成員の機能の違いによって，各構成員に対する情報伝達の内容が異なる。

例えば，小売業者がメーカーに提供する情報は，最終需要動向に関する詳細な取引情報である。また，卸売業者からメーカーに提供する情報は，地域別小売店別取引データであろうし，小売業者へ伝達される情報は，多数のメーカーの販売促進情報や他の小売店の取引データということになろう。

以上述べた3つの情報交換システムにおいては，各システムとも相互依存・相互補完的関係に立っており，その連携のあり方がそれぞれの流通情報システムの構造を決めることになる。そして，現代の市場においては，関係セットAを基盤とした大規模ナショナル・ブランドメーカーと関係セットBに依存している大規模小売企業が情報的に異なるシステムを形成し，両者が拮抗している状況にあるという。

2. 小売店頭情報とPOSシステム
(1) POSシステムとは

POSシステムは，店頭情報システムやマーケティング調査への活用にみられるように，カード会社やメーカー等もPOSシステムを利用するので，POS

システムの利用主体は小売業者に限定できないが，ここでは，小売店頭情報としての POS システムを取り上げることとする。

POS とは，Point of Sales の略称で，販売時点ですべてのデータを取得する仕組みといえる。通常，これは，販売時点情報管理と意訳されている。経済産業省の定義によれば，POS システムとは，「従来のキー・インター方式のレジスターではなく，自動読取方式のレジスターにより，商品単品ごとに収集した販売情報，ならびに仕入れ，配送などの活動で発生する各種情報をコンピュータに送り，各部門が有効に利用できるよう情報を加工，伝達するシステムで，いわば，小売業の総合情報システムを意味する」とされる。

POS システムは，小売業における伝統的な部門別管理から理想的な単品管理を可能にさせた。つまり，POS システムの導入以前は，部門全体で損益計算を行っていたため，個々の商品（単品）ごとの利益状況は把握できず，非効率な経営を行ってきた。POS の出現によって，単品ごとに利益の貢献状況を判別することが可能になったのである。

POS システムの普及は，商品情報を自動的に読み取る装置の開発というハードな面と商品を単品ごとに特定するための商品コードの共通化というソフトな面の両面の基盤整備があって実現したといえる。前者が高精度な POS スキャスナーの開発であり，後者が JAN（Japanese Article Number）コードである。JAN コードとは，スーパーやコンビニエンス・ストア等で販売されているさまざまな商品に印刷されたバーコードのことで，流通業界における共通商品コードである。JAN コードは，国際的な商品コードの管理機構である国際 EAN 協会（本部：ベルギーのブリュッセル）が世界的に統一管理を行っているEAN コード（European Article Number）の日本呼称である。

JAN コードには，標準タイプ（13桁）と短縮タイプ（8桁）の2つのタイプがある。さらに，標準タイプには，最初の7桁が JAN 企業（メーカー）コードとなっているものと，9桁が JAN 企業（メーカー）となっているものに分けられる。なお，物流梱包を識別する集合包装用商品コードと書籍 JAN コードについては，別の体系でバーコードが表示されている。JAN コードの普及はEDI の発展に極めて重要な役割を果たしている。

(2) POSの特徴と情報の共有化

　POSの最大の特徴は，誰が，いつ，どこの売場で，誰に対して，どの商品を，どのような取引で販売し，そして，どのように処理したかの，多角的なデータが販売時点で瞬時に取得できることである。これら多角的なデータの取得・分析によってPOS総合情報システムが実現できるのである。

　POSによる総合情報システムは，大きく商品データベース，顧客データベース，営業データベースに分けることができる。商品データベースは，単品ごとの販売状況（よく売れる商品，売れ足の遅い商品等）の把握や在庫数の照会等の単品データベースである。顧客データベースは，顧客別買物歴をデータベース化し，的確なダイレクトメールを行うためのデータベースである。そして，営業データベースは，予算実績管理を運行管理できるよう，いつでも情報を照会できるようにするデータベースである。このような総合データベースの構築は，POSによって得られた多角的なデータの蓄積によって可能になる。

　POSは，商品についたバーコードをスキャンするだけで必要な情報を入力することができることから，レジや検品作業等の効率化が可能となるが，POS活用の最も大きなメリットは情報の共有化が図られることである。例えば，POSを積極的に推進しているコンビニエンス・ストアを例にとると，加盟店のPOSレジで消費者の買物情報が記録される。加盟店と本部の間では通信回線で結ばれ，加盟店から送られてきたPOSデータが本部においてリアルタイムで蓄積される。これらの情報はさまざまな視点で分析が加えられ，その結果はカラーグラフなど分かりやすい形に加工され，加盟店がいつでもダウンロードができるようになっている。本部が加盟店に提供できる主な情報としては，日時別時間帯別単品販売情報，販売分析情報，売上客数分析情報，ゴンドラ貢献度分析情報等があり，これらの情報が加盟店と本部の間で情報の共有化が行われている。このような情報の共有化が図られるのも，消費者の買物情報をしっかりと把握できるPOSの威力によるものといえる。

3. 流通業界における EDI の展開

(1) EDI と標準化

EDI とは Electronic Data Interchange の略称で、通常、電子データ交換と直訳される。概括的にいえば、企業間の取引情報のやり取りをそれぞれのコンピュータ同士で通信回線を接続して、電子的に交換することである。

現在においては、企業活動における受発注、納品等といった取引情報の伝達を各企業間のコンピュータを用いて通信回線で結んで電子データで交換されるようになっている。この場合、異なる企業のコンピュータ同士で自動的にデータのやり取りをするわけであるから、前もって企業間で通信のやり方やデータの内容・形式に取り決めをしておくことが必要となる。

しかし、このような取引のやり取りにかかわる約束事について EDI を利用する取引先や関係者と個別に協議していたのでは、効率が極めて悪い。そこで、似たような取引を行う業界が話し合って、EDI の共通ルールを決めておけば、取引業務の効率化と高度化がもたらされる。このような EDI の共通ルールを標準規約と呼んでいる。この意味で、EDI とは、幅広い関係者で合意した標準規約に基づく企業間取引の電子データ交換ということができる。

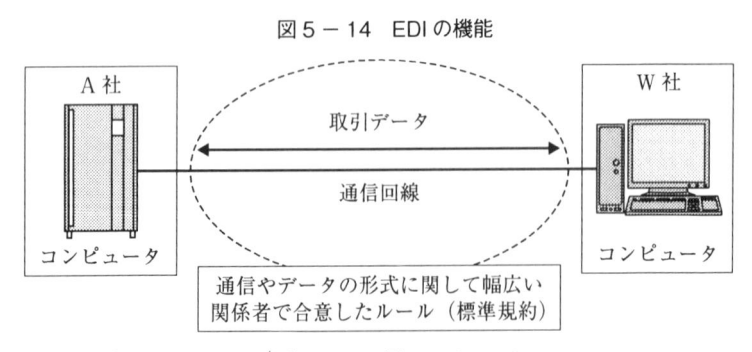

図5-14 EDIの機能

（資料出所）流通システム開発センター編, 2008, p.12

(2) 流通業界における EDI の取組み

消費財流通におけるグローサリー（加工食品，日用品）業界を取り上げ，グローサリーの製・配・販の3部門で行われる取引プロセスと EDI の取組みを説明する（以下の説明は，流通システム開発センター編，2008, pp.26-28 によっている）。

グローサリー業界における取引は，大きく以下のような段階で行われている。

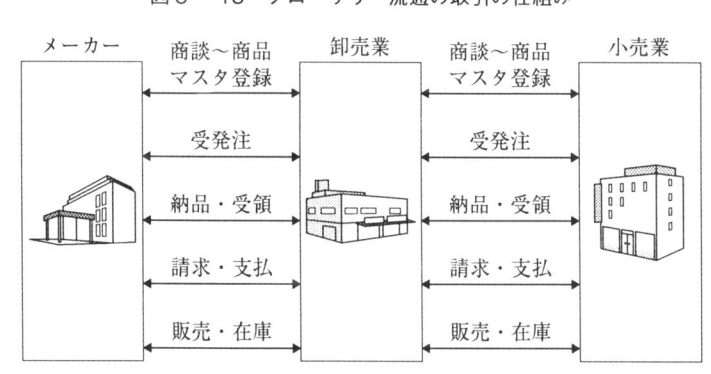

図5－15　グローサリー流通の取引の仕組み

メーカー		卸売業		小売業
	商談～商品マスタ登録		商談～商品マスタ登録	
	受発注		受発注	
	納品・受領		納品・受領	
	請求・支払		請求・支払	
	販売・在庫		販売・在庫	

（資料出所）流通システム開発センター編，2008, p.28

①取引の準備段階（商談～商品マスター登録）

商談から商品マスター登録までの業務は，取引の準備段階である。取引する商品の内容や価格等について商談が行われ，そこで決まった内容を取引業務に正確に反映するために商品マスターファイルに登録する。

②取引の実行段階（受発注～納品・受領）

商談で決めた内容に基づいて，買い手に注文を出し，売り手が商品を納入し，これに対して，買い手が受領確認を行い，債権・債務の確定までを行う業務である。

③取引の結果処理段階（請求～支払案内）

②で確定した債権・債務は，売掛・買掛として日々管理され，一定期間（例えば1カ月単位）の合計金額を売り手が買い手に請求し，買い手が買掛情報と

照合した結果を支払案内として売り手に通知するまでの業務である。
④情報共有系のデータ交換（販売，在庫）

　上記の取引段階において，販売データや電子データの交換が行われる。販売データは小売業の場合，POS データを取引先が入手し，全国規模の売れ行き動向と比較し，品揃え改善提案等の取組みに利用される。在庫データは，小売業専用センターに在庫を預託する卸やメーカーに対して，在庫補充量を計算する基礎データとして送信されるケースが代表的である。販売や在庫といった情報共有系のデータは，EDI 利用の高度化を実現する上で必要不可欠な情報といえる。

　以上のような取引において，業界 VAN（Value Added Network）運営会社が中心となって，各企業間の標準的な EDI が行われている。酒類・加工食品で業界 VAN 運営会社が提供する EDI メッセージで利用頻度が比較的高いものは，商品情報，出荷案内，受発注データ，販売実績明細型データである。このうち，商品情報は VAN 運営会社が運営する商品情報データベースを経由して，メーカーから卸売業へ伝達される。また，販売実績明細型データは卸売業から小売業および 2 次・3 次卸売業に販売した商品の数量をメーカーに伝達することによって，メーカーから卸売業に支払われる販促費や割戻金等の算出基礎となる。

　図 5 - 16 は，日用品・化粧品業界における業界 VAN 運営会社（(株)プラネット）が提供する EDI サービスを示している。この運営会社はメーカーと卸売業間で 19 種類の EDI サービスのメッセージを提供しているが，このうち比較的利用率が高いデータは，商品情報，発注，仕入，請求照合，販売の 5 種類である（図では太線で示している）。

　業界 VAN を中心とする企業間（主としてメーカーと卸売業）で標準化された EDI が行われている業界には，グローサリー業界以外にも，菓子業界，医薬品業界，出版業界等でも行われている。

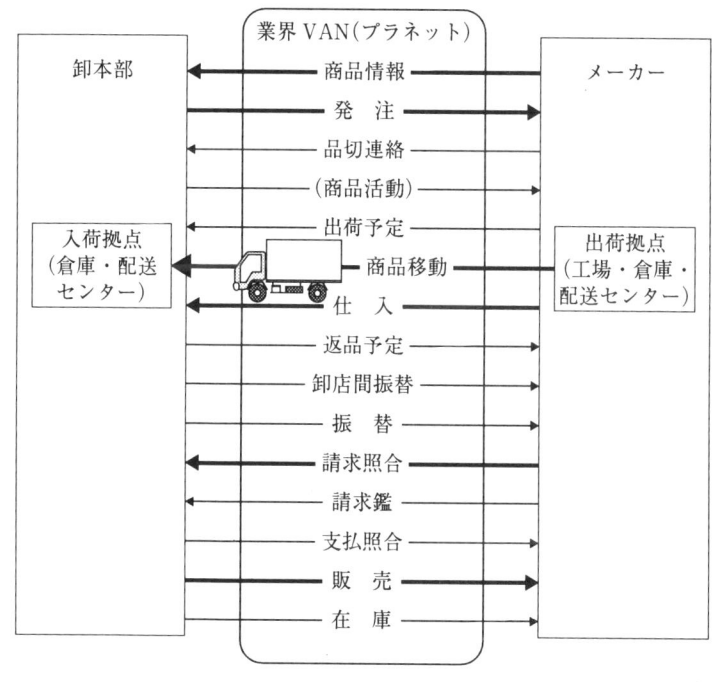

図5-16 業界VAN運営会社で提供する標準EDI

```
卸本部 ← 商品情報 → メーカー
       発 注
       品切連絡
       (商品活動)
       出荷予定
入荷拠点  商品移動  出荷拠点
(倉庫・配送  仕 入  (工場・倉庫・
 センター)        配送センター)
       返品予定
       卸店間振替
       振 替
       請求照合
       請求鑑
       支払照合
       販 売
       在 庫
```

(資料出所)流通システム開発センター編,2008,p.32

第6節 流通部門における商業

1. 商業と商業の介在原理
(1) 商業の意義

　商業とは何かについては,古くから多くの学説が存在している[4]。本書では,第1節で述べた流通論の立場から,商品を生産するわけでもなく,また消費するわけでもなく,専ら流通活動そのものを遂行する主体(企業)が流通業者であり,またこのような流通業者を商業者と呼ぶならば,商業者によって担われる流通の部分が商業であるととらえている。

　流通活動は所有権の移転にかかわる商流を担当する商業者だけによって行わ

れるのではなく，輸送，保管等の物流については運送業者，倉庫業者等によって，また資金の移動にかかわる資金流については金融機関によって，さらには情報伝達にかかわる情報流については，情報処理業者等によっても，遂行されている。

したがって，これら物流，資金流，情報流等を担う業者や機関も流通活動を行っていることから，これら企業や機関を補助商業としてとらえる考え方もある。しかし，これら補助商業は流通機能の一部を遂行しているが，流通機能以外をも遂行していることから，独自の産業分野に属するものとしてとらえることとし，本節では商業とは財（商品）の交換，とりわけ所有権の移転を行うための売買活動（購買と販売）を中心に遂行する流通業者を商業者ととらえることとする。それは，卸売商業と小売商業からなる。

では，このような意味での商業が何故，生産部門と消費部門に介在するのか。その介在原理については，主として取引数単純化の原理と情報縮約・整合の経済の原理によって説明されている。

(2) 商業の介在原理
①取引数単純化の原理

取引数単純化の原理は，マーガレット・ホール（M. Hall）によって提唱されたもので，取引数最小化の原理，取引数節約の原理などとも呼ばれている。なお，マーガレット・ホールの説は，卸売業存立の根拠として説かれたものである。

取引数単純化の原理は，商業者が介在することによって，取引数が単純化されると説明するものである。例えば，7人の生産者と7人の消費者がおり，彼らが直接取引すると，取引数は，$7 \times 7 = 49$となる。しかし，もし，1人の商業者が介在して，すべての取引がこの商業者を通じて行われるとすると，$7 + 7 = 14$となる。なぜなら，商業者はそれぞれの生産者の商品をすべて取り揃えているからである。つまり，1人の商業者が介在することによって，社会的な取引数は，49から14へ単純化されたことになるのである（図5-17参照）。

第5章 流通の仕組みと流通活動　227

図5－17　取引数単純化の原理

〔直接流通の場合〕

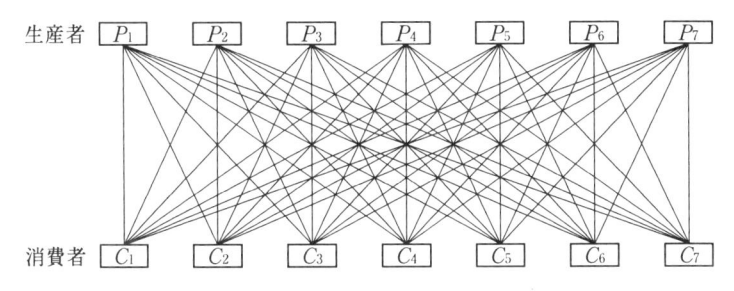

生産者　P_1　P_2　P_3　P_4　P_5　P_6　P_7

消費者　C_1　C_2　C_3　C_4　C_5　C_6　C_7

〔間接流通の場合〕

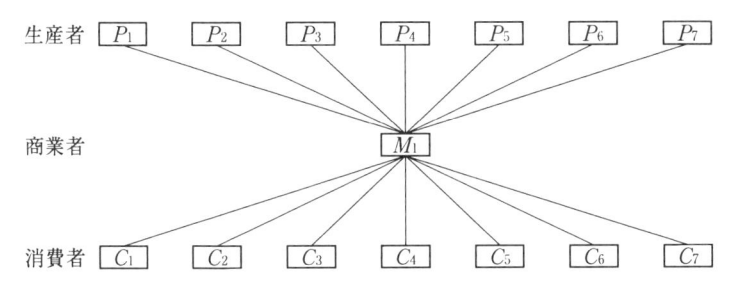

生産者　P_1　P_2　P_3　P_4　P_5　P_6　P_7

商業者　M_1

消費者　C_1　C_2　C_3　C_4　C_5　C_6　C_7

　これを一般化するために，生産者数をP，消費者数をC，商業者数をMとする。生産者と消費者が直接取引する場合を直接流通（D）というと，直接流通の総取引数は，D＝P×Cである。一方，商業者が介在して生産者と消費者が取引する場合は，間接流通（I）の形態をとる。間接流通の総取引数は，I＝M（P＋C）となる。したがって，直接流通に対する間接流通の有利性（R）は次の式で表される。

$$R = \frac{P \times C \,(= D)}{M(P + C) \,(= I)}$$

　Rが1をこえるかぎり，間接流通の有利性は発揮されるが，逆に，商業者の介在が増加すると，この効果は消滅する。上記の例でみると，間接流通の有利性が発揮できるのは，商業者3人までである（商業者が4人に増えると，総取引数は56となり，直接流通の49より多くなる）。

　つまり，取引数単純化の原理は，商業者の介在によって社会的に必要な取引

数は減少することを明らかにしているが，同時に，商業者を際限もなく増加することは，逆に，総取引数の増加，すなわち，流通費用の上昇をもたらすことも示唆している。商業者の介在は，流通の有利性Rが1をこえる，すなわち，D＞Iの条件の下でのみ許されるといえる。

②情報縮約・整合の経済の原理

　情報縮約・整合の経済の原理とは，商業者の介在によって市場の情報条件が改善され，それに伴う取引の効率化によって，平均取引費用が直接取引の場合よりも節約されることである（田村，2001，p.80）。以下，田村の説によって，情報縮約・整合の経済の原理を概説する（田村，2001，pp.80-86）。

　一般に，取引は，（ⅰ）取引相手の探索，（ⅱ）取引条件の交渉，（ⅲ）取引契約の履行の3つの段階からなり，商業者が介在することにより，これら3つの段階のそれぞれを情報縮約・整合の経済によって効率化できる。

①探索の効率化

　直接取引の下での取引相手の探索は，生産者にとっても，また消費者にとっても探索費用が高くつく。商業者が介在することによって，生産者と消費者の相互探索の過程を効率化し，そのことによって両者の探索費用を削減できる機会がある。その理由は，商業者の社会的品揃えによって，生産者と消費者における品質探索と価格探索が効率化されるからである。

②交渉の効率化

　商業者の介在は，取引条件の交渉をより円滑にできる機会をもたらす。商業者は一種のミニチュア市場を内部組織的に形成する。これによって価格形成を行い，生産者と消費者の価格探索を直接取引の場合よりもはるかに円滑にし，両者の取引費用の削減に貢献する。また，商業者は品質の保証者としても機能するので，取引の円滑化が図れる。

③履行の効率化

　取引契約の履行では，物流機能の遂行が重要な問題となる。商業者は，多数の売り手と多数の買い手の取引の仲介をしており，商品の物流活動の編成様式の知識の創造や蓄積に関して優位な立場に立つことから，商業者が介在することによって，売り手と買い手の物流を効率的に行い得る。

このように，商業者が介在することによる情報の縮約・整合の経済によって，生産者と消費者の取引費用が節減される。

2. 卸売業
(1) 卸売と卸売業
　卸売とは，買い手によって区分するならば，消費者以外に商品を販売する活動であり，この活動は卸売取引とよばれる（消費者に商品を販売する活動は，小売となる）。買い手は大きく分けると，①購入した商品を再販売する商業者（卸売業，小売業）と，②購入した商品を産業用使用（生産活動等）のために投入する産業用使用者（企業，各種事業所，官公庁等）である。

　卸売という行為をするのは，卸売業者だけに限らない。例えば，生産者が商業者と直接取引し，商業者に商品を販売する場合も卸売取引であり，生産者が他の生産者，官公庁，サービス業などへ業務用商品を直接販売する場合も卸売取引に従事しているということになる。このように，卸売取引の主体は多様であり，卸売業者はそのうちの1つということになる。

(2) 卸売業の形態
　卸売業の形態をいくつかの角度から分類すると，以下のとおりである。

①段階構造からみた分類

　卸売業の流通経路段階は，必ずしも1段階にとどまるとはかぎらず，数段階に分化することがある。消費財を例にとると，この分化が最高度に展開されるのは，収集，中継，分散の3段階に分化する場合である。これらの段階で活動する卸売業を，それぞれ収集卸売業，中継卸売業，分散卸売業と呼んでいる。

（ⅰ）収集卸売業は，多数の小規模な生産者から小口で買い集め，品種を整えながら大口になるように集積し，販売する。

（ⅱ）分散卸売業は，大口で仕入れた商品を小口に分け，小規模小売業者や産業用使用者に販売する。

（ⅲ）中継卸売業は，収集卸売業と分散卸売業の中間に位置して両者を結びつけ，両者の活動の調整を行うことを主たる業務とする。

②流通経路別による分類

　仕入先と販売先の流通経路の違いによって，商業統計では卸売業を以下のように分類している。
（ⅰ）直取引卸には，取引先が他の産業である直取引卸（他部門直取引卸）と販売先が小売業者である直取引卸（小売直取引卸）があり，いずれも「生産業者」「国外」から仕入れ「産業用使用者」「国外」「小売業者」へ販売する卸売業
（ⅱ）元卸は，「生産業者」「国外」から仕入れ「卸売業者」へ販売する卸売業
（ⅲ）中間卸は，「卸売業者」から仕入れ「卸売業者」へ販売する卸売業
（ⅳ）最終卸は，「卸売業者」から仕入れ「産業用使用者」「国外」「小売業者」へ販売する卸売業
（ⅴ）その他の卸は，販売先や仕入先が同一企業内である卸売業及び自店内製造品を販売する卸売業

　この分類は，我が国の流通迂回性を分析する上で重要となる。なお，商業統計では直取引卸と元卸を第1次卸，中間卸と最終卸を第2次卸といっている。

③商圏の広さ（空間的分化）からみた分類

　商圏の広さという点から，卸売業は全国卸売業，地域卸売業，地方卸売業の空間的分化の傾向がみられる。
（ⅰ）全国卸売業は，東京，大阪，名古屋の3大都市圏に立地し，主要都市に多店舗展開を行い，全国商圏をもつ。
（ⅱ）地域卸売業は，東北，関東，近畿，九州などといった複数の都府県からなる商圏をもつ。
（ⅲ）地方卸売業は，単一の都市あるいはその都市圏に入る市町村を商圏とする。

　こうした卸売業の商圏からみた空間的分化の過程は，卸売業の取り扱う商品の専門化による部門分化および業態分化という卸売流通における水平的分化と統合に深く関連している。

④品揃えの広さ（商品別分化）による分類

　品揃えの広さという点から，総合卸売業，業種別総合卸売業，業種別限定卸売業に分類できる。

（ⅰ）総合（各種商品取扱）卸売業は，大規模で多品目の商品を扱い，部門化された各部門は，専門卸売業のように機能する。総合商社が典型例である。
（ⅱ）業種別総合（商品取扱）卸売業は，繊維，鉄鋼，機械，食品など，特定の業種に属するすべての品目を総合的に取り扱う。
（ⅲ）業種別限定（商品取扱）卸売業は，メリヤス問屋，靴問屋，菓子問屋など，特定品目を取り扱う。

⑤卸売商業部門の外部構造からみた分類

　卸売商（完全機能卸売商）ではないが，卸売商業部門の外部構造に位置する流通機関として，以下のような卸売業態がある。

（ⅰ）統合卸売業（生産者，小売業者の卸売事務所）

　統合卸売業とは，生産者，あるいは小売業者が所有する卸売機関（卸売事業所）である。具体的には，生産者の販売業務や物流業務を遂行する支店，営業所，あるいは別会社方式の販売会社，また，チェーン・ストアの商品仕入事業部，百貨店の倉庫なども統合卸売業の形態である。生産者や小売業者による卸売段階の垂直統合が統合卸売業の形成を促進しているといえよう。

（ⅱ）系列卸売業

　系列卸売業とは，大規模生産者（寡占的メーカー）による流通系列化によってその傘下に組み込まれた卸売企業である。特定メーカーの特約店がその典型例である。系列卸売業は統合卸売業と異なり，所有権的には生産者から独立した存在の企業であるが，その行動は，生産者のさまざまな流通系列化手段によって拘束され，ある特定の生産者の販売部門であるかのように行動することが要請される。

（ⅲ）限定機能卸売業

　限定機能卸売業は，特定の限定された機能のみを遂行する卸売企業で，完全機能卸売業と対比されるものである。この形態には，現金持ち帰り卸，車積販売卸，通信販売卸等がある。中小卸売業等が特定の機能に特化して生き残りを図るという経営戦略の観点から，独自の卸売領域の構築をめざす例でもある。

（ⅳ）製造卸売業

　製造卸売業は，卸売機能だけでなく，生産機能をもっている企業である。こ

の形態には，自ら生産設備をもって生産を行う場合と，自らは商品企画を行うのみで，製造工程は小規模な生産者に委託する場合の両方を含む。このような製造卸売業は，我が国では，繊維産業や食品産業等に多くみられる。こうした現象を卸売業の機能拡大としてとらえる見方もあるが，それは，単なる機能拡大ではなく，卸売業の後方垂直統合の形態の進展といった方が適切な場合もある。

3. 小売業
(1) 小売と小売業

小売とは，文字どおり，少量ずつ販売することを意味するが，産業分類上は，小売という概念を2つの視点からとらえている。1つの視点は，「消費者」に販売するということである。今1つの視点は，人間の生活の単位である家計で消費される「消費財」を販売するということである。したがって，例えば，自動車修理工場への補修用部品の販売は，少量ずつ販売することであっても，それは，企業が生産・加工等のための産業用使用をするということであるから，小売とは認められない（これは，原則的に卸売となる）。小売は，あくまでも消費者に消費財を販売することである。

小売という行為は，小売業者の独占物ではない。生産者もその流通活動の一環として，小売という活動を行う。例えば，大規模消費財メーカーがその商品を消費者に直接販売する場合や，産地生産者が消費者に直接販売する産地直売は，生産者による小売活動ということになる。また，小売業の中には商品の生産機能を分担する小売業もみられる。例えば，インストアベーカリのような製造小売（もともと小売業であったが，取扱商品の付加価値を高めたり，商品種類の多様性を増加させるなどの目的で，製造分野に業務を拡大するというケース）や大手小売業が生産者と共同して行うPB商品の開発等が，その典型例である。

このような小売業の機能発揮は，純粋の意味での「商業者」としての小売機能の遂行とはいえないが，小売業態の多様化現象のあらわれである。

(2) 小売ミックスと小売業態の展開
①小売ミックスと店舗差別化

　小売業の発展をみる場合，業種の動向と並んで小売業態の動態が重要となる。近代小売業の発展の歴史は小売業態の多様化が最大の特徴だからである。小売業態は小売ミックスの戦略で決定される。小売ミックスとは，有店舗小売業の場合，店舗差別化のために店舗が利用する様々な差別化手段であり，百貨店，スーパー，専門店，コンビニエンス・ストア等多様な小売業態において店舗間の差別化競争が行われている。

　小売ミックスにおける差別化の次元は，アクセス，品揃え，価格，販売促進・サービス，雰囲気によって区分される（表5－1）。アクセスは立地場所，営業時間帯，周囲の商業集積度，品揃えは品揃え品目と構成，価格は価格水準と価格設定，販売促進・サービスは広告，接客活動，雰囲気は店舗施設の特性というような小売ミックスの要素によって，それぞれ構成されている。小売店舗はその小売ミックスを操作して店舗差別化を行って顧客吸引力を高めようとする。その意味で，小売ミックスは，小売店舗の業態を決める最も重要な要因である。

　小売店舗は小売ミックスを操作して店舗差別化を行うが，店舗差別化の1つのパターンとして，小売ミックスの価格関連要素とそれ以外の非価格要素に分けることができ，両者には相互依存関係がある。小売ミックスの非価格要素とは，アクセス，品揃え，販売促進・サービス，雰囲気であり，これらが組み合わされて店舗サービス水準を決めることから，価格と店舗サービスとは，その店舗への消費者選好に逆の方向の影響を与える。すなわち，価格が上昇すると店舗への選好は弱くなり，逆に，店舗サービス水準が向上すると，店舗への選好は強くなる。消費者にとって好ましい状況は，価格低下と店舗サービス水準向上の同時達成，価格上昇を伴わない店舗サービス水準の向上，店舗サービス水準不変（維持）のまま価格低下ということになる。

　しかし，上記のような状況をもたらすためには，流通技術の革新がないかぎり，その実現が極めて困難である。小売店舗が店舗サービス水準を向上させるためには，追加的費用の投入が不可欠となる。費用を捻出するために，粗利益

表 5 − 1　小売ミックス

差別化の次元	小売ミックスの要素
アクセス	立地場所 ・自宅等からの距離 ・アクセスルート ・駐車・駐輪場 営業時間帯 周囲の商業集積度
品揃え	品揃え品目と構成 ・商品カテゴリー ・各カテゴリー内の品目数 ・新商品・独自商品の数
価格	価格水準と価格設定 ・価格ゾーン ・平均価格水準 ・特売の状況
販売促進・サービス	広告 ・広告の内容と頻度 接客活動 ・接客のタイミング ・店員の知識と態度
雰囲気	店舗施設の特性 ・店内装飾、商品陳列 ・売り場のゾーニング ・店内の客層と混雑度

(資料出所) 田村, 2001, p.222 によって作成

率を引き上げれば,価格上昇につながる。したがって,流通技術の水準に変化がなく,何ら革新が行われないと,店舗サービス水準が向上すれば,一般に価格も上昇するという関係になる。

②立地指向と品揃え指向

　小売ミックスの形成は,立地指向と品揃え指向によって大きく異なってくる。立地指向とは,都心等中心地への立地を指向するか,郊外への立地を指向するかということであり,品揃え指向とは,品揃えの総合化を指向するか,それとも専門化を指向するかということである。この2つの指向次元によって,多様な小売業態を配置することができる(図 5 − 18)。

　品揃えの総合化と郊外立地の極にある小売業態として郊外型SCがある。郊

図5－18 小売業態の配置

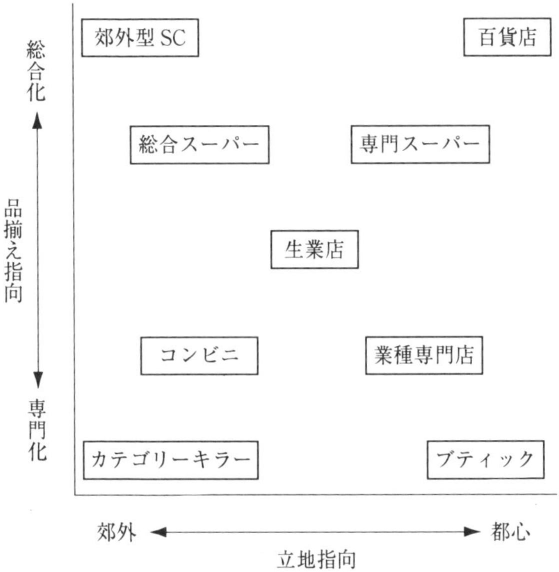

```
総
合          郊外型SC                    百貨店
化
↑
                総合スーパー      専門スーパー
品
揃
え                     生業店
指
向
                コンビニ          業種専門店
↓
専
門          カテゴリーキラー         ブティック
化
         郊外 ←――――――――→ 都心
                  立地指向
```

（資料出所）田村，2001，p.224

外型 SC は，百貨店，総合スーパー，ホームセンター等を各店舗とし，このほかにさまざまな専門店・飲食店等がテナントとして入居し，一大商業施設を形成し，郊外に計画的に設置，運営されるショッピングセンターである。百貨店も総合的な品揃えが行われるが，単独店として設置，運営される場合は，都心等中心地に立地することを指向する。総合スーパーは，衣料品，食料品，住生活関連品を取り扱い，一大商業集積である郊外型 SC に次ぐ品揃えの総合化を指向している。専門スーパーは，衣料品，食料品，住生活関連商品など特定の商品分野の品揃えに特化し，その分野では幅広い品揃えを指向する。家電商品等を取り扱っている専門スーパーの中には，都心等中心地に立地するものもみられる。

　他方，品揃えの専門化と郊外立地指向の極にある小売業態として，カテゴリーキラー，品揃えの専門化と都心等中心地指向の極には，ブティックがある。ブティックとは，特定のニーズ，ライフスタイル等をもった顧客層を標的対象

とする高級専門店である。コンビニエンス・ストアは即時的な消費者ニーズに対応した品揃えを指向し、業種別専門店は特定品種（靴・かばん、スポーツ用品、書籍など）のみの取り扱いを指向する。コンビニエンス・ストアは総じて郊外や住宅地等に立地し、業種別専門店は商業地にある商店街等に立地することが多くみられる。

このような小売業態の展開は、歴史的には、生業店から出発しており、生業店は小売ミックスを操作して、店舗差別化を図り、この結果多様な小売業態が出現したのである。

【注】

1) 一般に、資金流は売買取引が代金の支払を前提としていることから、商流に含めて論じられることが多いが、国際流通における国際売買では、資金（貨幣）が国境を越えて移動（国際資金流と呼ぶことができる）することから、特に国際決済において、支払能力の確認（信用力の担保）、決済通貨の違い、さらにはそれぞれの国における通貨規制と異なる決済システム等国内における資金流と違った特徴がみられる。このことから、国際流通においては、国際資金流は極めて重要な領域を占め、商流とは独立して論じられることが多い（例えば、鷲尾（2006）「第4章 国際資金流」など）。

2) 米国では、3PLをさらに発展させた形態として、4PL（フォースパーティロジスティクス）が一部において提唱されている。4PLとは、アクセンチュアのガトーナーによれば、3PL業者とクライアント企業およびパートナー企業とのジョイントベンチャー（JV）であると説明される。しかし、3PLが4PLへと発展していくことについては、いくつかの問題点が指摘され、4PLというのは大勢にならないとされる。詳しくは、菊池（2005, pp.143-144）参照。

3) 例えば、日通総合研究所編（2007）『ロジスティクス用語辞典』（日本経済新聞出版社）、pp.76-77 は、ファーストパーティをメーカー、セカンドパーティを卸売業・小売業、ロジスティック機能を担う第3の勢力をサードパーティ、あるいはメーカー・卸売業・小売業を荷主側としてファーストパーティ、キャリアをセカンドパーティ、利用運送業者をサードパーティとする。

4) 主な学説としては、再販売購入説、売買営業説、配給組織説、取引企業説、商業機能説、機能説などがあるが、時間の流れとともに、学説も変遷してきていることがうかがえる。

第6章
国際的企業活動と国際取引

第1節　貿易と国際売買

1. 貿易形態別による国際売買

　企業の国際的商活動としての国際売買は，貿易によって行われる。貿易による国際売買には，一般的・伝統的な貿易形態と仲介貿易，委託加工貿易，委託販売貿易等の形態がある。

(1) 一般的・伝統的な貿易

　一般的・伝統的な貿易形態による国際売買は，単品商品，あるいは単体商品の売買（スポット売買を含む）契約，および長期国際売買契約等の国際動産（物品）売買契約による貿易取引である。

　単品商品，あるいは単体商品の貿易取引は，食品，繊維製品，化学製品，機械製品のほか，鉄鉱石，原油，あるいは各種原材料等を対象とするものであり，これら商品の貿易取引は当事者間の契約によって行われる。すなわち，申込（Offer）と承諾（Acceptance）によって成立する諾成契約であり，当事者の意思の合致があれば国際売買契約は成立する。当該契約が成立すれば，その履行として輸入，あるいは輸出が行われ，代金の決済と貨物の引渡しが完了すれば，国際売買は初期の目的を達成して終わることになる。1回限りの売り切り，あるいは買い切りのスポット売買も同様なプロセスをとる。したがってこのような単品商品，あるいは単体商品の国際売買は，まさに伝統的な貿易取引の典型といえる。

　長期国際売買契約とは，当事者（売主と買主）が一定期間の長期にわたって

国際売買を繰り返す契約形態である。長期国際売買契約は，日本では原材料の輸入やメーカーと販売店間の契約，部品の輸出入契約などに利用され，安定供給先あるいは安定需要者を確保し，売主及び買主の経営の維持，安定が図れるというメリットがある。

　特に，当事者の一方が売買の履行のために固定施設に投資する場合，その投資金を確実に回収するためには，長期安定顧客の存在が望まれる。商品の売主が生産設備や船積設備の建設のために，その資金を銀行から融資を受けるような場合には，銀行が融資金の回収を確実にするために，借主にその生産品の長期国際売買契約を締結させ，その売買代金請求権に担保権を設定することを要求することが多いといわれている（北川・柏木，2005，pp.35-36）。

　長期国際売買契約形態の1つに開発輸入がある。輸入取引において海外の輸出者の提供する商品を買い取るだけでは安定した量の確保，品質の保証，価格の維持，納期の確実性等の保証が得られないことがある。そのため輸入者（買主）は輸出者（売主）に対して機械等の生産設備や船積設備の建設等のための資金を提供して，輸入商品の確保を行うとともに，その投資金の確実な回収等を図るために輸出者（売主）との間で長期国際売買契約を締結するのである。日本側としては，資源の確保や相手国での契約栽培による農産物の輸入等の場合に利用されることが多くみられる。

(2) 仲介貿易

　仲介貿易とは，日本の場合を想定すれば，日本の企業が物品をある国から買い入れ，これを他の国に売り渡し，日本の企業は買入（購買）と売渡（販売）でそれぞれの代金の決済を行うが，物品は日本を経由することなく，ある国から他の国へ移動する国際取引である（高桑，2011，p.74）。

　今日，多くの日本企業は海外に生産拠点を建設したり，あるいは現地国内に販売拠点を設けるなど多極的な拠点を構築し，それをネットワーク化した形で多様な海外事業を展開していることがみられる。

　このような多極的な拠点形成の国際事業展開においては，海外生産拠点を売主（物品の輸出国企業）とし，現地国での自社販売会社あるいは販売代理店を買主（物品の輸入国企業）としたり，あるいは下請部品メーカーを売主とし，自社

完成品組立工場（現地法人）を買主としたりするなどして，日本本社がその売買を仲介し，物品は直接に売主（輸出国企業）から買主（輸入国企業）へ，つまり外国相互間で移動するという国際取引が増加している。これが仲介貿易であり，仲介企業と輸出国企業との売買，および仲介企業と輸入国企業の売買は，国際売買に該当する。この仲介貿易は，輸出国企業，輸入国企業，仲介者（仲介企業）という3つの国の企業が関与することから，三国間貿易とも呼ばれる。

　このような仲介貿易が行われる背景としては，日本本社としては海外拠点を的確にマネジメントし，自社のコントロール下に置きつつ，日本を経由しない海外域内での物流によって，現地国への物品供給が短時間でできる，つまりリードタイムの短縮化が図れるという国際経営戦略の要請に合致するということがあげられる。この仲介貿易は，1979年12月1日の旧外為法（外国為替及び外国貿易管理法）の改正（「外国為替及び外国貿易法」と名称変更）によって原則自由となった。

　仲介貿易には，日本企業を仲介者とした場合，以下に示すように原則型，代金受取型，代金支払型の3つの形態がある（石原，2005，p.172）。

①原則型

　これは，仲介企業が代金の受領と支払の双方を行うもので，最も一般的，かつ原則的な形態である。この形態は，仲介企業と輸出国企業の売買契約，および仲介企業と輸入国企業との売買契約という2つの売買契約が締結され，仲介企業は輸出国企業に対しては，代金の支払，輸入国企業に対しては代金の受領がなされる。物品は，輸出国企業から輸入国企業に輸送される。仲介企業としては，輸入国企業からの受取代金と輸出国企業への支払代金の差額が利益（手数料）となる（図6-1）。

②代金受取型

　これは，上記原則型と同じように，売買契約は仲介企業と輸出国企業との間，仲介企業と輸入国企業との間でそれぞれ締結されるが，代金の決済は輸入国企業から輸出国企業宛てに直接支払いがなされるという形態である。代金決済の際の手数料のみが輸出国企業または輸入国企業から仲介企業宛てに送金されるというものである。

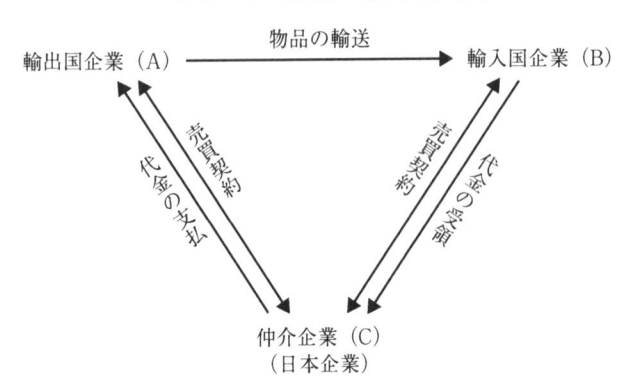

図6−1　原則型の仲介貿易（例）

```
    輸出国企業（A） ──物品の輸送──→ 輸入国企業（B）
         ↑↓                              ↑↓
          売買契約                    売買契約
         代金の支払                   代金の領収
              ↘                    ↙
                  仲介企業（C）
                  （日本企業）
```

（備考）1　A，B，Cはそれぞれ異なった国である。この場合，本国と海外統合国との間，例えば中国と香港の場合も含まれる。
　　　　2　仲介企業（C）は輸出国企業（A）との間では買主，輸入国企業（B）との間では売主となる。

③代金支払型

これには以下のように2つの形態がある。

（ⅰ）プラント輸出の場合

日本からのプラント輸出の場合で，プラントに含まれる一部機械類等の物品を日本で調達が難しいあるいはプラント輸入国からの指定等の理由から，第3国（物品の輸出国企業）から調達し（売買契約となる），それをプラント輸入国に輸送する形態である。プラント輸入国は第3国から送られてきた物品の代金を含めて（第3国に支払わないで），プラント輸出国に一括して支払い，プラント輸出国は第3国に対し物品の輸出代金を支払うものである。

（ⅱ）工事請負の役務契約の場合

役務提供国が役務受入国と工事請負の役務契約を締結し，その際に第3国から機械類等の物品を調達し（売買契約となる），その物品は第3国から役務受入国に輸送される形態である。役務提供国は，プラント輸出の場合と同様に，物品の輸出代金を含めて一括受領し，その一部を物品の輸出代金として第3国に支払うものである。

なお，仲介貿易と中継貿易の違いは明確に区別しなければならない。仲介貿

易は，既に述べたように輸出国と輸入国の間で物品の移動が行われる場合であり，または輸出国から輸入国への直送サービス手段がないときに，配船の関係上日本で仮陸揚げし（税関に対し陸揚げの申請を行い，許可をもらう），一時的に保税蔵置場等に搬入した後，他船に積み換えが行われる（これは関税法上，輸出入ではない）場合に限られる。

これに対し，中継貿易というのは，着港した輸入貨物を一旦陸揚げして保税蔵置場等に搬入し，包装の手直し，ラベルの張り替え等簡単な手入れ・加工した後，さらにそれを他船に船積して再輸出する場合をいう。したがって，この場合は税関に対し，通常の輸入承認および再輸出の手続きを行うことになる。

(3) 委託加工貿易

委託加工貿易とは，ある国の企業が原材料を他国の企業に供給してその加工を委託し，加工品を一定の国（委託国または第3国）へ送る貿易取引である（高桑，2011, p.74）。

日本では委託加工貿易を次の2つの種類の形態に分ける。1つは，順委託加工貿易といって日本の企業が外国の企業から加工の委託を受ける形態である。今1つは，逆委託加工貿易といい，日本の企業が外国の企業に加工を委託する形態である。

委託加工貿易においては，通常，供給した原材料および加工品の所有権は委託者に属し，貨物リスク，保管料，保険料なども委託者が負担し，受託者（外国の企業）は加工の対価（加工料）を得るという仕組みである。なお，加工者が原材料を輸入（原材料の所有権を取得）して，その全量を加工して輸出（加工業者に加工品の所有権がある）するという貿易形態は加工貿易と呼ばれ，委託加工貿易とは区別される。

今日，多くの日本企業が中国企業への委託加工（逆委託加工）を行っているケースがみられる。中国における委託加工は，現地企業が外国から資材・部品を保税で輸入し，中国国内で生産を行い，関税，増値税が免税（還付）されて，加工された製品（加工品）を輸出する方式をとっている。加工品はすべて輸出されなければならず，国内販売は認められていない。

中国における委託加工の方式には，来料加工と進料加工がある。来料加工は，

中国国内の現地生産企業が海外から無償で原材料，部材を受け取り，その加工品を原材料，部材の提供者へ引き渡し，現地生産企業は加工賃を受け取るものである。これは，中国側企業からみれば，順委託加工貿易ということになる。今1つの進料加工は，中国国内の現地生産企業が有償で原材料，部材を購買し，その加工品を原材料，部材の購買先あるいは第3国（いずれも海外）に輸出して販売（これも国内販売は認められていない）するというものである。これは，加工貿易の範疇に属する。いずれも中国の人件費その他の低廉な費用に着目して行われている貿易形態である。

日本では委託加工貿易は，日本にもたらす影響等を考慮して，旧外為法の下では輸入，輸出についての承認，加工委託貿易契約の許可が必要であったが，1979年の旧外為法の改正によりそのような規制はなくなった。ただし，輸出貿易管理令2条1項2号で規定された以下に示す指定加工を海外企業に委託し，かつ指定加工原材料を輸出する場合には輸出の承認を要する。

①指定加工
（ⅰ）織物の絞り加工
（ⅱ）皮，毛皮皮革製品（毛皮製品を含む）及びこれらの半製品の製造
②指定加工原材料
（ⅰ）綿織物及び絹織物
（ⅱ）皮革（原毛及び毛皮を含む）及び皮革製品（毛皮製品を含む）の半製品

なお上記管理令の規定による委託加工貿易の輸出の承認を受けた者が，その確認事項に基づき原材料を輸出し，加工後の当該製品を輸出承認日から1年以内に再輸入する場合は，当該製品が輸入割当等の対象品目であるとしても，輸入割当等の規制を受けずに輸入することができるという特例措置が認められている。

(4) 委託販売貿易

委託販売貿易とは，輸出者が外国の第3者に物品の販売を委託して，それに基づいて物品を外国に輸出し，第3者の販売に対して一定の手数料を支払う国際取引である（高桑，2011，p.75）。委託販売貿易においては，委託者（輸出者）と第3者（輸入者）との関係は売買契約ではなく，委任契約である。

委託販売契約には，一般に以下のような内容が含まれる。
（ⅰ）物品が第3者（受託者）に輸出され，受託者から販売代金が送金されるまでは，当該物品の所有権は委託者にある。
（ⅱ）物品販売に伴う保険料，保管料，輸送に係るリスクなどは，委託者が負担する。
（ⅲ）委託者は受託者に対し，販売高に応じ委託販売手数料を支払う。
（ⅳ）委託販売期間に販売できなかった物品は，原則として委任者が引き取る。

①委託販売貿易における物品の輸出

委託販売貿易では，受託国企業との売買契約が成立する前に物品を輸出するところに特徴があるが，日本においては物品の輸出そのものについては，現在のところ輸出貿易管理令では特定な規定はなく，通常の輸出の場合と同様な手続きをとることになる。

すなわち委託販売のために物品の輸出をする場合については，輸出貿易管理令別表第1中欄に掲げる貨物を同表下欄に掲げる地域を仕向地として輸出をしようとする場合は輸出の許可，また同令別表第2中欄に掲げる貨物（要承認品目）及び同表下欄に掲げる地域を仕向地として輸出しようとする場合は，輸出の承認をそれぞれ必要とする。

委託販売貿易に基づいて輸出した物品のうち，売れ残った物品を日本に再輸入する場合（ただし，日本から輸出した状態のまま無償で輸入されることが条件）は，輸入貿易管理令14条の輸入特例により，経済産業大臣の輸入承認等は不要であるとともに，輸入関税も免除される。

②委託販売貿易における物品の輸入

日本では委託販売貿易における物品の輸入については，輸入貿易管理令では特別の規定を設けておらず，通常の輸入の場合と同じ手続きである。したがって輸入しようとする物品が，輸入貿易管理令3条の規定によって輸入公表に掲げられている輸入割当品目等に該当する場合は，適正な手続きに基づいて輸入承認を受ける必要がある。

委託販売貿易で輸入された物品のうち，売れ残った物品を積み戻す（輸出する）場合には，委託者への返品，あるいは委託者の指示による第3国への輸出

のいずれを問わず,輸入貿易管理令4条2項の輸出特例の規定により経済産業大臣の輸出承認手続きを必要としない。ただし,当該物品が輸出貿易管理令上特に輸出が規制されている品目の場合はこの限りではない。

2. 販売店・代理店契約による国際売買

　海外で市場を開拓しようとする企業は,相手国で現地の販売店または代理店を活用する場合がある。特定の企業が製造し,または販売する商品を第3者に供給する中間の企業を一般に販売店(Distributor),代理店(Agent)といい,これら販売店・代理店と商品の製造企業・販売企業との間の契約を販売店契約,代理店契約という(高桑,2011,pp.251-252)。販売店契約・代理店契約は当事者の営業所が異なる国の間で締結される場合は,国際取引となる。しかし,国際取引で用いられている販売店・代理店という用語の内容は必ずしも明確とはなっていない[1]。販売店と代理店との違いについては,一般的に以下のように解釈されている(北川・柏木,2005,p.145-147)。

　販売店とは,自己の計算で外国のメーカー等から商品を買い入れ,これを所有し,自らリスクを負担して顧客に販売する企業(商人)である(図6−2)。商品の所有権が国境を越えて移動する国際売買であるところに,後述する代理店と異なる。

　一方,代理店とは外国のメーカー等のために,当該メーカー等の商品の販売の仲介,媒介または代理を行う企業(商人)である。販売店と異なり,商品の所有権を取得しないで(つまり国際売買の形態をとらないで),現地顧客との間の商品売買の仲介,媒介または代理をするなどの方法で補助するところに特徴がある(図6−3)。

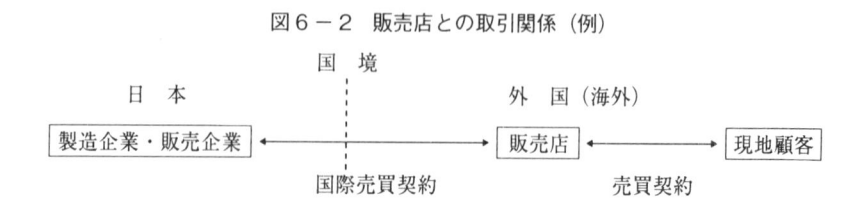

図6−2　販売店との取引関係(例)

日　本	国　境	外　国(海外)	
製造企業・販売企業	←→	販売店	←→ 現地顧客
	国際売買契約	売買契約	

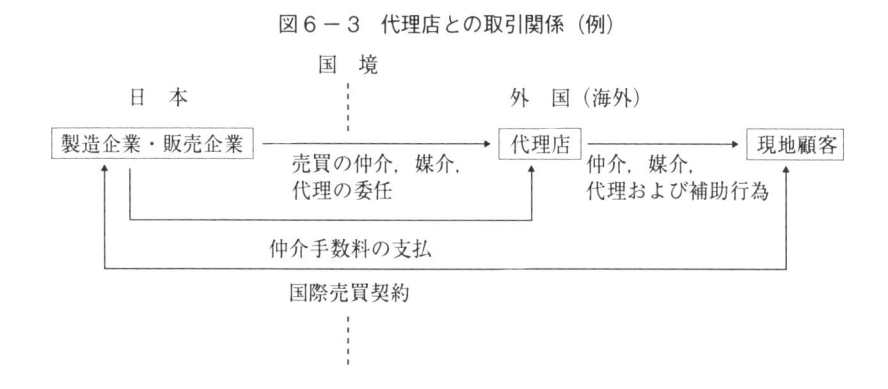

図6−3 代理店との取引関係（例）

```
              国　境
   日　本       ┊       外　国（海外）
┌──────────┐  売買の仲介，媒介， ┌──────┐ 仲介，媒介， ┌──────┐
│製造企業・販売企業│ ─────────→ │代理店│ ─────────→ │現地顧客│
└──────────┘  代理の委任      └──────┘ 代理および補助行為 └──────┘
     ↑             仲介手数料の支払          │
     └─────────────────────────────────────┘
                    国際売買契約
                       ┊
```

　代理店の最も多い形態は，代理店と現地顧客の取引で販売が成功した場合には，現地顧客が直接，あるいは代理店を経由して外国のメーカー等に商品を発注し，売買契約は現地顧客と外国のメーカー等の間で直接に締結される。したがって代理店は，売買契約の当事者にはならず，特約がない限り，代金回収義務や瑕疵担保責任など商品の売買契約上の責任は負わない。代理店は，現地顧客と外国メーカー等の間で売買契約が成立した時点で，外国メーカー等から仲介手数料（commission）を受け取る。

　代理店には，上記のように売買契約の仲介，あるいは媒介だけをする代理店の他に，代理店が法律上の代理行為の権限（代理権）をもって，外国のメーカー等の売買契約を締結する権限を有する締結代理商もないわけではない。しかし国際取引では代理店という名称を使用していても，法律上の代理権を有する締結代理商はほとんどなく，その多くが媒介代理商，あるいは契約の媒介すらしない補助業務のための代理店である（北川・柏木，2005，p.149）。

　販売店についても代理店についても，排他的販売店・排他的代理店と非排他的販売店・排他的代理店がある。排他的販売店・排他的代理店とは，特定のメーカーのためのある地域での販売または販売の代理をすることが認められた（指定された）唯一の販売店または代理店のことをいうが，代理店の場合は，海外のメーカー等と一体となっていわば手足のように働くものであるから，原則として独禁法上の問題は生じないが，販売店の場合，一定地域について排他的販売権を認められた場合，その流通を支配することになるから，独占禁止法上

の問題を生ずる可能性がある[2]。

なお,代理店は前述した委託販売貿易を類似した内容をもっているが,委託販売貿易の場合においては,受託者と現地顧客との取引は売買契約の関係に立つが,代理店の場合では受託者と現地顧客の取引は,あくまでも売買の仲介,媒介,あるいは代理であるという点が異なる。

販売店と代理店を上記のように区別することができるが,日本でもコモンロー(英米法)の国でも,実際は代理店といっても商品を買い取り,これを2次販売店,あるいは小売店に再販売する販売店をも含めた形で広い意味でとらえられている例も多くみられ,また前述したように代理店といっても法律上の代理行為を有しない代理店であることが少なくない。このように販売店,代理店という用語の内容は必ずしも明確ではないし,その使い方も統一されていない。したがってこれらの企業(商人)がいかなる立場にあるかは,その名称ではなく,それぞれの契約の内容で実質的に判断することが必要となる。

一般に販売店と代理店の相違は,顧客に対する商品の売主としての地位の有無(代理権の有無),修繕義務とアフターサービス,物品の供給者との関係での収入の形態(売買利益か手数料収入か),広告・宣伝活動の状況等にあるとされている(高桑,2011,p.253)。

3. 国際物品売買契約に関する統一法

(1) ウィーン売買法条約の制定

国際売買は国境を越えた国際間の売買であるから,そこで締結される国際売買契約は,国際的な統一法がある場合には,原則的にはその統一法が適用されることになる。国際物品売買契約に関する統一法で現在効力を有しているのは,1980年に採択された「国際物品売買契約に関する国際連合条約」(United Nations Convention on Contracts for the International Sale of Goods, 1980) である。

この条約は,国際取引の発展が国家間の友好関係を促進する重要な要素であり,国際物品売買契約を規律し,異なる社会,経済及び法律制度を斟酌考慮した統一規則を採択することが国際取引における法的障害の除去に貢献し,かつ国際取引の発展を促進するものである,という考えで作成されたものである。

1980年4月にウィーンの外交会議で採択されたことから，通称ウィーン統一売買法条約，ウィーン売買条約などと呼ばれる。本書ではこの条約の名称を以下，ウィーン売買法条約と呼ぶこととする。

ウィーン売買法条約は1988年1月1日から発効しているが，日本は2008年7月1日に加入手続きを行い，2008年の第169回国会で承認され，2008年7月1日公布，2009年8月1日に発効した。2009年5月現在，本条約の締約国数は日本を含めて米国，カナダの北米諸国，ドイツ，フランスのEU諸国，中国，韓国，シンガポール等のアジア諸国，さらにはロシア，オーストラリア，メキシコ等を含む74カ国に達し，貿易大国で未加入な国は英国があげられる[3]。

日本は本条約に加入したことにより，締約国として多くの国と共通した統一の契約法を獲得したこととなり，従来国際取引には国際私法によって指定された準拠法国の国内法が適用されてきたが，本条約の発効に伴い本条約が規定する適用基準を満たす国際物品売買契約には本条約が直接適用されることとなった。

(2) ウィーン売買法条約の概要

ウィーン売買法条約は，第Ⅰ部から第Ⅳ部まで全文101か条で構成されているが，その概要は以下のとおりである[4]。

［適用範囲］

ウィーン売買法条約は営業所が異なる国にある当事者間の物品売買契約につき，以下の場合に適用される。

①これらの国がいずれも締約国である場合（1条(1)(a)），又は

②国際私法の規則によれば締約国の法の適用が導かれる場合（1条(1)(b)）

1条(1)(a)は，法廷地がこの条約の締約国である場合に，締約国に営業所を有する当事者間の売買には，締約国ではその国の国際私法の規則に従って準拠法を決定することなく，直ちにこの条約の規定を適用すべきことを定めたものである。

1条(1)(b)は，上記以外の場合（当事者が準拠法を指定した場合を含む）には，国際私法の規則によって準拠法を決定し，その準拠法を適用する。ただし締約

国の法律が準拠法となる場合には，この条約の規定が適用されることを定めたものである。このような場合に準拠法所属国のいかなる法律を適用すべきかについては，原則としてその国における国内法の適用に関する規則による。

ただし1条(1)(b)については排除の規定があり，いずれの締約国もこの条約1条(1)(b)の規定に拘束されない旨を宣言することができるとしている（95条）。当事者間の売買契約にこの条約の適用範囲を図示したのが，図6-4である。

異なる国に営業所を有する当事者間の物品の売買契約であっても，以下のような売買にはこの条約は適用されない（2条）。

(a) 個人，家族又は家庭用に購入される物品の売買。ただし売主が契約締結時又はその前に物品がそのような用途のために購入されたことを知らず，又知るべきでなかった場合は，この限りではない。

図6-4 ウィーン売買法条約の適用範囲

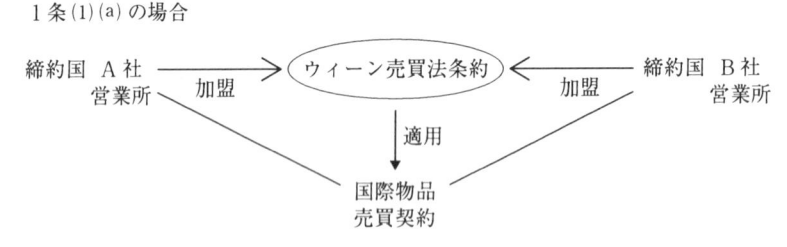

1条(1)(a)の場合

1条(1)(b)の場合

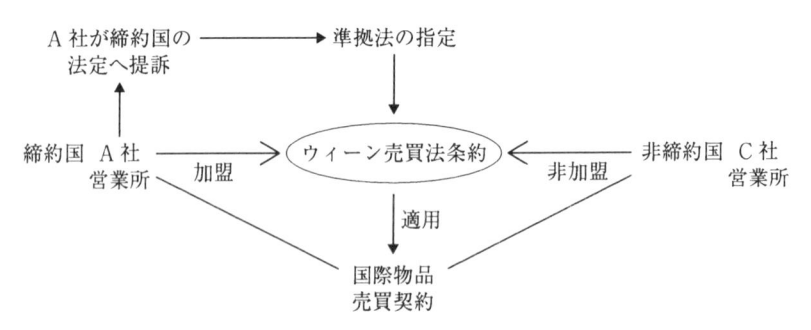

（資料出所）絹巻, 2009, p.234を加工して作成

(b) 競売による売買
(c) 強制執行その他法律に基づく売買
(d) 株式，持分，投資証券，流通証券又は通貨の売買
(e) 船舶，艦船，ホーヴァークラフト又は飛行機の売買
(f) 電子の売買

[売買契約の成立]

　売買契約は，一般に申込（Offer）と承諾（Acceptance）によって成立するとされる。特に通常行われている単品，あるいは単体商品の貿易取引においては，そのような売買契約の形態が取られる最も典型的な例であるといえる。ウィーン売買法条約においても国際物品売買契約は，申込みの承諾がこの条約の規定に従って効力を生じた時に成立する，と規定する（23条）。

　申込とは，それが十分に明確であって，承諾があった場合に拘束されるとの申込者の意思が表示されている場合は，申込となる（14条(1)）。申込は，それが被申込者に到達した時に効力を生じる（15条(1)）。申込は，それが取消不能であっても，撤回通知が申込の到達前又は到達と同時に被申込者に到達した場合には，撤回されうる（15条(2)）。申込は，契約が締結されるまでは，被申込者が承諾の通知を発する前に取消しの通知が被申込者に到達するならば，申込を取り消すことができる（16条(1)）。しかし申込が，次のいずれかの場合に該当する場合には取り消すことができない（16条）。

(a) 申込が承諾のための一定期間を示すかその他の方法により，取消不能であることを示している場合
(b) 被申込者が，申込を取消不能のものであると了解することが妥当であって，被申込者が申込みに信頼して行動した場合

　承諾とは，申込に同意する旨を示す被申込者の陳述その他の行為である（18条(1)前段）。承諾は，同意の表示が申込者に到達した時に効力を生じる。同意の表示が申込者の定めた期間内又は期間の定めがない場合，妥当な期間内に申込者に到達しない時には，効力を生じない。この妥当な期間の決定に当たっては，申込者が用いた通信手段の迅速性を含む取引の状況を十分に考慮する。口頭による申込は，別段の事情がある場合を除き，直ちに承諾されなければ，そ

の効力を失う (18条(2))。

　承諾は，申込の条件を実質的に変更しないで，これに応ずる旨の意思表示であることから (19条(2))，代金，支払，物品の品質及び数量，引渡しの場所及び時期，当事者の相手方に対する責任の限度，又は紛争解決等に関する付加的又は異なる条項は，申込の内容を実質的に変更するものとみなされるので (19条(3))，そのような承諾の意思表示は申込の拒絶であり，反対申込となる (19条(1))。承諾が遅延した場合であっても，申込者がこれを有効とする旨を遅滞なく被申込者に口頭で通告するか，又はその旨の通知を発した場合には，有効とする (21条)。承諾の撤回通知が，承諾の効力が生じる前又はそれと同時に申込者に到達するならば，承諾は撤回することができる (22条)。

［売主の義務］

　ウィーン売買法条約では，売主は契約及びこの条約の定めるところに従って物品を引き渡し，それに関する書類を交付し，かつ物品の物権を移転する義務を負う，と規定する (30条)。つまり，物品の引渡，売買に関する書類の交付，物品の所有権の移転が，売主の3大義務となる。

　売主が物品を他の特定の場所で引き渡すことを要しない場合には，その引渡義務は以下のとおりとする (31条)。

(a) 売買契約が物品の運送を伴う場合は，最初の運送人に物品を交付する。
(b) 物品の運送をしない場合であって，特定物又は特定の在庫品の中から抽出されるべき不特定物若しくは製造，あるいは生産されるべき不特定物であり，かつ契約の両当事者が契約締結時に，物品が特定の場所に存在し，又はそこで製造，又は生産されることを知っていた場合は，その物品の存在する場所で物品を引き渡す。
(c) 上記 (a)，(b) 以外の場合は，契約締結時に売主が有する営業所所在地で物品を引き渡す。

　また引渡時期は，以下のように規定されている (33条)。

(a) 期日が契約で定められているか確定しうる場合には，その日。
(b) 期間が契約で定められているか確定しうる場合には，買主が日を選択すべき事情がない限り，その期間中のいずれかの日。

(c) (a), (b) 以外の場合には，契約締結後の妥当な期間内。

売主が買主に交付する売買に関する書類とは，具体的には商業送状，原産地証明書，品質保証書，船荷証券等の運送に関する書類，保険証券など，それぞれの売買契約において必要とされる書類をいう。売主は，この売買に関する書類を契約で定められた時に契約で定められた場所及び方式で交付しなければならない。売主が定められた時よりも前に，書類を交付した時は，その時までは買主に不当な不便又は不当な出費を負わせない限り，書類の欠陥を補うことができる（34条）。

［買主の義務］

買主の義務は，代金の支払と物品の受領である（53条）。買主は，代金の支払に当たっては，代金の支払を可能にするための措置をとり，かつ必要な手続きを守るべきことを定める（54条）。信用状の開設，送金許可の取得などがこれに該当し，買主の売主に対する代金支払への積極的な取り組みを規定したものといえる。

代金の支払場所は，他の特定の場所で支払う義務を負っていない場合には，(a) 売主の営業所，又は (b) 物品又は書類の交付と引換えに代金を支払うべき場合においては，交付の場所となる（57条(1)）。代金の支払時期は，買主が代金を他の一定の時に支払う義務を負っていない場合には，契約及びこの条約の定めるところに従い，売主が物品又はその処分を規制する書類を買主の処分に委ねた時に支払わなければならない（58条(1)）。物品の運送を伴う場合には，売主は代金の支払と引換えでなければ物品又はその処分を規制する書類が買主に交付されないとの条件で，物品を発送することができる（58条(2)）。買主は，物品の検査をする機会を待つまでは，代金の支払を要しないことが認められている（58条(3) 前段）。

また買主は，(a) 売主の引渡しを可能にするために妥当に期待され得るすべての行為をなし，又 (b) 物品の引渡しを受けるべきこととし（60条），物品の受領に対し買主の積極的な関与を規定する。ただし売主が期日前に物品の引渡しをしたならば，買主は引渡しを受けることも拒絶することもできる（52条(1)）。

［売主または買主の契約違反に対する救済］

①売主の契約違反に対する救済

売主が契約違反をした場合には，買主に以下のような救済が認められる。

(a) 買主は，本来の給付，代替物の引渡，不足分の追加，瑕疵の補修，代金減額，損害賠償などを請求することができる（46条-48条，50条，51条）。

(b) 買主は，契約を解除することもできる（49条）。

(c) 損害賠償の請求は，他の請求または契約の解除を妨げるものではなく，同時に認められる（45条(2)）。

(d) 買主の解除権は，売主に基本的な契約違反があるときは，特に催告を必要としないで行使することができる。物品の引渡しのない場合は，買主の定めた付加期間（一定期間）内に履行すべきことを催告し，それでも履行されないときは，契約を解除することができる（49条）。

②買主の契約違反に対する救済

買主が契約違反をした場合には，売主に以下のような救済が認められる。

(a) 売主は，代金の支払，引渡しの受領，その他買主の義務の履行を請求することができる（62条）。

(b) 売主は，契約を解除することもできる（64条(1)）。

(c) 買主の義務の不履行が基本的な契約違反となる場合には，売主は特に催告を必要としないで契約を解除することができる。買主に基本的な義務違反がないときであっても，売主の定めた付加期間（一定期間）内に買主が代金の支払若しくは物品を受領しないときは，売主は契約を解除することができる（64条）。

［危険の移転］

危険の移転はいつから生じるのか，その時期については以下のように規定されている。

(a) 買主が物品の引渡しを受けた時，又は買主が適時に引渡しを受けない場合には，物品が買主の営業所で買主の処分に委ねられ，かつ引渡しを受けないことによって契約に違反した時から，危険は売主から買主に移転する（69条(1)）。

(b) 買主が売主の営業所以外の場所で物品の引渡しを受ける義務を負っている場合には，引渡しの時が到来し，物品がその場所で買主の処分に委ねられていることを買主が知った時に，危険は売主から買主に移転する（69条(2)）。
(c) 未特定（不特定）物品の契約の場合には，物品が特定されたときに買主の処分に委ねられたものとされる（69条(3)）。
(d) 不特定物品の運送が予定されている場合には，物品が特定され，運送人に引き渡された時に，危険は売主から買主に移転する（67条）。運送途上で売買された物品については，危険は契約締結時に，売主から買主に移転する（68条前段）。
(e) 危険が売主から買主に移転した後においては，物品の滅失又は毀損は，買主が負担し，買主の代金支払の義務は免れられない（66条）。ただし売主に基本的な契約違反がある場合には，危険が売主から買主に移転した後であっても，買主は売主に対して代金減額請求，代替物引渡請求，損害賠償請求，あるいは契約の解除等の救済を求めることができる（70条）。

［売主と買主の義務に共通の規定］

この条約では売主と買主に共通する義務の規定を設けており，その主要な点は以下のとおりである。

①履行期日前の契約違反及び分割履行契約

契約締結後に以下に掲げる事由で相手方が，その義務の実質的な部分を履行しないことが明らかになった場合には，当事者は義務の履行を停止することができる（71条(1)）。
(a) 履行能力上又は信用上の著しい欠陥
(b) 契約履行の準備又は履行上の行為

しかし相手方がその履行の十分な保証を提供した場合は，履行を継続しなければならない（71条(3)）。

履行期日前に，一方の当事者が契約違反をおかすことが明らかな場合，他の当事者は，契約の解除をすることができる（72条(1)）。また分割履行の契約に

おいて，いずれかの部分に関する一方の当事者の何らかの義務の不履行が，その部分について基本的な契約違反となる場合，相手方はその部分について契約を解除することができる (73条(1))。基本的な契約違反が生じるであろうと推断するに足りる根拠を与える場合にも同様に，契約の解除をすることができる (72条(2))。

②損害賠償額

損害賠償額は，得べかりし利益の損失も含め，違反の結果他の当事者が被った損失と同じ額とするが，契約違反の結果として発生することを当時予見し，または予見すべきであった損失の額を越えることができない (74条)。

③遅延損害金（利息）

代金その他の金銭の支払が遅れている場合，損害賠償の請求とともに，遅延損害金（利息）を受け取ることができる (78条)。

④免　責

義務の不履行が自らの制御を越えた障害に起因すること，その障害若しくはその結果を回避あるいは克服することが妥当に期待され得なかったことを立証した時は，その責任を負わない (79条(1))。

⑤解除の効果

契約の解除は，支払を要すべき損害賠償がある場合を除いて，当事者は契約上の義務から免れる。この場合，当事者は原状回復の義務を負う (81条)。

⑥物品の保存

買主が，(a) 物品の引渡しを受けることを遅延した場合，又は (b) 代金の支払と物品の引渡が同時になされるべきであって，買主が代金を支払わず，売主が物品を占有し，又はその他の方法でその処分を支配できるときは，売主は妥当な物品保存措置を取らなければならない (85条)。買主が，物品の引渡を受け取っていて，その受領を拒絶するときは，買主が妥当な物品保存措置を取らなければならない (86条)。

4. 国際物品売買契約における定型取引条件
(1) インコタームズの制定

　国際物品売買契約は，通常の売買契約と同様に，一般に申込とそれに対する承諾によって成立する。しかしそこで締結される契約内容について当事者間で解釈の相違，あるいは誤解が生じることが多くみられた。このような解釈の相違等による紛争を事前に防止するため，従来いくつかの国際機関や民間団体が国際的な統一規則を制定してきたが，現在最も広く利用されているのが，国際商業会議所（ICC: International Chamber of Commerce）が作成したインコタームズ（正式名：International Rules for the Interpretation of Trade Terms（邦訳「貿易条件の解釈に関する国際規則」），略して INCOTERMS（International Commercial Terms））である。

　インコタームズが最初に作成されたのは 1936 年で，パリに本部を置く国際商業会議所が定型取引条件委員会（Trade Terms Committee）を設置して，各国で慣用されている定型取引条件に使用されている用語とその内容の実態調査を行い，この調査結果を基に国際統一規則としてのインコタームズ 1936 を作成したのである。その後，1953 年，1967 年，1976 年，1980 年，1990 年，2000 年と数次の改訂を経て，現在 2010 年インコタームズが作成されている。

　なお，インコタームズは，当事者がそれに準拠することを示した場合に適用される。したがってインコタームズは，過去何回か改訂がなされているが，それはそれぞれ独立した規則として存在しており，新たな規則が作成されても，それ以前に作成された規則が使えなくなる訳ではない。当事者は，インコタームズの利用に当たっていずれかのインコタームズを用いるか，契約締結時に明確にしておく必要がある。2010 年インコタームズを用いる時は，貿易条件の略号，そのあとの具体的な貿易条件と引渡地，仕向地，仕向港または仕向地ターミナル，船積港のいずれかを記し，2010 年インコタームズであることを示すことが適当とされている（高桑，2010, p.110）。

(2) 2010 年インコタームズの概要

　2010 年インコタームズは 11 の貿易条件を定めており，これをさらにいかなる運送手段にも用いることができる条件と海上および内陸水路運送のための条

件に大別して，各貿易条件の概要を記載している。貿易条件の概要は以下のとおりである（以下の説明は，高桑，2011, pp113-117によっている）。

（いかなる運送手段にも用いることのできる条件）

［EXW，工場渡］

売主がその施設またはその他の指定場所（営業所，工場，倉庫等）において買主のために目的物の引渡しをなしうるようにしたときに，引渡義務がなされたことになる。それ以後の運送，輸出のための手続，費用等はすべて買主の負担となる。

［FCA，運送人渡］

売主が目的物の輸出手続，通関手続をして，指定場所において買主の指定した運送人に目的物を引渡し，買主は運送人と運送契約を締結してそれ以後の運送を行うとともに，引渡以後の危険と費用を負担する。買主が運送人以外の者に引き渡すべき旨の指図をしている場合は，その者に目的物が引き渡されたときに，売主による引渡しがなされたものとみなされる。

引渡しの完了は，引渡しの行われる場所が売主の施設の場合には，買主の指定した運送人の運搬手段に物品が積み込まれたとき，引渡しがそれ以外の場所の場合には，売主の運送手段上で買主の指定した運送人の支配に委ねられたときとされている。

［CPT，輸送費込］

売主は自己の費用で，目的物を指定された地まで運送するための契約を締結しなければならない。輸出手続および通関手続を行うことは売主の義務である。売主は目的物を運送人に引き渡せば足り，その時から危険は買主に移転する。費用は引渡しまでは売主の負担であり，それ以後は買主の負担となる。

［CIP，輸送費保険料込］

これは，CPT（輸送費込）に売主の付保の義務が加わった条件である。すなわち，売主は運送中の物品の滅失または損傷についての買主の危険に対して保険を手配しなければならず，そのために保険契約を締結し，保険料を支払う。

［DAT，ターミナル持込渡］

売主は指定された仕向港または仕向地における指定ターミナルにおいて，売

買の目的物の荷卸しを行い，買主の処分に委ねることによってその引渡しをしなければならない。

売主は輸出手続および通関手続をし，仕向地までの運送契約を契約し，指定ターミナルまでの危険と費用を負担するが，保険契約を締結する義務は負わない。買主は輸入手続および通関手続をしなければならない。

［DAP，仕向地持込渡］

売主は指定された仕向地において，合意した日もしくは期間内に，運送手段に載せた状態で，売買の目的物の荷卸しの準備を整え，買主の処分に委ねることによって，その引渡しをしなければならない。

売主は輸出手続および通関手続を行い，仕向地までの運送契約を締結し，指定された地までの危険と費用を負担するが，保険契約を締結する義務はない。買主は目的物の荷卸し，輸入手続および通関手続をしなければならない。

［DDP，関税込持込渡］

売主は指定された仕向地までの運送を行い，輸出および輸入の手続とそれぞれの通関手続きをして，合意した日もしくは期間内に，運送手段に載せた状態で，目的物の荷卸しの準備を整え，買主の処分に委ねることによって，その引渡しをしなければならない。

売主は指定された仕向地までの運賃，危険と費用を負担し，輸入関税を負担するが，保険契約を締結する義務はない。買主は目的物の荷卸しをしてその受取りをしなければならない。

（海上および内陸水路運送のための貿易条件）

［FAS，船側渡］

売主が売買の目的物を指定船積港で，買主の指定した本船船側に置いた時に，売主の引渡義務が完了する。買主は輸入および第3国を通過する場合の通関に必要な手続を行い，自己の費用をもって船積みし，運送しなければならず，引渡しを受けた後の危険，費用は買主の負担となる。売主は輸出のための通関手続をしなければならない。

［FOB，本船渡］

売主は売買の目的物を指定船積港において，買主の指定した本船上で引き渡

さなければならない。売主は自己の費用で輸出および通関の手続を行い，定められた日または期間内に物品が指定船積港において，指定された本船上に目的物が置かれるか，またはそのようにして引き渡された目的物を調達することによって，その引渡しを行い，その時までの一切の費用を負担しなければならない。

　買主は自己の費用で指定船積港から物品を運送する契約を締結し，売主による引渡しがなされた時からの費用および危険を負担しなければならない。

[CFR，運賃込]

　売主は指定された陸揚港までの運送契約を締結し，輸出手続および通関手続をして，目的物を本船上に置くこと，またはそのようにして引き渡された目的物を調達することによって，その引渡しを行う。船積費用および陸揚港までの海上運賃は売主の負担である。

　目的物が船積港で本船船側欄干を通過した時に，危険は売主から買主に移転する。買主は目的物引渡後の危険と費用を負担しなければならない。

[CIF，運賃保険料込]

　売主はCFR（運賃込）と同じ義務を負うほか，運送中の物品の滅失，損傷による損害を填補するための貨物海上保険契約を保険者と締結し，保険料を支払わなければならない。売主は輸出手続および通関手続をして，本船上で目的物の引渡しをし，運送証券および保険証券を遅滞なく買主に提供しなければならない。

　危険は目的物が本船上で引渡しがなされた時に，売主から買主に移転し，買主はそれ以後の危険と費用を負担する。保険条件は，特に明示の合意がない限り，協会貨物約款または同様の保険約款の最小限度の条件（最低保険金額は売買契約に定められた価額の110%）とし，売主と買主間の約定の通貨で支払われるものでなければならない。

(3) 日本におけるインコタームズの利用状況

　前述したように，現在，貿易条件の解釈については，インコタームズが最も世界中に知れ渡った貿易条件に関する統一規則となっており，日本の国際取引実務でも多く利用されている。日本においては，やや資料が古いが，インコ

タームズのうち特に FOB, CIF, C&F (1980 年までは C&F と呼ばれていたが, 現在は CFR と呼ばれる) の 3 つの貿易条件の利用が圧倒的に多いという調査結果が示されている (絹巻, 2009, p.164)[5]。

[船舶利用の場合]
  (輸出) CIF 43.8%, FOB 33.9%, C&F 17.7%
  (輸入) C&F 39.1%, FOB 38.5%, CIF 17.4%

[航空機利用の場合]
  (輸出) FOB 45.3%, CIF 30.8%, C&F 15.4%
  (輸入) FOB 51.6%, CIF 19.9%, C&F 15.9%

船舶利用の場合における輸出入では, FOB, CIF, C&F の 3 つの取引条件で 95% の利用実績となっており, また航空機利用の場合では, 上記 3 つの取引条件の利用実績は 90% 前後となっている。

このように, 日本では FOB, CIF, C&F の 3 つの取引条件を採用するのが慣習化しているが, その理由として, この 3 つの取引条件を利用することに特に大きな支障がないこと, 長年使用してきたことに対する信頼感があることなどがあげられるとしている。

第 2 節　国際輸送

日本は島国で四方を海で囲まれていることから, 国際輸送は, 海上輸送, 航空輸送, およびこれらの輸送手段を 2 つ以上組み合わせた複合輸送 (その一部として陸上輸送が用いられることはありうる) によって行われている。

1. 国際海上輸送

国際海上輸送とは, ある国の港から他の国の港までの船舶による貨物の輸送である。日本における国際貨物輸送は, 数量ベースで約 99%, 金額ベースで約 70% が海上輸送によって行われており, 現時点では海上輸送が国際輸送の大きな役割を占めている。

(1) 海上輸送の形態

　海上輸送は，定期性の観点から定期船と不定期船に大別される。定期船は，コンテナ貨物を専用に運送するコンテナ船とコンテナ貨物を積み込むことができない在来定期船に分けられるが，現在では定期船のほとんどはコンテナ船として運航している。不定期船は，一般に大口のばら積み貨物を運送するために利用される場合が多く，在来不定期船，バルク・キャリア，タンカーがある。

　また，海上輸送は貨物の性質や取扱い上の相違などから，個品運送と傭船運送に分かれる。個品輸送とは，複数の荷主が小口の貨物を運送人の指定した日時に指定した場所まで搬入することにより，運送人が自己の費用で本船に積み込み，一般に船荷証券を発行する定期船によって運送される海上輸送方式である（絹巻，2009，p.260）。個品運送の場合は，雑貨など比較的小ロットの貨物が多いことから，混載貨物として定期船が多く利用され，現在の個品運送は，コンテナ船による定期船によってほとんど運航されている。

　傭船運送とは，特定の荷主が大量の貨物（例えば鉄鉱石，石炭，石油，食料等の輸入商品，自動車，鋼管類，鉄道車両等の輸出商品）を運送人により船腹の全部又は一部を借り切って運送する輸送形態である（絹巻，2009，p.261）。

　傭船の場合は，主として不定期船で採用される方式で，その多くは航海傭船

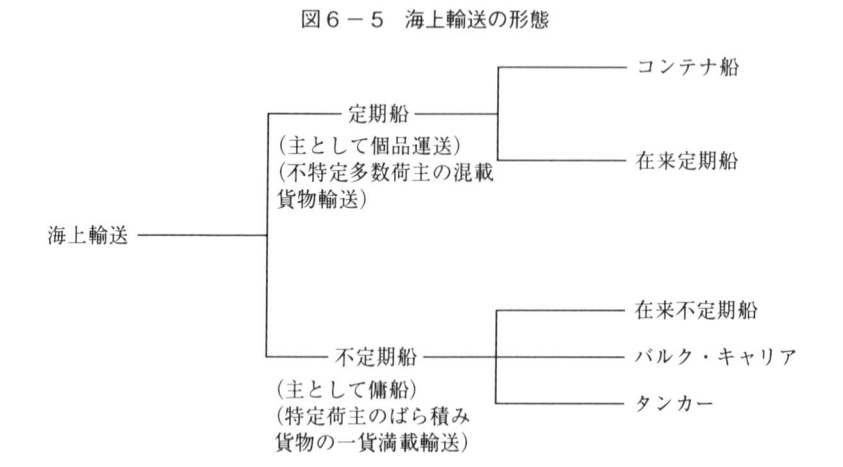

図6−5　海上輸送の形態

```
                          ┌─── コンテナ船
              ┌─ 定期船 ──┤
              │ (主として個品運送)
              │ (不特定多数荷主の混載
              │  貨物輸送)     └─── 在来定期船
海上輸送 ──┤
              │              ┌─── 在来不定期船
              └─ 不定期船 ──┼─── バルク・キャリア
                (主として傭船)  └─── タンカー
                (特定荷主のばら積み
                 貨物の一貨満載輸送)
```

である。航海傭船とは，船舶の全部または一部を荷主に提供して，荷主の貨物を運送することである。船舶そのものが賃貸借される裸傭船と対比される。

以下，本節では貨物が混載輸送される個品運送形態を多くとる定期船輸送の中で大きな割合を占めるコンテナ輸送について述べることとする。

(2) コンテナ輸送

①コンテナの定義と種類

コンテナとは，一般に梱包された物品を収納する「容器」の総称であるが，ISO (International Standard Organization) では，(ⅰ) 反復使用に耐えられる強度をもつ，(ⅱ) 輸送途中の詰め替えなしに異なる輸送モードに跨って輸送できるよう設計されていること，(ⅲ) 別の輸送モードへの積み替えが容易な装置を備えている，(ⅳ) 貨物の積み込み，取り出しが容易，(ⅴ) 容積が1立方メートル以上ある，と定義している。ISOは民間組織であるが，今日，関係国ではほとんどISO規格に基づいたコンテナを製造している。

コンテナの種類は，一般に以下のように分類される（オーシャンコマース編，2004, pp.7-13 および汪，2007, pp.59-65）。

(a) 材質による分類

(ⅰ) アルミ軽合金製コンテナ

アルミ製でつくられたコンテナで，軽量である他，耐久性，耐腐食性等の特色をもつが，製造コストが高い。

(ⅱ) スチール製コンテナ（ステンレス製コンテナを含む）

熔接構造なので水漏れしにくく，製造コストも安いが，耐久年数，腐食性にやや難点がある。以前はアルミ製コンテナが多く使われた時期もあったが，現在では世界で利用されているコンテナは，スチール製コンテナが中心となっている。

(b) 大きさによる分類

(ⅰ) 20フィートコンテナ

長さ（外寸法）19'10"1/2 (6.058 mm)，幅 8' (2.438 mm)，高さ 8'06" (2.591 mm)，あるいは 8' (2.438 mm)，最大総重量（コンテナ自重と貨物総重量の合計）20.320 kg (24.000 kg のものもある) が一般的である。

（ⅱ）40フィートコンテナ

長さ（外寸法）40'（12.192 mm），幅 8'（2.438 mm），高さ 8'06"（2.591 mm），最大総重量 30.480 kg が一般的である．

（ⅲ）この他に近年では高さ 9'06"（2.896 mm）のような背高コンテナ（ハイキューブコンテナ）もつくられるようになっている。

（c）使用目的による分類

（ⅰ）ドライコンテナ

温度調節を必要としない最も一般的なコンテナで，世界で利用されているコンテナの大部分を占める。

（ⅱ）冷凍コンテナ

高い断熱性をもつコンテナバンと冷凍ユニットでつくられ，冷凍，冷蔵貨物などの輸送用に利用される。

（ⅲ）バルクコンテナ

ばら積み貨物に用いられ，通常天井とドア下部にハッチがついている。

（ⅳ）オープントップコンテナ

屋根並びに側壁，端壁の上部が開放されて，上部からの荷役が可能である。開口部にはキャンバスなどで覆えば水密性を確保できる。

（ⅴ）フラットラックコンテナ

側面と天井がついておらず，床構造と四隅の柱で強度を保っている。長尺貨物，嵩高貨物の輸送に適している。

（ⅵ）サイドオープンコンテナ

側面が開閉可能な構造となっており，長尺貨物用などに利用される。

（ⅶ）フラットベッドコンテナ

床面だけで，上部構造物がない。大型機械類，プラント部品などの重量物の輸送に利用される。

（ⅷ）タンクコンテナ

ばら積み液体貨物（油類，食品，化学薬品等）を輸送するためのタンクを備えたコンテナである。

(ix) ハンガーコンテナ

衣類をハンガーに吊るしたまま輸送できる。ガーメントコンテナとも呼ばれる。

② コンテナ船の形態

コンテナ船とは，コンテナを積むための専用の船倉を備えている船のことであり，これにはいくつかのタイプがあるが，積載形態からみると以下のように分類できる（オーシャンコマース，2004, pp.14-15）。

(a) フルコンテナ船

全船倉をコンテナ専用船としてつくり，コンテナ輸送のみのために運航され，船体内部はセル構造と呼ばれコンテナを収納するための中甲板がなく，底までつき抜けた貨物倉になっており，そこに4本のガードレール（セルガイド）によって倉内がいくつにも分割され，このセルガイドに沿ってコンテナが積み重ねられる。単にコンテナ船と呼ぶ時は，このフルコンテナ船を指し，現在世界の海上コンテナ輸送の主役となっている。

(b) セミコンテナ船

在来貨物船の一部の船倉をコンテナ積載用の専用倉とした船であるが，現在ではほとんどみられなくなった。

(c) ロールオン／ロールオフ船

本船の側面や船尾に設けられた開口部（Ramp way）からコンテナをシャーシに載せたまま貨物を搬出入できる荷役方式の船である。トレーラーやトラックなどに貨物を載せたまま搬出入できるのが便利である。

(d) ハッチカバーレスコンテナ船

ハッチがなく，船底からセルガイドがオンデッキに突き出ている。荷役の安全性と荷役時間の短縮が図れるという利点がある。

(e) コンバルカー

往航（または復航）でブレークバルク貨物（新聞紙，パルプなど）を輸送し，復航でコンテナを搭載できるよう設計されたオープンハッチバルカーである。

③コンテナ貨物と輸送のルート
　(a) FCL 貨物と LCL 貨物
　コンテナ貨物には，FCL 貨物 (Full Container Load Cargo) と LCL 貨物 (Less-than Container Load Cargo) がある。FCL 貨物は，単一の荷主の貨物（コンテナ 1 個積め大口貨物）で占められているものである。
　コンテナ貨物は，コンテナに貨物を積み込む主体者の違いによって，荷主がバンニングするシッパーズパック (Shipper's Pack) と船社がバンニングするキャリアーズパック (Carrier's Pack) に分かれる。FCL 貨物の大部分は，シッパーズパックの形態をとり，LCL 貨物の場合はキャリアーズパックの形態をとる。シッパーズパックには，港頭地区で港運海貨の上屋でコンテナ詰めされるフォワーダーズパック (Forwarder's Pack)，あるいは混載業者の混載施設でコンテナ詰めされるコンソリデーターズパック (Consolidator's Pack) も含まれる。
　FCL 貨物は，(ⅰ) 荷主が輸出商品を自社工場でコンテナ詰め（この作業をバンニング (Vanning) という）をするか，(ⅱ) 委託海貨業者（海貨業とは，港湾運送事業法による「海運貨物取扱業」の略である）の上屋（うわや）でコンテナ詰めし，船社（実際には船社の関連会社であるターミナルオペレーター）に引き渡される方式か（CY 貨物と呼ばれることもある），のいずれかとなる。FCL 貨物には，混載業者 (Consolidator) が複数の荷主から集めた小口輸出貨物を 1 つのコンテナに自社の責任と荷主の費用負担で詰め込み，船社の CY で引き渡すケースもある。
　一方 LCL 貨物は，コンテナ 1 個に満たない複数の荷主の小口貨物を集めて（混載して）1 つのコンテナに仕上げるものである。LCL 貨物は，(ⅰ) 通常の梱包貨物として荷主手配のトラックでコンテナフレイトステーション (CFS) に直搬入されるか，(ⅱ) 港湾の上屋（海貨業者の倉庫）で一時保管され，海貨の船積み準備手続きを経て CFS に搬入されるか，によって CFS で船社によりコンテナ単位に仕立てられコンテナヤード (CY) に移送される。なお一部の貨物は混載業者のデポにおいて混載業者の責任でバンニングされ，デポから CY に搬入されて船社に FCL 貨物として引き渡される。

(3) 船荷証券
　船荷証券 (Bill of Lading, B/L) とは，海上運送人が運送品の受取りまたは船

積みの事実を証明し，指定港において，その正当な所持人にそれと引換に貨物の引渡をすることを約した証券である（高桑，2011, p.154）。船荷証券については，ヘイグ・ルールズ，ヘイグーウィズビー・ルールズなどの条約が作成され，運用されているが，ここではヘイグ・ルールズを国内法化した「国際海上物品運送法」（以下，単に「国際海運法」という）を中心に船荷証券の性質・効力，種類，記載事項等について述べることとする。

①船荷証券の性質・効力

船荷証券は，以下のような性質および効力をもっている。

(a) 有価証券性

荷送人の請求により，運送人，船長または運送人の代理人は，船荷証券を発行しなければならない（国際海運法6条）。船荷証券は，貨物に対する所有権を化体し，当該船荷証券所持人の貨物引渡請求権を表彰する有価証券としての性格を有している。船荷証券は，貨物の受け取り，船積みという要因があってはじめて発行されることから，要因証券とされる。運送人は証券所持人に貨物を引き渡しさえすればよい（受戻証券性）。船荷証券と引き換えになしに貨物を引き渡した場合，他の船荷証券所持人があらわれて貨物の引き渡し請求があった時は，運送人としては未引き渡しとして債務不履行による損害賠償の責任を負わなければならない（同10条）[6]。

(b) 文言証券性

船荷証券に記載されている運送品の状態に関する記載については，運送人は善意の船荷証券所持人に対してその記載と異なる事実を主張することができない（同9条）。

(c) 指図証券性

船荷証券の引き渡しまたは裏書によって譲渡することができる。

(d) 要式証券性

船荷証券の記載事項は，後述するように法定されている（同7条1項）。ただし，これはそれほど厳格ではなく，運送人が特定の運送品を特定の港から特定の港まで運送して荷受人に引き渡すべき旨を記載し，作成者の署名があれば，ほかの事項の記載が欠いても，船荷証券としての効力を有する（高桑，2011,

p.157)。

②船荷証券の種類

船荷証券の種類については，いくつかの観点から分類できるが，主要なものは以下のとおりである。

(a) 船積船荷証券（Shipped B/L）と受取船荷証券（Received B/L）

船積船荷証券は，貨物が特定の船舶に積み込みされた旨の文言の記載があるものをいう。受取船荷証券は，未だ船積みされていないが，貨物の受け取りの旨の記載があるものをいう。船積終了後，実際に船積みした船名および日付，運送人の署名等を記載することで船積船荷証券と同じ効果をもたせている。

(b) 記名式船荷証券（Straight B/L）と指図式船荷証券（Order B/L）

船荷証券の荷受人欄に，特定の個人もしくは社名が記載されているものが記名式船荷証券である。一方，荷受け欄に，"to order"，あるいは"to order of ～"と記載されているのが，指図式船荷証券である。記名式船荷証券は，記載されている荷受人自身，指図式船荷証券は，荷送人の裏書署名された船荷証券の正当な所持人が受取人となる。

(c) 無故障船荷証券（Clean B/L）と故障船荷証券（Foul B/L）

船荷証券に外観上良好な状態（in apparent good order and condition）で運送品を受け取った，あるいは船積みした旨の記載があり，この文言を否定，あるいは訂正する旨の摘要（remarks）がないものを無故障船荷証券といい，こうした摘要が記載されているものを故障船荷証券という。故障船荷証券は，銀行における信用状取引で拒絶されるために，荷送人は運送人に対して補償状を差し入れて，引き換えに無故障船荷証券を入手するのが，実務上の慣行として行われている。

③船荷証券の記載事項

船荷証券の記載事項は，以下のように法定されており，運送人，船長または運送人の代理人が署名，または記押印する（同7条1項）。

(a) 運送品の種類
(b) 運送品の容積，重量，包，個品の数，運送品の記号
(c) 外部から認められる運送品の状態

(d) 荷送人の氏名又は商号
(e) 荷受人の氏名又は商号
(f) 運送人の氏名又は商号
(g) 船舶の名称又国籍
(h) 船積港及び船舶の年月日
(i) 陸揚港
(j) 運送費
(k) 数通の船荷証券を作ったときは，その数
(l) 作成地及作成年月日

なお受取船荷証券の場合は，(g) 船舶の名称又国籍，(h) 船積港及び船舶の年月日の項目は不要である。

なお，船荷証券については，今日，国際取引において企業内取引（本支店間取引等）の増加にともない船荷証券も以前のように多く用いられなくなったが，荷為替決済の場合には船荷証券は貿易取引の決済手段における担保として重要な役割を果たしている。

(4) 海上運送状

海上運送状（Sea Waybill）とは，海上運送人が運送を引き受ける際に，貨物の受取と運送契約を証するために，荷送人に交付する書類をいう（高桑，2011, p.164）。

国際的な本支店間取引，あるいは親会社/子会社間取引等のような国際取引は，いわゆる企業内貿易による取引であるので，裏書をもって転々流通する有価証券としての船荷証券を利用する必要は特にない。また船荷証券の有価証券性の故に，その紛失，あるいは荷受人への到達遅滞が発生した場合，その事態に対処しなければならず，このため貨物の迅速な引渡しに支障が生じることがある。そこで貨物の受取証および運送契約の証拠としての機能を持たせた書類が海上運送状である。海上運送状が発行された場合，貨物の引き渡しに当たっては，海上運送状を提示しさえすれば荷渡しが受けられるということではない。貨物の引渡しは，荷受人自らが海上運送状に記載された正当な荷受人であることを証明しなければならない。これが証明されれば海上運送状と引換えで

なくても貨物の引渡しを受けることができる。海上運送状は，航空貨物輸送における航空運送状（Air Waybill）とともに広く利用されている。

①海上運送状の性質

海上運送状の性質は，以下のように示すことができる。

(a) 非流通性である。

海上運送状の譲渡可能性は認められていない非流通書面である。

(b) 有価証券ではない。

運送品への所有権を表彰（化体）する有価証券でもなければ，権原証券でもない。

(c) 受戻証券ではない。

運送品の引渡しに際し，海上運送状の回収は必要としない。引渡しは，引渡しを請求している荷受人が，海上運送状記載の荷受人と同一の者であるとの確認をもって行われる。

②海上運送状の長所と短所（利用上の限界）

海上運送状の長所としては，以下の点があげられる。

(a) 船荷証券が発行されている場合は，貨物が先に到着しても船荷証券が荷受人の手元にない場合は貨物の引取りができず，またこの場合に引取りをする場合は保証書を差し入れなければならないが，海上運送状の場合はその提示がなくても引取りが可能である。

(b) したがって，海上運送状を紛失したとしても，再発行を受ける必要もなく，保証書の差し入れによって貨物の引渡しを受けるという煩雑な手続きは不要である。

一方，短所としては，以下のような利用上の限界がある。

(a) 貨物を担保とした荷為替手形による代金回収ができない。

(b) 裏書によって流通させることができず，本船の航海中に第3者に譲渡（転売）することができない。

(c) 荷送人は，運送品処分権をもっているので，仕向地に運送品が到着し，荷受人から引渡しの請求があるまで，荷受人を変更できる。この点，荷受人の地位が不安定にならざるを得ない。

第6章　国際的企業活動と国際取引　269

2．国際航空輸送
(1) 概　説
　国際航空輸送とは，異なる国にある2地点間の航空機による運送をいう（高桑，2011，p.172）。2003年に発効したモントリオール条約（日本は加盟済）によれば，国際航空輸送とは，「当事者間の約定により，運送の中断又は積替えがあるかないかを問わず，出発地および到達地が，2の締約国の領域内にある運送又は1の締約国の領域内にあり，かつ，予定寄航地が他の国（この条約の締約国であるかないかを問わない。）の領域内にある運送をいう。」（モントリオール条約第1条）。
　国際航空輸送は，数量ベースでは国際貨物輸送の1％未満にすぎないが，金額ベースでは年々その割合が高まり，現在では約30％近くを占めるに至っている。特に，近年大型貨物専用機（Cargo Freighter）も運航されており，貨物輸送量の拡大が図られているとともに，大型トラック，船舶シャフト，あるいは大型プラント類など通常の航空機では搭載できなかった特殊大型貨物の輸送も可能になってきている。さらにパレット，コンテナ，イグルーなどの貨物搭載機器（ULD）の発達と貨物ハンドリングの合理化などにより，貨物の積み降ろしが効率化され，これも航空貨物輸送を増加させている要因であるといえる。現在航空貨物の内容は，機械機器（IT関連製品など）が最も多く，この他には化学製品，食料品などが多くみられる。

(2) 航空貨物の種類
　航空貨物は，輸送形態の違い等により，以下のように分類することができる。
①直送貨物
　直送貨物は，荷送人が直接航空会社へ運送を依頼して行われる貨物である。通常は，航空貨物代理店と運送契約を締結し，当該代理店を通じて運送を委託する形態をとる。航空貨物代理店とは，航空法によれば航空運送事業者のために航空機による運送契約の締結の代理を行う事業者で，航空会社の行う貨物運送業務の販売業務および荷送人との運送契約業務（航空運送状（Air Waybill）の発行）を行う。

②混載貨物

　混載貨物とは，多数の荷主から小口・少量貨物を集荷して1つの単位にまとめた貨物のことである。混載貨物の場合は，2つの契約締結行為が行われる。1つは，荷送人と混載業者（通常航空フォワーダー）との間で，混載業者が独自に作成した約款に基づいて運送契約を締結する。混載業者は航空機という輸送手段をもたないので，貨物の輸送を航空会社に委託することになる。この際，混載業者から航空運送状が荷受人に交付されるが，この航空運送状は House Air Waybill（HAWB）と呼ばれる。今1つは，混載業者と航空会社との間で，航空会社の運送約款に従って運送契約が締結される。この際，航空会社は混載業者に親航空運送状（Master Air Waybill, MAWB）の発行を行い，混載業者は各種書類と貨物を航空会社に引き渡して航空輸送が行われる[7]。

　このように，混載貨物の場合は，運送契約が2段階に行われ，荷送人と混載業者との関係では，荷送人が荷主で，混載業者は運送人となるが，混載業者と航空会社との関係では混載業者が荷主で，実行運送人は航空会社となる（図6－6参照）。なお，混載業者と航空貨物代理店は同一法人であることが多い。

図6－6　混載貨物輸送における荷送人，混載業者，航空会社の関係

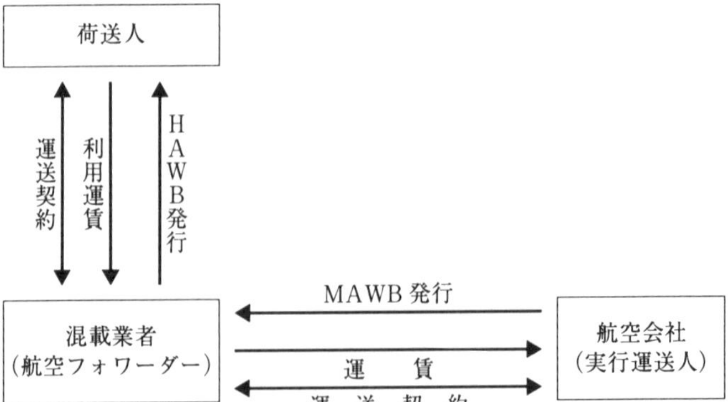

③チャーター貨物

チャーター貨物とは，荷送人が航空機1機をまるごと買い切り，当該荷送人のみの貨物輸送が行われる貨物のことである。二国間航空協定でチャーター便の運航回数などに制限があるが，現在日米間に限り便数を限定してフォワーダーが自己の混載貨物輸送のために一機まるごとチャーターすることも認められている。これをフォワーダー・チャーターと呼んでいる。

④国際宅配便

国際宅配便は，主として書類や小口・少額貨物を対象としてドア・トゥ・ドアで一貫輸送され，重量が30 kg程度の貨物便である。国際宅配便は，(a) 信書以外の業務用書類およびそれに類する貨物を輸送する「クーリエ・サービス」と (b) 軽量小型貨物 (パンフレット，商品サンプル，コンピュータ部品など) を輸送する「スモールパッケージ・サービス」に分かれる (汪, 2007, p.107)。なお国際宅配便には，オンボード・クーリエという輸送形態がある。これは，貨物の輸送を請負った者が旅客として航空機に搭乗し，貨物を自己の手荷物 (旅具) として輸送する方式である。

国際宅配便は，非常に高い精度が求められ，グローバルなインフラを効率よく運営しなければならないことから，今日，自ら航空機をもち，グローバルなネットワークを利用してドア・トゥ・ドアの国際宅配便を行うインテグレーターがその優位性をもって展開されている。

(3) 混載業者と利用運送

現在，日本発の航空貨物は約90％が混載貨物であり，混載とは輸送の1単位に満たない小口・少量貨物を集荷して1つの輸送単位に仕立てることであり，このような混載貨物を輸送する担い手が混載業者 (Consolidator) である。輸送するといっても混載業者が自ら航空機を所有し，運航するわけではなく，荷送人となって航空会社に運送を委託するという形態をとっている。

このような混載貨物輸送のメリットとして以下の点があげられる。

荷主からみた場合のメリットとして，

(a) 混載貨物が最終仕向地まで，場合によってはドア・トゥ・ドアの複合輸送により円滑に目的地まで運ぶことができる。

(b) 混載業者が Carrier として発行する運送書類によって業務の簡素化が図られる。

　(c) 集配送が継続して一貫して行われるので，運送期間が短縮され，物流効果が向上する。

　また混載業者からみたメリットとして，

　(a) 混載業者の多くが港運，倉庫，海貨，通関などの業務を事業基盤としているので，混載貨物を扱うことにより，荷積み事務処理，空港荷役作業，通関業務などの付帯業務も併せて取り扱いすることができるようになり，収益の確保が図れる。

　(b) 航空会社に対するバーゲニング・パワーを荷主の立場で強化することができる。

　(c) 混載業務をスケールアップすることにより，国際複合輸送システムとネットワークの構築を容易に促進でき，企業基盤の拡大が期待できる。

　混載業者はモントリオール条約では，契約運送人（Contract Carrier）と定義され，日本では利用運送事業者と呼ばれ，貨物利用運送事業法の規制を受ける。すなわち，混載業者とは，ここでいう利用運送事業を行う者であり，自ら航空機という輸送手段をもたないが，荷主に対しては運送人として自己の名において責任をもって航空貨物輸送を引き受け，独自の航空運送状（House Air Waybill）を発行し，輸送を行う。

　現在日本における混載業者は，IATA（International Air Transport Association，国際航空運送協会）貨物代理店を兼業し，単独で混載サービスを行う「単独混載業者」と複数のIATA貨物代理店がグループ化して混載会社を設立し，各代理店は集荷を行い，混載会社は混載仕立業務に専念する「グループ混載業者」があるが，混載業者としては前者の方が圧倒的に多い。なお日本の多くの混載業者は，外国の空港で貨物が到着した後，その貨物を仕分ける現地の混載仕分代理店をもっており，これは通常，日本の混載業者の支店，営業所，あるいは出張所であることが多く，こうした混載業者の海外ネットワークの構築が混載輸送における競争優位の源泉の1つといえる。

(4) 航空運送状

航空運送状（Air Waybill）とは，航空貨物運送において，運送人の請求によって，荷送人が作成して運送人に交付する貨物に関する事項を記載した書類である（高桑，2011，p.182）。

国際航空運送においては，ほとんどの場合に航空運送状が利用されている。

①航空運送状の性質

航空運送状の性質としては，以下の点をあげることができる。

（a）航空運送状は，運送契約の成立を立証する証拠となる書類である。しかしその事実を立証するには航空運送状によらなければならないわけではない。

（b）航空運送状は，それと引換でなければ貨物を受け取ることができない証券ではない。つまり受戻証券，引渡証券ではない。

（c）航空運送状は，貨物に関する権利を化体した運送書類（正当な所持人が貨物の処分権を有する書類）ではない。船荷証券と違い，有価証券としての性質を具有しない。

（d）航空運送状は，荷受人を特定の名で記入する記名式である。運送人は航空運送状上の荷受人に対してのみ引渡しをする義務がある。

②航空運送状の種類

航空運送状には，前述したように混載業者が発行する House Air Waybill（HAWB）と航空会社が発行する Master Air Waybill（MAWB）がある。この他に，ニュートラル航空運送状（Neutral Air Waybill, NAWB）が広範囲に実用化されている。これは，航空会社を特定しない汎用性のある航空運送状の様式となっており，航空会社・貨物代理店双方の業務処理の簡素化並びに情報・清算処理面での省力化を図るために開発・導入されたものである。日本では1997年から実施されており，またフォワーダーが荷主に対して発行する HAWB を標準化したニュートラル HAWB が1998年，（社）航空貨物運送協会（JAFA）により導入されている。また，IATA では，航空運送状について IATA 決議600b（Ⅱ）に基づきワルソー条約に準拠した形で標準統一様式が作成され，直送貨物の場合，この統一様式が利用されている。

なお混載業者が発行する独自の HAWB もワルソー条約に準拠して作成され

ており，また国土交通告示による「標準国際利用航空運送約款」が作成されており，これを利用することもできる。この場合，国土交通省に対する届け出が必要である。

3. 国際複合輸送
(1) 国際複合輸送の概念

国際複合輸送とは，一般に①運送品（貨物）の輸送を単一の運送人が運送品の受取から引渡しまで，②複数の輸送の態様（モード）を用いて，③二国以上の国際間で運送品の移動を行うことであるとされる。つまり国際複合輸送は，単一の運送人が2つ以上の異なる態様の輸送を用いて国際間に跨る全区間を引き受けるところに，国際複合輸送の特色がある（高桑，2011，p.185）。

国際複合輸送は，1960年代後半から国際輸送のコンテナ化により急速に普及し，複数の輸送モードを結びつけた複合運送によって国境を越えたドア・トゥ・ドア（Door-to-Door）の一貫輸送方式として発展してきた。すなわち，コンテナリゼーションの進展は，コンテナを媒介として運送品をユニット化した場合には，異なった輸送モードを有機的に結ぶことが可能となり，最初の輸送単位をまったく崩すことなく，あたかも同一の輸送モードで行うかのごとく運送品を最終荷受人まで届けることを容易にしたのである。さらにまた，コンテナによってあらゆる輸送モードの結合が物理的に可能となったため，これまでの港から港まで（Port-to-Port）に限定されない輸送ルートを追求しようとする動きも国際複合輸送の発展に拍車をかけた。その例が海と大陸を結ぶランドブリッジ（Land Bridge），あるいは海上輸送と航空輸送を結びつけたシー・アンド・エア（Sea & Air）であり，今日では国際複合輸送は国際物流の中で重要な役割を果たしている。

このように国際複合輸送は国際物流において大きな役割を果たしているが，国際複合輸送についての実効性のある世界的な統一法はなく，日本においても国際複合輸送を規律する強行法規は存在しない。国際複合輸送でよく引用される条約として1980年5月に採択された「国連国際物品複合運送条約」（United Nations Convention on International Multimodal Transport of Goods, 1980）があげら

れる。この条約では，国際複合運送とは，要約すれば，1つの運送契約に基づく，二以上の運送手段によって行われる二国間の物品運送をいう，と定めている。しかし，この条約は，今までの条約に比べ複合運送人対して重い責任を課しており，また従来の国際商慣習になじまない点があるなどの理由により，日本を含む先進国の批准が得られておらず，現在のところ7カ国しか批准していない。条約発効には30カ国以上の批准を必要とすることから，いつ国際条約として発効するのか現状では見通しがついていない。

(2) 国際複合輸送の統一規則

上述したように，国際複合輸送に関する統一法が存在しないにもかかわらず，今日，国際複合輸送は実態面で大きく発展している実情に対処するため，国際組織が中心となって国際複合運送を法的側面から規制するための統一規則を作成してきた。現在，国際的な統一規則としては以下の2つの統一規則が制定されている。

①国際商業会議所の「複合運送証券に関する統一規則」

国際商業会議所 (ICC) は，1973年11月に「複合運送証券に関する統一規則」(Uniform Rules for a Combined Transport Document) を制定した。同規則の第2則定義によると，「複合運送とは，少なくとも二つの異なる運送方法による物品の運送であって，ある国に所在する物品のある受取地から他の国に所在する指定引渡地までの物品運送を意味」し，また「複合運送人とは，複合運送証券を発行する者（法人，会社または法的主体を含む）を意味する」と規定する。この規則は，複合輸送証券に採用する最小限の条項（運送人の過失責任の原則，ネットワーク・システムの適用など）をまとめたものであり，それ以外の事項については抵触しない限り挿入することは契約当事者の自由とするものである。

② UNCTAD/ICC 複合運送書類に関する規則

国連貿易開発機構 (UNCTAD) は，国際商業会議所と共同して「UNCTAD/ICC 複合運送書類に関する規則」(UNCTAD/ICC Rules for Multimodal Transport Document) を1991年6月11日付けで採択し，1992年1月1日から実施されている。同規則の第2条定義によると，「複合運送契約とは，二つ以上の異なる運送手段を用いた単一の物品運送契約をいい」，「複合運送事業者 (Multimodal

Transport Operator) とは，複合運送契約を締結し，運送人 (Carrier) としてその履行に責任を負う者」である。また「運送人とは，複合運送人であるか否かに関わらず，運送の全部または一部につき，現実に履行する者，または履行を引き受ける者をいう」と規定する。この規則は，国連国際物品複合運送条約が発効しない事態を前提として，ヘイグ・ヴィスビー・ルールズおよび1979年議定書が制定されたこと，またハンブルグ・ルールズが1992年に発効される見通しであることに伴い，これらの条約をもとに新たな複合運送規則として作成されたものである。

日本では国際 フレイト フォワーダーズ協会による複合運送証券 (1986年制定) や日本海運集会所の複合運送証券 (1986年制定) の裏面約款が作成されている。

(3) 国際複合輸送の形態と主要ルート

国際複合輸送の形態は，①海上輸送と航空輸送を結んだ Sea & Air 輸送，②航空輸送と陸上輸送を結んだ Air & Land 輸送，③海上，陸上，航空の各輸送を結んだ Sea-Land-Air 輸送に分かれるが，最も一般的な輸送形態は，Sea & Air 輸送である。

Sea & Air 輸送は，1968年の太平洋航路へのフルコンテナ船の就航と B-747 が導入された1969年以降本格的に発展してきたもので，日本では1980年代に特に欧州向け家電製品等の輸送で Sea & Air が利用された。

Sea & Air サービスの形態には，以下のように3種類がある (石原，2005, p.164)。

①キャリア型

航空会社が主体となって船社と提携し，航空会社の路線運送に海上運賃を加算して，通し運賃 (Though rate) を設定する。集荷は IATA 代理店が行う。

②フォワーダー型

フォワーダーが主体となって船社と航空会社の輸送手段を利用し，両者のサービスと運賃に積み地，接続地，着地での経費およびフォワーダーの利益を合算して通し運賃を設定する。集荷はフォワーダーが行う。日本ではこのようなフォワーダーを実務では航空フォワーダーと呼んでいる。

③スペース・ブローカー型

　フォワーダー，航空会社，船社の代理店としてスペースのセールスを行い，セールスコミッションを受け取るものである。

　また，国際複合輸送の主要ルートは航路別に分けられており，日本を中心とすると，(a) 北米向け，(b) 欧州向け，(c) アジア向け，(d) 中南米向け，(e) アフリカ向けに大別される。北米向けでは，Mini Land Bridge（MLB, 日本→米国西岸→米国東岸，ガルフ地区），Interior Point Intermodal（IPI, 日本→米国西岸→米国内陸部），欧州向けは，American Land Bridge（ALB, 日本→米国西岸→米国東岸→欧州），Canadian Land Bridge（CLB, 日本→バンクーバー（またはシアトル）→モントリオール→欧州）などがあり，アジア向けでは代表的なルートとして，日中複合輸送，日韓複合輸送，日本／海峡地域複合輸送（タイ，マレーシア，シンガポールなど）があげられる。

(4) 複合運送人の責任と複合運送証券

　複合輸送とは，前述したように複数の輸送手段を組み合わせた輸送によってドア・トゥ・ドアの一貫輸送を行うものであるが，複合輸送ではこれを1つの運送契約，つまり複合運送契約でカバーし，この契約を証明する運送書類が複合運送証券（Multimodal Transport B/L）である。複合運送証券（複合運送船荷証券のことであるが，単に複合運送証券と呼ばれる）は，複合運送人によって発行され，船荷証券の1つの種類であるから，有価証券であり，裏書によって第3者に譲渡することができる流通性をもった証券である。

　複合運送は，複合運送人が受取地から引渡地まですべての運送区間について運送責任を負うものであるが，実際には複合運送人が自らすべての運送を行うものではなく，ある一定の区間については他の運送人に運送を実行してもらうわけであり，この場合，海，陸のどの区間で損害が発生したのかを確定できないとき，運送人はどのように責任を負うのかという問題がある。

　上記の場合，複合運送人の責任を決定する方法としてユニフォーム・システムとネットワーク・システムがある（新堀・椿編，2006, pp.76-78）。

①ユニフォーム・システム（Uniform Liability System）

　複合運送人は，運送品の滅失・損傷が発生した区間に係らず，全区間につい

て単一の責任原則を適用するもので，国連国際複合運送条約はこの立場にたっている。この条約は未だ発効されていないということと，複合運送人と実行運送人との間の内部調整が困難であることなどから，実務では採用されていない。

②ネットワーク・システム（Network Liability System）

複合運送人の責任は，運送手段ごとにすでに確立した責任体制を組み合わせ，運送手段別に国際条約による強行規定を適用することとし，それがない時は当事者が適用法規として選択した国内法の強行規定を適用し，それ以外の場合には契約の条項に基づくとするものである。通常，複合運送人の責任は，このネットワーク・システムによっている。

日本では，前述したように日本国際フレイトフォワーダーズ協会が1986年に複合運送証券を制定，その後1989年に「国際複合一貫輸送標準約款」（JIFFA MT B/L）を発表し，それに基づいて1993年に複合運送証券の改訂を行っている。これによれば，運送品の損害発生場所が明らかな時は，ネットワーク・システムを採用して輸送モードごとの国際条約および各国強行法規を適用し，コンシールド・ダメージ（Concealed damage，開梱後に発見される，隠れていた破損などの損害）のように自己発生場所が特定できない場合は，海上輸送区間で発生したものとみなしてヘイグ・ルールズを採用すると規定している。

4. フレイト・フォワーダーとNVOCC

(1) フレイト・フォワーダーの概念と業務内容

今日，国際複合輸送をはじめ，さまざまな物流分野で重要な役割を果たしているのが，フレイト・フォワーダー（Freight Forwarder）である。フレイト・フォワーダーを最初に法制化したのは，1942年5月16日に改正された米国のInterstate Commerce Act（ICA，米国通商法）である。この法律によると，フレイト・フォワーダーとは，航空輸送を除く内陸運送手段（鉄道，自動車，内水路およびパイプライン）の利用運送人のことを指している。

また欧州では域内国が陸続きで国境を接していることから，国境を越える運

送需要の高まりから,利用運送という事業形態が古くから発達し,長い歴史をもち,今日まで続いている。1926年5月31日に欧州でフレイト・フォワーダーの団体であるFIATA（仏語名：Federation Internationale des Associations de Transiaires et Assimilès）が設立された。

この時代におけるフレイト・フォワーダーは,荷主と運送人との間の仲介人（Intermediary）として,貨物が確実,迅速に運送されることを手配し,またそれに関する書類作成,通関業務その他付帯サービスを行うというフォワーディング・エージェント（Forwarding Agent）という性格をもつものであった。その後1980年代後半にコンテナ化の時代を迎え,大手フォワーダーが運送責任を負う利用運送人に変身したことから,FIATAの英文協会名である「International Federation of Forwarding Agents Associations」が時代にそぐわなくなったことから,1970年代初めにその名称を「International Federation of Freight Forwarder Associations」に変更したことが契機となって,「フレイト・フォワーダー」という用語が国際物流分野において世界で広く使用されるようになったといわれる。

日本ではフレイト・フォワーダーは利用運送業および運送取扱業を含む事業者とされている。利用運送業とは,運送事業者の行う実運送を利用してする貨物の運送である。また運送取扱業は貨物運送取次業と貨物運送代弁業に分かれる。貨物運送取次業は荷主の需要に応じ有償で,自己の名をもって荷主の計算において運送業者と貨物運送契約を締結することを引き受けることであり,貨物運送代弁業は荷主の名をもって運送業者と運送契約を締結する荷主の代理人またはその使者という立場で事業を行うものである。

このようにフレイト・フォワーダーは,荷主との間で自ら運送契約を締結する場合（利用運送人）と,荷主と運送業者の間の契約を仲介し,それに付随する業務を行う場合（運送取扱人）とがある。後者では荷主と運送人の契約であるので,このフレイト・フォワーダーは運送契約の当事者ではないが,前者ではフレイト・フォワーダーは運送の実行に当たる運送人（実運送人）との間で運送契約の当事者となる。

今日,日本のフレイト・フォワーダーは国際輸送（国際複合輸送,バイヤーズ

コンソリデーション等を含む）のみならず，現地国内輸送，集荷・混載業務，海外ストックオペレーション，検品・仕分け・値札付け・梱包等の流通加工，設備機械の据付，輸出入通関手続，貨物保険の手配，各種書類作成，コンサルテーション，船積み・在庫・輸送進捗管理等広範囲な業務を行っている。このような多様で複雑な諸物流業務が求められることから，日本ではさまざまな出身母体からフレイト・フォワーダーの展開が行われており，主には陸運系，船社系，鉄道輸送系，倉庫系，商社系および大手メーカー系等に分けられ，それぞれの出身母体の特徴を生かした運営を行っている。

(2) NVOCC

NVOCC（Non Vessel Operating Common Carrier，非船舶運航業者）は，1963年に米国連邦海事局のGeneral Orderによって創設され，1984年海運法（Shipping Act of 1984）に取り入れられた。さらに1998年には「1998年外航海運改革法により修正された1984年海運法」（The Shipping Act of 1984 as Modified by The Ocean Shipping Reform Act of 1998: OSRA）が制定され，1999年5月1日付けで発効した。同法（OSRA）第3条（定義）第17項において，海上運送仲介業者（Ocean Transportation Intermediary : OTI）という新名称がつくられ，これは海上運送取扱業者（Ocean Freight Forwarder）とNVOCCの総称である。同じく同法3条第17項によれば，NVOCCとは海上運送を行う船舶を運行せず，オーシャン・コモンキャリアとの関係においては荷送人となる公共運送人（Common Carrier）のことをいうと定義されている。つまり，米国のNVOCCは日本の貨物運送事業法の外航海運利用運送事業者に相当するものである。

前述したように，NVOCCは海上運送を行う船舶を運航しない公共運送人（Common Carrier）であり，海上運送業者（Ocean Common Carrier）との関係においては荷主である。NVOCCの業務は，米国と外国間に運送が行われる船舶を運航せず，有償で，貨物の水上運送を提供するもので，次の例示する業務を行うものとされている。

（ⅰ）Vessel Operating Common Carrierから運送サービスの購入と当該サービスを他の者への再販

（ⅱ）Port-to-Portまたは複合運送に係る諸料金の支払

（ⅲ）荷主と海上貨物運送契約の締結
（ⅳ）船荷証券または同等の運送証券の発行
（ⅴ）通し運送の内陸運送手配と内陸運賃・料金の支払
（ⅵ）OFF（Ocean Freight Forwarder）に対する適法な報酬支払
（ⅶ）コンテナのリース
（ⅷ）出発地または目的地における代理人との契約締結

　米国でNVOCCの業務を行うためには免許を取得しなければならない。NVOCCの免許を取得できるのは，原則として米国人（個人または法人）であり，免許業者のことをLicensed NVOCCという。外国のNVOCCは米国内で営業許可を取得してLicensed NVOCCとなることは可能である。またはLicensed NVOCCを代理人として米国内で営業することができる。これをUnlicensed NVOCCまたはRegistered NVOCCと称している。

第3節　国際投資

1．企業の国際投資活動
(1) 国際投資の意義

　国際投資とは，本節では海外直接投資と同義語で用いている。海外投資は，海外直接投資と海外間接投資がある。海外直接投資とは，マクロ的な観点からは，国際間の長期資本移動の一形態であるとともに，企業レベルのミクロ的な観点からみると，海外投資先の事業を継続的に経営支配（または経営参加）することを目的とする投下資本であるととらえることができる。また，海外間接投資は金融市場，資本市場，為替市場など信用再配分システムにおける金融商品を通じての投資で，利子や配当，または売却収入を目的とするもので，その主な形態は外国の公債や社債，外国株式の購入等である。

　海外間接投資によっても，外国企業に対する経営支配，または経営参加を行うことは可能であるが，企業レベルでみた場合，海外直接投資によって国際間の資本取引を通じて投資受入国で事業を行い，経営を支配するという国際投資行動がより重要な意味をもつ。

このような企業行動に着目して国際投資の本質にアプローチしたのが,「経営資源の一括移転」という考え方である。この考え方によれば,企業の国際投資とは,有形無形な資産である経営資源を1つのまとまった形で,すなわちパッケージされた形で投資受入国に移転する投資形態であるとされる[8]。

(2) 国際投資の形態

上述したような意味での企業の国際投資には,主として以下のような形態がある。

①完全所有子会社の設立
②合弁事業
③外国企業の買収
④海外支店の新設等活動拠点の設置

完全所有子会社とは,投資国企業が100%出資して,投資受入国に新たに現地法人を設立ものである。中国では,独資企業と呼ばれる。合弁事業とは,投資国および投資受入国の2以上の企業の間で共同事業を行うもので,そのために設立された法人が合弁企業である。合弁会社の場合,経営支配という観点からは,出資比率が大きな意味をもつ。つまり,一般に,50%以上を出資すれば経営権をもつことができるので,合弁会社の所有政策は極めて大きな問題となる。

外国企業の買収には,資産買収と株式買収がある。資産買収とは契約によって買収企業が被買収企業の資産および事業の全部または一部を買収するものであり,日本では事業譲渡と呼ばれる。これに対して,株式買収は投資受入国企業の株主が保有する株式の全部または一部を取得するものである。合弁事業においても,投資受入国企業を買収する方法で行われることもある。

なお,国際投資に伴う現地での会社設立には,現地の内国法人(いわゆる現地法人)として設立される場合と現地における外国企業として設立される場合がある。投資国企業が100%出資した完全子会社であっても,現地での内国法人である限り,原則として当該国の法令の適用を受けるが,外国資本の参加を理由に,通常の内国法人と異なる扱いを受けることがある。現地で外国企業として活動する場合には,当該国の産業分野における通常の規制と外国企業とし

ての規制を受けることになる。

2. 日本本社企業と現地法人の関係－中国における合弁事業の場合

　中国における合弁事業の場合を例に，日本本社企業と現地法人との関係を示したものが図6－7である。中国における現地法人は，大きく独資企業（日本本社企業の100％出資会社）と合弁企業とに分かれるが，日本企業との関係で問題になることが多いのが，合弁企業の場合である。

　日本本社企業と現地法人との関係を投資と経営活動に分けると，投資は現地法人が発行する株式を取得する行為である。設立時や設立後の経営活動の拡大に伴う増資時に株式を取得する，あるいは他の出資者の株式を買い取る場合等における投資行動である。

　投資した結果，利益（分配可能利益）があれば，配当という形で投資利益の分配が得られる。この配当については合弁企業の場合，現地側出資者との間で問題になることがある。

　配当は社外流出であるので，日本側出資者への配当は中国国外へ流出すると

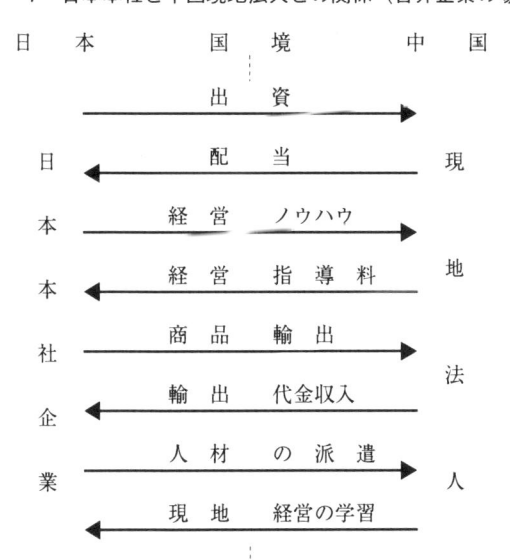

図6－7　日本本社と中国現地法人との関係（合弁企業の場合）

```
   日     本      国  境       中  国

                   出    資
              ────────────────▶
   日           配    当
              ◀────────────────         現
   本         経  営  ノウハウ
              ────────────────▶
   本         経  営  指  導  料
              ◀────────────────         地
   社         商    品    輸    出
              ────────────────▶
   企         輸    出    代金収入         法
              ◀────────────────
              人  材  の  派  遣
   業         ────────────────▶         人
              現  地    経営の学習
              ◀────────────────
```

いうことになる。中国側出資者は，中国国外への流出を嫌って利益があっても配当に賛成しないことがある。また逆に日本側出資者が将来の事業拡大に備えて内部留保をしようとすると，中国側出資者は利益があるのに何故配当しないのかといって，配当を主張し内部留保に賛成しないことがある。これは経営に対する考え方の相違であることから，合弁会社設立時の段階で双方の考え方を十分に調整しておくことが重要である。

これに対して現地法人の経営活動については，日本側出資者はノウハウ等の提供の対価として経営指導料を要求することが多い。これは，現地法人との契約によるもので，売上高の一定割合（一般的には3-5％程度）を経営指導料という名目で受け取るものである。配当がなくても，この経営指導料を受け取るので，日本側出資者としては一定の収入が得られるというメリットがある。この他，日本側出資者から原材料・部品，あるいは商品を輸出すれば，その販売代金収入が得られる。

現地法人の経営にとって重要な要素が日本本社企業からの人材派遣である。通常は日本本社企業からみれば，現地法人への出向という形をとることが多い。この人材派遣は，日本側出資者がマジョリティを占めていない，つまり日本側出資者が中国側出資者よりも50％以下の場合であっても行われることが多く，しかも現地法人の総経理に就くなど経営の中枢を占めることが多い。

日本本社企業の出資割合が過半数以下であるのは，設立時の外資政策による制約や中国側出資者に特別な理由がある場合等によるものが多くみられ，現地法人の経営活動そのものに基づくものでないことから，経営体制について設立時においてはあまり問題になることは少ない。しかし，現地法人の経営活動が順調に推移し，現地法人に採用された従業員が経営幹部として成長してくると，こうした経営幹部から日本から派遣された本社企業従業員がいつまでも総経理を占め，現地の人材を登用していないという処遇面での不満がでてくる可能性があり，実際にそのような不満が表面化している例もみられる。このような場合には，派遣された日本人側経営幹部はもちろん日本本社企業も日本が実施している経営システムを十分に理解してもらうよう努め，現地法人に採用された従業員との協働体制システムを構築することが重要になり，この取組みを

行わなければ現地における事業展開の発展は望めない。

また現地法人の継続的な発展のためには，日本から派遣して指導するだけではなく，そうした指導を通じて現地の企業システム，価値観，文化・慣習など現地で接することにより得られる現地経営について学び，それを日本本社企業の海外展開活動に反映し，今後の現地経営に活かすことが必要であろう。

3. 国際投資に係る国際的取組み
(1) WTOにおける取組み

国際投資は，国家の通商政策，産業政策に大きな影響を及ぼすことから，投資を推進していこうとする投資国と外国からの投資を歓迎しながらも自国の産業と国益を保護しようとする投資受入国との間で，国際投資のあり方について意見の対立がみられるところである。そこで，ウルグアイ・ラウンドでは，国際投資における投資措置の禁止の範囲に関して，貿易に関する投資措置（Trade Related Investment Measures）の規律のあり方が議論され，その結果，WTO協定の付属書1Aの協定として，「貿易に関連する投資措置に関する協定」(TRIMs協定）として成立した。

同協定は，輸入産品を課税，規制等の面で，国内産品に比べ差別的に取り扱ってはならないとするGATT第3条の内国民待遇および第11条に規定される輸出入数量制限の一般的禁止に違反するTRIMsの禁止を規定し，特にローカルコンテント要求，輸出入均衡要求，為替規制および輸出制限（国内販売要求）という措置をTRIMs協定の付属書の例示表に示し，これを明示的に禁止した。また，禁止の対象となる投資制限措置には，法律等により強制的に課されるもののほか，他の優遇措置（補助金，免税等）を得るための条件とされるものも含まれることを規定した。

一方，同協定には例外規定があり，具体的には，①経過期間（協定に適合しないTRIMsについては，先進国は2年，開発途上国は原則5年，後発開発途上国は原則7年以内に撤廃する），②開発途上国例外（開発途上国は，実施しているTRIMsがGATT第3条または第11条違反を構成するものであったとしても，開発途上国における経済開発の必要性に鑑みて一定の例外を認めるGATT第18条の規定にかなっていれ

ば，当該 TRIMs を維持することができる），③衡平規定（TRIMs を課されている既存企業が競争上不利とならないように，①の経過期間中は新規の投資企業に対しても同等の TRIMs を適用することができる）という例外規定が設けられている。

(2) 二国間投資協定の状況

国際投資の拡大により，各国は自国の投資受入国における投資家の保護を図るため，二国間投資協定（BIT：Bilateral Investment Treaty）の締結が 2000 年以降増加している。従来，二国間投資協定は投資国（先進国）が投資受入国（開発途上国）における自国の投資家の財産を保護するため，投資後の内国民待遇・最恵国待遇，投資財産に対する公正衡平な待遇，収用補償，送金の自由，締約国間の紛争処理，投資受入国と投資家との間の紛争処理などを主な内容とする協定が締結されてきた。これは伝統的な協定であり，「投資保護協定」と呼ばれる。現在，世界にある二国間投資協定のほとんどが，この投資保護協定である。

これに対し，投資後の待遇保護だけでなく，投資許可段階を含めた内国民待遇・最恵国待遇，あるいは投資歪曲効果が強い投資措置とされるパフォーマンス要求の禁止（締約国が他方の締約国の投資家の投資および事業活動の条件として，輸出要求，現地調達要求，技術移転要求等の投資家の自由な投資活動を妨げる特別措置の履行要求行ってはならない）の規定を盛り込んだ投資協定が締結され始めている。これらの内容は，FTA/EPA が締結される場合には，その協定の一部である「投資章」に規定されている。

このような二国間投資協定は投資保護と投資自由化の双方の要素を含んでいることから，「投資保護・自由化協定」と呼ばれる。その代表的な協定は，NAFTA（North American Free Trade Agreement，北米自由貿易協定）の投資章である。

NAFTA は，カナダ，米国，メキシコの 3 カ国で構成され，1994 年 1 月に発効した。同協定は，域内での貿易障害の除去，国際協力の枠組みの確立等を目的として，モノおよびサービスの通商規則に加えて，投資，知的財産権，競争政策の各分野のルールを規定している。投資の自由化に係る規定については，投資前の内国民待遇・最恵国待遇，パフォーマンス要求，原材料の現地調

達要求，輸出入均衡要求，国内販売制限等ついては絶対禁止の措置をとっている。また，投資保護に係る規定については，投資後の内国民待遇・最恵国待遇，公正衡平待遇，収用と補償，資金の移転等についての措置を設けている。

　我が国においても，中国，エジプト，スリランカ，韓国，ロシア等の間で二国間投資協定が締結されており，このほかシンガポール，メキシコ，マレーシア，フィリピン，タイ，チリ，スイス等の国と締結したEPAの中の投資章の規定は，二国間投資協定の内容とほぼ同一となっている[9]。わが国の投資協定は「投資保護・自由化協定」のタイプとなっており，投資保護のみならず，投資の自由化を織り込んだ取組みがなされている。

【注】

1）販売店・代理店契約に関する法の統一は行われていないが，契約を作成するに当たっての手引書としては，国際商業会議所による1983年の代理店に関する手引書および1988年の国際的販売店契約の作成に関する手引書があり，モデル契約としては国際商業会議所作成のモデル代理店契約がある。また，狭義の代理については，ハーグ国際私法会議による1978年の代理の準拠法に関する条約（1992年5月1日発効）および私法統一国際協会による1983年の国際物品売買契約における代理に関する条約（未発効）がある（高桑，2011, pp.252-253）。

2）日本では，公正取引委員会「流通・取引慣行ガイドライン」（平成3年作成（平成23年改正））において，国際取引（国際契約）が不当な取引制限または不公正な取引方法になるときは許されないとしており，アメリカでは地域を制限した一手販売店については，合理の原則に従い，競争を制限する効果が発生した場合には独禁法違反となり得るとする。また，EUでは一定地域の顧客にしか販売してはならないという絶対的地域拘束は違法であるとされる（北川・柏木，2005, p.151）。

3）英国がこの条約に加盟しない理由は，この条約の規定が英国の売買法のもとに行われているCIF，FOBのような貿易条件との整合性，英法のもとの貿易条件の慣行としての有効性が明らかでないということにあるようである（高桑，2011, p.84）。

4）ウィーン売買法条約の内容は，澤田・柏木・杉浦・高杉・森下編（2009, pp.60-89）に掲載されており，本書もこれによっている。

5）原資料は，小林晃（1997）「我国で使用されるトレード・タームズ（貿易定型取引条件）の動向調査」『第21回産業経営動向調査研究報告書』（日本大学経済学部産業経営研究所）で，商社，日本機械輸出組合加盟企業，日本自動車工業会加盟企業，大手小売業計171回答数から3,204件のトレード・タームズが記録された。

6）今日，コンテナ化が進み，荷役作業の時間が短縮され，さらに船舶が高速化した

ことから，船荷証券の荷受人への到着が貨物の到着より後になることがある。この場合には，船荷証券の代わりに保証書（Letter of Guarantee）を差し入れて（保証渡し），運送人から貨物の引き渡しを受けることが実務上行われている（絹巻，2009, p.271）。
7）モントリオール条約7条1項によれば，航空運送状は荷送人が作成することになっているが，実務上は航空貨物代理店や混載業者（利用運送人）が作成し，交付している（絹巻，2009, pp.279-300, 新堀・椿編，2006, p.117）。
8）このような経営資源の一括移転という概念は，小宮隆太郎によって強調された（小宮隆太郎（1972）「直接投資の理論」澄田智・小宮隆太郎・渡辺康編『多国籍企業の実態』日本経済新聞社）。
9）世界における二国間投資協定の締結数は1999年には1857であったが，2009年末現在では2,750に達し（10年間で894の増加），日本では2011年2月末現在15の二国間投資協定と10のEPA投資章が署名され，または発効している。EPA投資章の内容は二国間投資協定とほぼ同じであるから，実質的には合計25の投資協定が署名され，または発効していることになる。二国間投資協定の内容および我が国の投資協定締結状況については，経済産業省産業政策局編（2011, pp.585-594）に詳しく説明されており，本書の記述もこれによっている。

参考文献

第1章　企業と会社の仕組み
伊丹敬之（2001）「企業という生き物」『一橋ビジネスレビュー』（一橋大学イノベーション研究センター），49巻3号。
江頭憲治郎（2011）『株式会社法（第4版）』有斐閣。
落合誠一編（2011）『会社法 Visual Materials』有斐閣。
神田秀樹（2011）『会社法（第十三版）』弘文堂。
小松章（2006）『企業形態論 第3版』新世社。
宍戸善一（2011）『会社法入門〈第6版〉』日本経済新聞出版社。
東京リーガルマインド編（2010）『商法Ⅰ〈会社法〉第3版 補訂版』東京リーガルマインド。
前田庸（2009）『会社法入門（第12版）』有斐閣。
マンキュー（足立英之・石川城太・小川英治・地主敏樹・中馬宏之・柳川隆訳）（2005）『マンキュー経済学Ⅰ ミクロ編（第2版）』東洋経済新報社。
三戸浩・池内秀巳・勝部伸夫（2011）『企業論（第3版）』有斐閣。

第2章　企業取引形態と取引のルール
上柳敏郎・島薗佐紀（2010）『実務解説 特定商取引』商事法務。
江頭憲治郎（2010）『商取引法（第6版）』弘文堂。
太田穣（1998）「第12章 代理店契約」浜田道代・原秀六・小林量・坂上真美・中東正文編『現代企業取引法』税務経理協会。
岸田雅雄（2003）『ゼミナール商法総則・商行為法入門』日本経済新聞社。
根田正樹（2005）『企業取引法［第二版］』弘文堂。
齋藤雅弘・池本誠司・石戸谷豊（2010）『特定商取引法ハンドブック（第4版）』日本評論社。
消費者庁取引・物価対策課／経済産業省商務情報政策局消費経済政策課編（2010）『特定商取引に関する法律の解説（平成21年度版）』商事法務。
消費者庁ホームページ「消費生活安心ガイド」。
髙桑昭（2011）『国際取引法 第3版』有斐閣。
藤田勝利・工藤聡一編（2011）『現代商取引法』弘文堂。

第3章　不公正な取引方法の規制
川濱昇・瀬領真悟・泉水文雄・和久井理子（2010）『ベーシック経済法─独占禁止法入門［3版］』有斐閣。

公正取引委員会「流通・取引慣行に関する独占禁止法上の指針」,「不当廉売に関する独占禁止法上の考え方」,「優越的地位の濫用に関する独占禁止法上の考え方」,「審決例」,「相談事例集」。
藤井宣明・稲熊克紀編（2009）『逐条解説平成21年改正独占禁止法』商事法務。
舟田正之・金井貴嗣・泉水文雄編（2010）『経済法判例・審決百選』（別冊ジュリスト No.199）有斐閣。
松下満雄（2011）『経済法概説［第5版］』東京大学出版会。
村上政博（2005）『独占禁止法―公正な競争のためのルール―』岩波書店。

第4章　マーケティング

池尾恭一・青木幸弘・南知惠子・井上哲浩（2010）『マーケティング』有斐閣。
石井淳蔵・栗木契・嶋口充輝・余田拓郎（2004）『ゼミナール マーケティング入門』日本経済新聞社。
恩蔵直人（2004）『マーケティング』日本経済新聞社。
嶋口充輝（1984）『戦略的マーケティングの論理』誠文堂新光社。
高嶋克義・桑原秀史（2008）『現代マーケティング論』有斐閣。
沼上幹（2008）『わかりやすいマーケティング戦略［新版］』有斐閣。
鷲尾紀吉（2010）『現代マーケティング論―戦略的アプローチ―』創成社。
Aaker, D.A. (1984) *Strategic Market Management*, John Wiley & Sons（野中郁次郎・北洞忠宏・嶋口光輝・石井淳蔵訳（1986）『戦略市場経営―戦略をどう開発し評価し実行するか』ダイヤモンド社）。
Aaker, D.A. (2001) *Developing Business Strategies* (6th ed.), John Wiley & Sons.
Aaker, D.A. (2008) *Strategic Market Management*, (8th ed.), John Wiley & Sons.
Kotler, P. (2000) *Marketing Management*, (millennium ed.), Prentice-Hall（恩蔵直人監修／月谷真紀訳（2001）『コトラーのマーケティング・マネジメント　ミレニアム版』ピアソン・エデュケーション）。
Kotler, P., & Keller, K. L. (2006) Marketing Management, (12th ed.), Prentice Hall（恩蔵直人監修／月谷真紀訳）（2008）『コトラー＆ケラーのマーケティング・マネジメント12版』ピアソン・エデュケーション）。
Kotler, P., & Keller, K. L. (2009) Marketing Management, (13th ed.), Prentice- Hall.
Porter, M.E. (1980) Competitive Strategy, The Free Press（土岐坤・中辻萬治・服部照夫訳（1995）『新訂　競争の戦略』ダイヤモンド社）。

第5章　流通の仕組みと流通活動

石井淳蔵・栗木契・嶋口充輝・余田拓郎（2004）『ゼミナール マーケティング入門』日本経済新聞社。
石原武政（2002）「第1部 流通組織の基礎理論」大阪市立大学商学部編『流通』有斐閣。

石原武政・池尾恭一・佐藤善信（2000）『商業学［新版］』有斐閣。
菊池康也（2005）『戦略的ビジネスモデル 3PL 入門』税務経理協会。
菊池康也（2006）『SCM の理論と戦略』税務経理協会。
苦瀬博仁（1999）『付加価値創造のロジスティクス』税務経理協会。
鈴木安昭（2010）『新・流通と商業［第 5 版］』有斐閣。
嶋口充輝・石井淳蔵（1995）『現代マーケティング［新版］』有斐閣。
田村正紀（2001）『流通原理』千倉書房。
矢作敏行（1996）『現代流通』有斐閣。
宮下正房・中田信哉（2004）『物流の知識（第 3 版）』日本経済新聞出版社。
流通システム開発センター編（2008）『EDI の知識（第 2 版）』日本経済新聞出版社。
鷲尾紀吉（2004）『新版 現代流通の潮流』同友館。
和田充夫・恩蔵直人・三浦俊彦（2012）『マーケティング戦略［第 4 版］』有斐閣。

第 6 章　国際的企業活動と国際取引

石原伸志（2005）『貿易物流実務マニュアル』成山堂書店。
汪正仁（2007）『ビジュアルでわかる国際物流（改訂版）』成山堂書店。
オーシャンコマース編（2004）『国際コンテナ輸送の基礎知識』オーシャンコマース。
北川俊光・柏木昇（2005）『国際取引法［第 2 版］』有斐閣。
木棚照一編（2006）『国際取引法』成文堂。
絹巻康史（2009）『国際取引法—契約のルールを求めて—［改訂版］』同文舘出版。
経済産業省通商政策局編（2011）『不公正貿易報告書 2011 年版』日経印刷。
澤田壽夫・柏木昇・杉浦保友・高杉直・森下哲朗編（2009）『マテリアルズ国際取引法〔第 2 版〕』有斐閣。
高桑昭（2011）『国際取引法 第 3 版』有斐閣。
新堀聰・椿弘次編（2006）『国際商務論の新展開』同文舘出版。
日本インターナショナル フレイト フォワーダーズ協会編（2007）『国際複合輸送業務の手引き 第 6 版』日本インターナショナル フレイト フォワーダーズ協会。
鷲尾紀吉（2006）『国際流通論—理論と政策—』創成社。

索　引

＜A-Z＞
BIT（Bilateral Investment Treaty） 286
CFR 258
CIF 258
CIP 256
CLM 212
Council of Logistics Management 212
Council of Supply Chain Managemet Professionals 212
CPT 256
CSCMP 212
DAP 257
DAT 256
DDP 257
ECR 212
EDI xii, 220, 222
EXW 256
FAS 257
FCA 256
FCL 貨物（Full Container Load Cargo） 264
FOB 257
FTA/EPA 286
House Air Waybill（HAWB） 270, 273
IATA 272
INCOTERMS（International Commercial Terms） 255
JAN（Japanese Article Number） 220
KBF 165
LCL 貨物（Less-than Container Load Cargo） 264
LLC（Limited Liability Company） 9
Master Air Waybill（MAWB） 270, 273
NAFTA（North America Free Trade Agreement） 286
NVOCC（Non Vessel Operating Carrier） xiii, 278, 280
PB 商品 232

POS 総合情報システム 221
POS データ 219
QR 212
Sea&Air サービス 276
STP アプローチ x, 149
SWOT 分析 x, 138, 147
S 字型曲線 167
Third Party Logistics 206
TRIMs 285
UNCTAD/ICC 複合運送書類に関する規則 275
VMI（Vender Managed Inventory） 208, 215
WTO xiii, 285

＜あ＞
アウトソーシング 197, 206
アウトプット市場 4
アポイントセールス 78
委員会設置会社 vii, 14～16, 20, 24, 40
委託 73
────海貨業者 264
────加工貿易 241
────者 73
委託販売 73, 189, 191
────貿易 242
一貫輸送 xiii
5 つの競争要因 143
一店一帳合制 68
一般指定 96
一方的仲出契約 70
イノベーション 176
イメージによる差別化 164
インコタームズ xii, 255
インテグレーター 271
ウィーン売買法条約 xii, 246
────の適用範囲 248
受取船荷証券 266
売出発行 35
上澄み吸収戦略 172
運送取扱営業 50
運送に関する行為 50
営業データベース 221
営業的商行為 47, 49
役務提供契約 76, 77

エクイティ・ファイナンス 28
エスティックサロン 87
エリア・マーケティング 153
オーシャン・コモンキャリア 280
オピニオン・リーダー 170
オプトイン規制 82, 90
卸売 229
卸売業 xii, 229, 231
────の形態 229
オンボード・クーリエ 271

＜か＞
海外代理店 67
海外部品調達管理 216
外観主義 44
会計監査 23
会計監査人 15～17, 23, 24
────設置会社 40
会計参与 14, 16, 26
開示規制 78, 82, 83, 85, 88, 90
会社 v, vii, 8
────債権者 9, 16, 36
────の機関 13, 17
────の経済的機能 10
────の特性 10
────法 8, 11
海上運送状 xii, 267
海上運送仲介業者 280
買主の検査義務 45
買主の目的物保管義務 15
開発輸入 238
外部分析 x, 138
開放型チャネル政策 174
開放型流通チャネル政策 164
価格（Price） 135
────弾力性 171
────調整機能 198
鍵となる成功要因 144
学習塾 87
拡大サプライチェーン 211
隔地者間の申込 53, 58
家計 vi, 1, 181
加工センター 203
加工貿易 241

瑕疵の通知義務……………45
カスタマイズド・マーケ
　ティング…………150, 151
価値懸隔……………………185
課徴金……………ix, 95, 96
価値連鎖……………………143
家庭教師……………………87
カテゴリーキラー………235
株式……………………………8
―――会社……vii, 4, 7, 8, 11
株主………………………6, 17
―――資本等移動計算書…40
株主総会……vii, 17～19, 22, 27
―――の特別決議
　　　　　　　　29, 31, 36
株主代表訴訟………………16
株主割当………………30, 33
貨幣……………………………2
環境分析……………………144
監査……………………………15
―――委員会……………24, 26
―――法人…………………23
―――役……14～17, 20, 22
監査役会……vii, 15, 17, 22, 23
―――設置会社…………20, 23
監査役設置会社…14, 18, 22, 40
間接金融……………………28
間接有限責任……8, 9, 16, 36
―――社員……………………8
間接流通……………188, 227
―――チャネル…………143
完全買取契約………………55
完全所有子会社…………282
監督権限……………………24
監督は正権…………………18
機会主義的行動…………193
機関構成……………………13
機関設計……………………13
機関の分化……………16, 17
企業………………v, vi, 1, 3, 6
―――（会社）の所有と
　　支配の分離……………19
―――間信用…………vii, 28
―――間取引………v, vii, 45
―――間物流チャネル
　　　　　　　　200, 201
企業取引………………v, 44
―――関係のマネジメント
　　　　　　　　　　　93
―――補助者……viii, 56, 63
企業の形態……………………7
議決権行使書面……………18

危険負担……………………59
―――機能……………187, 189
技術的変換……………………3
―――活動……………………3
―――体…………………3, 6
擬制商人……………………48
寄託の引受…………………51
規模の経済…………………145
基本契約……………………56
基本的商行為………………50
ぎまん的顧客誘引………109
記名式船荷証券…………266
逆委託加工貿易…………241
客の来集を目的とする場屋取引
　　　　　　　　　　　51
キャッチセールス…………77
キャリアーズパック……264
究極サプライチェーン……211
業界 VAN…………………224
競業避止義務…………65, 66
競合分析……………………140
業種別専門店……………236
業種別総合………………231
―――卸売業……………230
行政規制
　………78, 81, 83, 85, 87, 90
業績分析……………………145
競争者に対する取引妨害…128
競争者の事業活動の不当妨害
　　　　　　　　　　　ix
競争戦略……………………140
競争優位……………………133
共同の取引拒絶……ix, 95, 100
業務監査……………………23
業務執行……13, 18, 19, 21
―――決定権限……………24
―――社員…………………65
業務担当取締役……………22
業務提供誘引販売取引……89
金銭消費貸借契約…………45
空間懸隔……………184, 197
クーリエ・サービス……271
クーリング・オフ……76, 86
―――制度…………………79
クローズド・テリトリー制…68
グローバルサプライチェーン・
　マネジメント…………216
クロスドッキング………216
経営資源………………………3
経験曲線効果………145, 170
経済循環フロー……vi, 1, 2
経済的プロセス統合……215

計算書類………………vii, 16
―――等……………………41
―――の作成………………40
―――の承認手続…………41
継続的取引…………46, 54
契約運送人…………………272
契約自由の原則……………viii
契約締結上の過失責任……54
系列卸売業………………231
結婚相手紹介サービス……87
検査・通知義務……………61
限定機能卸売業…………231
現物出資…………29, 31, 33
―――財産…………………31
権利行使価額………………32
権利行使期間………………32
行為規制
　………78, 82, 84, 86, 88, 90
公開会社………13, 14, 20, 36
郊外型 SC…………………235
公開大会社…………………15
公開中小会社………………15
公企業…………………vii, 7
航空貨物代理店…………269
航空運送状……xiii, 269, 272, 273
広告規制………81, 85, 87, 90
交互計算………………62, 63
合資会社……vii, 7, 8, 9, 12
公正競争阻害性………98, 99
公正取引委員会………ix, 95
―――の相談事例集……104
拘束条件付取引…ix, 114, 121
合同会社………vii, 7～9, 11
公認会計士……………16, 23
購買決定要因……………165
購買行動変数………151, 154
後発的参入企業…………173
合弁事業…………………282
公募……………………30, 33
―――発行…………………35
合名会社………vii, 7～9, 11
小売業………………xii, 232
―――態………………xii, 233
小売店頭情報……xii, 219, 220
小売ミックス………xii, 233
コーポレート・ガバナンス
　　　　　　　　　5, 24
語学教室……………………87
顧客価値……………132, 133
―――提供のシークエンス
　　　　　　　　　　134
顧客関係管理……………215

索　引　295

顧客コスト……………… 135
顧客コンサルティング…… 163
顧客セグメント…………… 139
─────分析………… 139
顧客ソリューション……… 135
顧客データベース………… 221
顧客トレーニング………… 163
顧客ニーズ………………… 140
─────の分析……… 139
顧客分析…………………… 139
顧客満足…………… 132, 134
顧客モチベーション……… 139
国際3PL …………………… 208
国際海上物品運送法……… 265
国際海上輸送………… xii, 259
国際航空輸送………… xii, 269
国際投資……… vi, xii, xiii, 281
国際取引……………… 47, 237
国際売買……………………xii
国際複合一貫輸送………… 215
─────標準約款……… 278
国際複合輸送……… xii, xiii, 274
─────システム……… 272
国際物品売買契約に関する
　国際連合条約…………… 246
国際フレイト・フォワーダー
　……………………………… 208
国際貿易……………………vi
国際輸送………………… vi, xii
国連国際物品複合運送条約
　…………………………… 274
故障船荷証券……………… 266
個人企業………………… 7, 8
誇大広告等の禁止……… 81, 90
個品運送…………………… 260
個別注記表………………… 40
個別的売買契約………… 56, 58
コマーシャル・ペーパー…… 28
コミュニケーション……… 135
コモディティ化……… 133, 176
固有の商人………………… 47
混載貨物…………… 270, 271
混載業者…………… 270, 271
コンソリデーターズパック
　…………………………… 264
コンテナ…………………… 261
─────船…………… 260
─────輸送……… xii, 261
コンバルカー……………… 263
コンピタンス……………… 164
コンビニエンス・ストア
　…………… 220, 221, 236

コンプライアンス………… 21

＜さ＞
財・サービス市場……… vi, 2
最高意思決定機関………… 18
最終卸……………………… 230
再販売価格の拘束
　…………… ix, 95, 114, 116
細分化基準………………… 151
債務の株式化（デッド・エク
　イティ・スワップ）……… 31
在来定期船………………… 260
指図式船荷証券…………… 266
サードパーティ…………… 206
サービスの差別化………… 163
サプライチェーン………… 210
サプライチェーン・マネジメ
　ント…………… xi, xii, 206,
　　　　　　　209, 210, 212
サプライプロセス………… 215
サプライヤー関係管理…… 215
差別型マーケティング…… 160
差別対価…… ix, 95, 100, 103
産業用使用………………… 182
─────者………… xii, 183
三国間貿易………………… 239
3PL ………………… xi, 206
残余財産分配……………… 11
シー・アンド・エア……… 274
時間懸隔…………… 185, 197
私企業………………… vii, 7, 8
事業活動の不当拘束………ix
事業報告…………………… 41
資金調達……………… vii, 27
資金流……………………… 186
資源配分……………………5
自己金融…………………… 27
自己資本…………… vii, 27, 28
自己新株予約権…………… 33
資産回転率………………… 146
資産利益率………………… 146
市場経済…………………… vi, 1
市場細分化…… x, 139, 149, 150
─────の基準……… 151
市場収益性………………… 143
市場浸透戦略……………… 172
市場セグメント……… 150, 156
市場専門化………………… 159
市場取引…………… xi, 192, 195
市場の機会と脅威………… 138
市場フルカバレッジ……… 160
市場分析…………………… 142

施設間物流チャネル… 200, 201
自然人………………… 12, 13
執行役… 16, 20, 23, 26, 35, 65
シッパーズパック………… 264
指定権利…………………… 77
─────の販売………… 77
品揃え指向…………… xii, 234
資本金…………… vii, 36, 37
─────制度……………8
─────の額の減少…… 38
資本準備金…………… 37, 38
資本不変の原則…………… 38
指名委員会…………… 24, 26
社員…………………… 8, 16
社外監査役………………… 23
社会的プロセス統合……… 215
社外取締役…………… 24, 25
社債…………… vii, 28, 34
─────管理者………… 35
社債権者……………… 34, 35
─────集会…………… 35
社債権者集会……………… 35
社債発行…………………… 28
─────会社……… 34, 35
社団性……………………… 11
収集卸売業………………… 229
集中型マーケティング…… 157
受寄者の報酬請求権……… 45
受託契約の報酬請求権…… 45
受託者……………………… 73
出資者……………………… 16
出資の払戻し……………… 34
出版，印刷又は撮影に関する
　行為……………………… 51
順委託加工貿易…………… 241
準問屋……………………… 73
準備金………………… vii, 37
─────の額の減少…… 39
商業………………… xii, 225
─────者………………232
─────登記制度……… 44
商業の介在…………………xii
─────原理……… 225, 226
常勤監査役………………… 23
証券取引所………………… 13
商圏の広さ（空間的分化）
　…………………………… 230
商行為……………… 47, 69, 70
─────の代理の引受け…… 52
承諾……………………… 54
譲渡制限株式……………… 13
商人……………………… 47

消費 ……………………… xi, 182
────財 …………………… 55, 232
消費者 …………………… viii, 181
────契約法 ……………… viii, 75
────財取引 ………………… 46
────取引 ……… v, viii, 45, 75
────保護基本法 ……… viii, 75
商品供給者 ………………… 66, 67
商品データベース …………… 221
商品の受領 ……………………… 60
情報懸隔 ……………………… 185
情報交換システム …… 218, 219
情報縮約・整合の原理
　…………………… xii, 226, 228
情報蓄積体 …………………… 4, 5
情報伝達機能 ………… 187, 189
情報流 ……………… xi, xii, 186
剰余金 …………………… vii, 39
────支払請求権 …………… 40
────の配当 ………………… vii
────配当金 ………………… 35
────配当請求権 …… 35, 40
商流 ………………… xi, 186, 189
書面決議 ……………………… 18
所有懸隔 ……………………… 184
所有権機能 …………… 187, 189
所有と経営（支配）の分離
　……………………………… 16, 17
新株予約権 …… vii, 28, 32, 33
────者 …………………… 32
────証券 ………………… 33
新株予約権付社債 …… 34, 36
────権者 ………………… 36
新株予約権の行使 ………… 33
審決例 …………………………… x
人口統計的変数 …… 151, 153
人的懸隔 ……………………… 184
信用状 ………………………… 251
心理的変数 …………… 151, 153
進料加工 ……………………… 241
衰退期 ……………… xi, 168, 176
────において取り得る
　　マーケティング戦略 … 176
垂直統合 ……………………… 192
水平統合 ……………………… 192
スタッフによる差別化 …… 164
ストック・オプション … 32, 33
────制度 ………………… 33
スポット取引 ………………… 46
スモールパッケージ・サービス
　………………………………… 271
生産 ………………… xi, 182

生産財 …………………………… 55
────取引 ………………… 46
生産と消費の懸隔の架橋 … 184
生産要素 ………………………… 2
成熟期 ……………… xi, 168, 174
────におけるマーケティ
　　ング戦略 ………………… 175
製造卸売業 ………………… 231
成長期 ……………… xi, 168, 172
────におけるマーケティ
　　ング戦略 ………………… 173
製品 ……………………………… 135
────専門化 ……………… 159
────による差別化 ……… 161
────ポジショニングの
　　変更 ……………………… 177
────ミックス …………… 135
製品ライフサイクル … x, 167
────の概念 ……………… 178
政府規制 ……………………… 144
制約された合理性 ………… 193
責任財産 ……………………… 12
セグメント・マーケティング
　………………………………… 150
絶対的商行為 ………………… 47
セミコンテナ船 …………… 263
善管注意義務 ………… 71, 74
全国卸売業 ………………… 230
潜在的ベネフィット ……… 161
選択的専門化 ……………… 159
選択的流通チャネル ……… 171
────政策 ………………… 164
選択と集中 ………………… 206
先発優位性 ………………… 170
専門スーパー ……………… 235
戦略グループ ……………… 140
戦略市場経営 ………… x, 138
戦略代替案 ………………… 147
戦略提携 …………… 194, 195
戦略の強み ………………… 138
戦略の弱み ………………… 138
総額引受 ……………………… 35
早期採用者 ………… 170, 171
総合 ……………………………… 231
────卸売業 ……………… 230
────スーパー …………… 235
────物流施策大綱 ……… 206
総顧客コスト ……………… 133
相対的優位性 ……………… 125
総代理店 ……………………… 67
相談事例 ………… x, 104, 112
双方の仲立契約 …………… 70

双務契約 ……………………… 54
組織取引 ……………… xi, 192
損益計算書 …………………… 40

＜た＞

ターゲット …………………… x
────・セグメント …… 150
ターゲティング … x, 149, 156
大会社 …………… 14, 15, 20
第三者割当 ……… 30, 31, 33
貸借対照表 ……… 15, 37, 40
代表執行役 ……………… 21, 26
代表取締役 ……… vii, 17～21
代理行為 ……………………… 64
代理商 ……………… viii, 56, 63
────契約 ………………… 64
代理店 ………………………… 244
────契約 ………………… 244
対話者間の申込 …… 53, 58
抱き合わせ販売等 ………… 110
諾成契約 ……………………… 58
諾否通知義務 ………………… 58
多数債権者の連帯性 ……… 45
他人資本 ……………… vii, 27, 28
他人のためにする製造または
　加工に関する行為 ……… 50
単一セグメントへの集中 … 159
担保付社債 …………………… 34
地域卸売業 ………………… 230
地方卸売業 ………………… 230
チャーター貨物 …………… 271
チャネル・コンフリクト … 135
チャネルによる差別化 …… 164
仲介手数料 ………………… 245
仲介貿易 …………………… 238
中間卸 ……………………… 230
中間業者経由型物流チャネル
　………………………………… 200
中間組織 …………………… xi, 194
────の長所と限界 …… 195
中継貿易 …………………… 241
中途解約 ……………………… 89
長期国際売買契約 …… 237, 238
長期取引 …………………… 194
直接金融 ……………………… 28
直接サプライチェーン …… 211
直接流通 …………… 188, 227
────チャネル …………… 143
直送型物流チャネル ……… 200
直送貨物 …………………… 269
直取引卸 …………………… 230
地理的変数 ………………… 151

索引　297

追随者……………………… 170
通常の株式発行………………29
通信販売………………… viii, 80
低価格政策…………………… 173
定款………………… 13, 22, 37
定期船………………………… 260
締結代理商…………… 64, 245
手形その他の商業証券に関す
　る行為………………… 48, 49
適合品質……………………… 162
撤退障壁………………… 142, 177
デット・ファイナンス…………28
デマンドプロセス…………… 215
テリトリー制………………68, 121
電気またはガスの供給に関す
　る行為…………………………50
電子データ交換……………… 222
店頭情報システム…………… 219
店頭プロモーション情報　219
店舗サービス水準…………… 233
店舗差別化…………………… 233
電話勧誘販売…………… viii, 83
ドア・トゥ・ドア…… xiii, 274
─────輸送……………… 198
問屋……………………………72
─────の介入権……………74
投機購買…………………………48
投機貸借…………………………50
投機売却…………………………48
統合卸売業…………………… 231
投資保護・自由化協定………… 286
投資保護協定………………… 286
同族経営…………………………14
統治行為…………………………5
導入期…………………… xi, 167, 170
─────のマーケティング
　戦略…………………………… 171
投入と産出のフロー……………2
特殊指定…………………………96
特殊な株式発行…………………29
独占禁止法…………… ix, 95
特定企業………………… 63, 64
特定継続的役務提供
　………………… viii, 86, 87
特定商取引…………… viii, 46, 75
─────に関する法律………75
特定物…………………… 60, 61
特に有利な金額…………………29
独任制の機関……………………20
特約店…………………… viii, 63, 66
─────契約……………………67
取締役………… 16～18, 20, 24, 26

取締役会
　………… vii, 15, 16, 20, 24, 27
─────設置会社
　…………………… 14, 18, 20～22
─────非設置会社
　……………………… 19, 22, 35
取次業……………………………56
取次行為…………………………72
取引形態…………………………55
取引コストの経済学………… 193
取引上の地位の不当利用……ix
取引数単純化の原理… xii, 226
問屋……………………… viii, 63

〈な〉
内職商法…………………………89
内部化費用…………………… 194
内部統制システム………… 20, 24
内部分析…………………x, 138, 145
仲立営業………………… 69, 70
仲立業……………………………56
仲立契約…………………………70
仲立人………………… viii, 63, 69
仲立又は取次に関する行為…52
仲立料……………………………71
ナショナル・ブランドメーカー
　……………………………… 219
生業店………………………… 236
二国間投資協定………… xiii, 286
ニッチ企業…………………… 175
ニッチ市場…………………… 177
2010年インコタームズ… 255
日本訪問販売協会……………80
ニュートラル航空運送状
　（Neutral Air Waybill,
　NAWB）………………… 273
任意積立金…………… 35, 38
ネットワーク・システム
　…………………… 277, 278

〈は〉
媒介行為…………………………64
媒介代理商…………… 64, 245
排除措置命令………… ix, 95, 96
排他条件付取引………… ix, 114
排他的流通チャネル政策… 164
売買契約………………… viii, 58
売買取引………………… viii, 55, 189
売買の予約………………………54
バイヤーズコンソリデーション
　………………………… 216, 279
バーコード…………… 220, 221

パソコン教室……………………87
ハッチカバーレスコンテナ船
　……………………………… 263
パートナーシップ…… 194, 195
販売信用取引………… viii, 75
販売店………………………… 244
─────契約………………… 244
反復取引………………… 194, 195
非海外居住者在庫オペレー
　ション…………………… 216
非価格制限行為……………… 121
非公開会社………… 13, 14, 36
非公開大会社……………………15
非公開中小会社…………………16
非財務業績の分析………… 146
一人会社……………… 11, 12, 17
百貨店………………………… 235
標準国際利用航空運送約款
　……………………………… 274
標的市場……………………… 156
ファイナンス・リース……… 53
フィードバック情報………… 219
フォワーダー・チャーター… 271
フォワーダーズパック……… 264
複合運送証券………… xiii, 277
─────に関する統一規則
　……………………………… 275
複合運送人…………………… 277
不公正な取引方法
　………………… v, viii, ix, 68, 95
付属的商行為………… 47, 52
付属明細書………………………41
普通社債………………… 34, 36
プッシュ型プロモーション
　……………………………… 174
プッシュ戦略………………… 171
物流…………………………xi, 186
─────活動…………… 198
─────管理…………… 205
─────機能…… 187, 189, 197
─────専業グループ… 197
─────チャネル…… xi, 200
不定期船……………………… 260
ブティック…………………… 235
不当対価………………… ix, 105
不当な顧客誘引・取引の強制…ix
不当な差別的取扱い… ix, 100
不当な利益による顧客誘引
　……………………………… 110
不当廉売………………… ix, 95
─────に関する独占禁止法
　上の考え方…………… 105

不特定企業……………… 69, 73
不特定物………………… 60, 61
船荷証券…………… xii, 260, 264
プライベート・ブランド … 174
ブランド・ロイヤルティ
………………146, 154, 177
ブランド間競争……………… 122
ブランド選好………………… 173
ブランド内競争……………… 122
プル型プロモーション…… 174
フルカバレッジ戦略………… 160
フルコンテナ船……………… 263
フレイト・フォワーダー
…………………… xi, xiii, 278
プロダクト・アウト……… 205
プロモーション……………… 135
プロモーション費………… 172
────用………………… 172
分化型マーケティング…… 157
分配可能額……………………39
分配機構……………………… 6
閉鎖的流通チャネル政策… 171
ベネフィット………………… 133
返品条件付買取契約………54
片務契約……………………54
貿易………………… xii, 237
────に関連する投資措置
に関する協定 285
報酬委員会………………… 24, 26
報酬請求権……………………74
法人格……………………………12
────否認の法理…………12
法人企業…………………… 7, 8
法人性…………………… 11, 12
法人成り………………… 11, 17
包装…………………………… 199
法定の不公正な取引方法……95
法定不当廉売……………… 105
訪問販売………………… viii, 76
────消費者救済基金制度
……………………………80
────等に関する法律………75
保管………………………… 198
保険……………………………51
ポジショニング… x, 149, 160
募集株式………………………28
募集株式の発行………………28

────等……………… vii, 28
募集株式の引受人……………31
補助商業……………………… 226
ホリスティック・マーケティ
ング・コンセプト……… 179

＜ま＞
マーガレット・ホール…… 226
マーケット・イン…… 132, 205
マーケティング…… vi, x, 131
────・コンセプト…… 132
────・ツール………… 134
────・マネジメント論
…………………… x, 134, 149
マーケティング・ミックス
………………… x, xi, 134, 149
────の外的一貫性
…………………… 135, 137
────の内的一貫性
…………………… 135, 136
マーケティング戦略………… x
マーケティングの概念…… 131
マーケティングの定義…… 131
マス・マーケティング
………………… 139, 149, 151
民事仲立人……………………70
民事ルール
…… 76, 79, 83, 84, 86, 88, 91
無限責任社員……………… 9, 12
無差別型マーケティング… 160
無担保社債……………………34
持株比率………………………30
持分会社…………………… 7, 8
元卸………………………… 230
モニター商法…………………89
モントリオール条約……… 269

＜や＞
優越的地位の濫用… ix, 95, 124
優越的地位濫用ガイドライン
………………………… 125
有限責任社員……………… 9, 12
輸出貿易管理令…………… 242
ユニットロード・システム
………………………… 199
ユニフォーム・システム… 277
輸入貿易管理令…………… 243

傭船運送……………………… 260
4P………………………… 135
4つのC…………………… 135
予約完結権の行使……………54

＜ら＞
ライフサイクル…………… 153
ライフスタイル…………… 154
来料加工…………………… 241
ランドブリッジ…………… 274
利益準備金………… 37, 38, 40
利益剰余金分配………………11
履行担保責任…………………74
リターンプロセス………… 215
立地指向………………… xii, 234
利便性……………………… 135
流通（Place） vi, xi, 135, 181
────・取引慣行ガイドラ
イン………………… 115
────課業…………… 181
────加工…………… 199
────活動の担い手…… 183
────機能…………… 186
流通機能の機関代替…… 189
………………… 183, 187
流通システム…………… vi, 55
────の分析………… 143
流通情報システム…… xii, 218
流通倉庫…………………… 198
流通チャネルの基本類型… 188
流通の概念………………… 181
流通の社会的役割………… 181
流通フロー………… xi, 184, 185
利用運送………………… xiii, 271
利用運送業………………… 279
利用運送事業者…………… 272
両替その他の銀行取引………51
連鎖販売取引…………… viii, 85
ロールオン／ロールオフ船
………………………… 263
ロジスティクス… xi, 204, 212
────・サービス……… 207

＜わ＞
割合的単位…………………… 8
ワン・トゥ・ワン・マーケ
ティング……… 139, 150, 151

《著者紹介》

鷲尾紀吉（わしお・きよし）
- 1948年 東京都生まれ。
- 1971年 東洋大学法学部卒業。
- その後，拓殖大学大学院商学研究科博士後期課程単位取得。
　高千穂大学大学院経営学研究科博士（経営学）取得。
- 現　在　中央学院大学大学院商学研究科・商学部教授。
　中国東北財経大学MBA学院客座教授。
　中国西安交通大学管理学院国際経済研究所客座教授。

主要著書

『現代マーケティング論―戦略的アプローチ―』創成社，2010年。
『国際流通論―理論と政策―』創成社，2006年。
『マーケティング戦略の論理』創成社，2004年。
『新版　現代流通の潮流』同友館，2004年。
『中小企業の中国投資行動』同友館，2003年。
『現代流通の潮流』同友館，1999年。
『現代流通政策の展開』日本マネージメント・リサーチ，1992年。

（検印省略）

2012年6月20日　初版発行　　　　　　　略称―現代ビジネス

現代ビジネス概論
―企業と商活動―

著　者　鷲尾紀吉
発行者　塚田尚寛

発行所　東京都文京区春日2-13-1　株式会社　創成社

電　話　03（3868）3867　　FAX　03（5802）6802
出版部　03（3868）3857　　FAX　03（5802）6801
http://www.books-sosei.com　　振　替　00150-9-191261

定価はカバーに表示してあります。

©2012 Kiyoshi Washio　　組版：ワードトップ　印刷：S・Dプリント
ISBN978-4-7944-2388-7　C3034　製本：カナメブックス
Printed in Japan　　　　　落丁・乱丁本はお取り替えいたします。

────── 経営・マーケティング ──────

現代ビジネス概論 ― 企業と商活動 ―	鷲尾紀吉 著	3,000円
現代マーケティング論 ― 戦略的アプローチ ―	鷲尾紀吉 著	3,000円
国際流通論 ― 理論と政策 ―	鷲尾紀吉 著	3,200円
マーケティング戦略の論理	鷲尾紀吉 著	1,900円
現代マーケティング論	松江宏 編著	2,900円
マーケティングと流通	松江宏 著	1,800円
現代消費者行動論	松江宏 編著	2,200円
グローバル・マーケティング	丸谷雄一郎 著	1,800円
わかりすぎるグローバル・マーケティング ― ロシアとビジネス ―	富山栄子 著	2,000円
ITマーケティング戦略 ― 消費者との関係性構築を目指して ―	大﨑孝徳 著	2,000円
消費者行動論	北原明彦 著	2,000円
新マーケティング読本	中津孝司 著	2,000円
うわさとくちコミマーケティング	二瓶喜博 著	2,500円
経営学概論 ― アメリカ経営学と日本の経営 ―	大津誠 著	2,200円
経営戦略論	佐久間信夫／芦澤成光 編著	2,400円
財務管理論の基礎	中垣昇 著	2,200円
経営財務論	小山明宏 著	3,000円
新・経営行動科学辞典	高宮晋 監修／小林末男 責任編集	6,602円
昇進の研究	山本寛 著	3,200円
商店街の経営革新	酒巻貞夫 著	2,100円
共生マーケティング戦略論	清水公一 著	4,150円
広告の理論と戦略	清水公一 著	3,800円

(本体価格)

────── 創成社 ──────